职业教育
特色素质课系列教材

实用礼仪教程

主　编■陈俊琦
副主编■张玉玲　倪克蓉

重庆大学出版社

内容提要

本书是编者从事礼仪教学、培训近20年来不懈实践和总结的结晶。全书分3个篇目共20个章节，首先从礼仪对个人形象的塑造和个人素养的影响出发，指导学习者重新进行个人形象的认识和规划，从精神面貌、仪表、仪容、仪态、言谈、举止等方面进行规范和完善；其次从礼仪在促进人际关系、社会交往中的重要地位，指导学习者在不同的时间、场合与各种交往对象接触时，运用恰当的原则与程序，使大家获得更多愉快的交往感受，提高生活品质；最后从礼仪与职业形象的紧密联系，帮助那些面临工作选择、期待事业发展的学习者更恰如其分地展示自己。

全书以"看、想、学、做"四个板块将借鉴、思考、学习和实践有机地结合起来，通过大量图片、案例、模拟和礼仪操的配合训练，实现在生动有趣的学习中取得进步的效果，有很强的实用性和操作性。本书适用于希望塑造良好形象，在社交、职场中如愿的广大朋友。

图书在版编目(CIP)数据

实用礼仪教程/陈俊琦主编.—重庆：重庆大学出版社，2010.11(2016.7重印)
职业教育特色素质课系列教材
ISBN 978-7-5624-5600-1

Ⅰ.①实… Ⅱ.①陈… Ⅲ.①礼仪—职业教育—教材
Ⅳ.①K891.26

中国版本图书馆CIP数据核字(2010)第151567号

职业教育特色素质课系列教材
实用礼仪教程
主　编　陈俊琦
摄　影：吴　斌
策划编辑：贾　曼　唐启秀
责任编辑：杨　敬　邓桂华　　版式设计：贾　曼
责任校对：秦巴达　　责任印制：赵　晟
*
重庆大学出版社出版发行
出版人：易树平
社址：重庆市沙坪坝区大学城西路21号
邮编：401331
电话：(023) 88617190　88617185(中小学)
传真：(023) 88617186　88617166
网址：http://www.cqup.com.cn
邮箱：fxk@cqup.com.cn (营销中心)
全国新华书店经销
重庆市国丰印务有限责任公司印刷
*
开本：787mm×960mm　1/16　印张：14.75　字数：311千
2011年1月第1版　2016年7月第8次印刷
印数：15 001—16 500
ISBN 978-7-5624-5600-1　定价：29.00元

系列教材编委会

● **总主编** 兰廷友

● **编委会成员**（按姓氏笔画排序）

毛一波 云南工艺美术学校
兰廷友 重庆市女子职业高级中学
刘　力 重庆市渝北职业教育中心
刘　辛 武汉市石牌岭高级职业中学
朱　茜 郑州旅游职业学院
李金泉 武汉市中等职业艺术学校
李晓东 郑州旅游职业学院
李　达 湖南农业大学
何以南 重庆市五里店职业中学
陆立颖 河南职业技术学院
陈　果 重庆市垫江县职业教育中心
陈俊琦 重庆市女子职业高级中学
张婷婷 重庆市女子职业高级中学
杨琼霞 重庆市渝中职业教育中心
范德华 云南省旅游学校
周　劼 重庆市女子职业高级中学
定　琦 郑州旅游职业学院
胡智全 湖北省黄石市女子艺术学校
费　安 云南省旅游学校

在21世纪这个科学无国界、文化无国界、商业无国界甚至“地域”无国界的“全球一体化”时代，每个人都面临着与更多人接触的现实，这究竟是人生的机会还是遗憾，在很大程度上取决于个人的形象意识与礼仪知识。

无论我们重视还是忽略自己的形象，每个人无时无刻都在交往中通过态度、表情、服饰、言谈、举止等礼仪研究的内容，向社会中交往的各色人(包括自己)留下一个关于自己的形象。我们的生活态度不仅仅是对别人的尊重，更是对自己的生命负责任。例如：日常饮食虽然无奇，吃什么，怎么吃，合理的安排，能让你身体健康、美丽动人，是美好形象的基础。仪表也很重要，不仅仅要考虑到适合所从事的职业，更要有自己的个性，还要有特别的品味，未必新潮，却不会落俗；未必时尚，却要有特别的风韵，能让人欣赏出与众不同的高雅气质。恰当的交往应对更不可少，因为能获得多少支持、肯定、信任与欣赏，往往决定了自信的程度。可见，积极地面对，则生活中的一切都会是美好的，适当地讲究，也正是对生活持积极态度的表现。当运用礼仪成为我们的一种习惯时，身体好了，工作好了，生活好了，心情好了，一切的一切都好了，这不正是我们的社会所希望达到的和谐之美吗?!

形象和礼仪注重细微末节，但绝对不是可有可无的小事，合乎礼仪的形象与合乎形象的礼仪，是每一个渴望进步、渴望成功、渴望和谐与渴望幸福的人的法宝!

为满足各行各业越来越多的人们学习礼仪、塑造形象的需要，我们编写了特色素质课教材《实用礼仪教程》，希望以直观的方式教你掌握实用的礼仪。当你按照书中的内容一点点完善和提升自己，一个具有良好素质修养、在人际交往中如鱼得水、职业形象光彩照人的你正在人生的大舞台上闪亮登场!

本教材在教学中课时安排参考如下：

篇　目	章　节	教学内容	课时安排
个人素养	第1章	精神饱满　自信大方	2~4
	第2章	姿态端正　潇洒挺拔	2~4
	第3章	仪表整洁　服饰得体	2~4
	第4章	表情亲切　面容宜人	4~8
	第5章	用语文明　谈吐不俗	3~6
	第6章	举手投足　温文尔雅	8~16

续表

篇　目	章　节	教学内容	课时安排
社会交往	第 7 章	三人为师　礼遇在先	1~2
	第 8 章	尊老爱幼　和孝并重	1~2
	第 9 章	遵守公德　共创和谐	1~2
	第 10 章	时间空间　排序讲究	2~4
	第 11 章	招呼问候　暖人心头	1~2
	第 12 章	名片介绍　印象重要	1~2
	第 13 章	迎来送往　主雅客勤	1~2
	第 14 章	涉外交往　不卑不亢	1~2
职业形象（按专业选择相应章节）	第 15 章	求职面试　成功展示	2~4
	第 16 章	为人师表　亲切稳重	4~8
	第 17 章	旅游服务　热情周到	
	第 18 章	商品销售　细致耐心	
	第 19 章	办公人员　干练优雅	
	第 20 章	白衣天使　严谨体贴	

参加本书编写工作的还有张玉玲(武汉市中等职业艺术学校)、倪克蓉(重庆市女子职业高级中学)、吕桂红(重庆市龙门浩职业高级中学)、肖静(重庆市女子职业高级中学)、吴斌(重庆市渝中职业教育中心),与本书配套的礼仪操指导教师是陈俊琦和李萍(重庆市女子职业高级中学)。本书在编写过程中,参考了国内外部分相关书籍和资料,得到了重庆金质花苑酒店、重庆商社集团江北重百商场、重庆市江北区洋河幼儿园、重庆市红十字会医院的协助与配合,我们真诚地向原著者、出版社和相关单位表示深切的谢意和崇高的敬意!由于重庆大学出版社对本书编者的鼎力支持和热情关怀,本书的问世得以变为现实,在此表示衷心的感谢!

今天,我们将这本凝聚着期许和关怀的书呈现给读者朋友,希望为大家的进步与成功尽上一份绵薄之力。如果您感到本书还有一定价值的话,那是对我们最大的肯定。让我们一起在践行礼仪的过程中感受最美好的人生!

陈俊琦

2010 年 10 月

第1篇 个人素养篇

第2篇 社会交往篇

第3篇　职业形象篇

第1篇

个人素养篇

礼仪是人们在社会的各种具体交往中，为了表示互相尊重，而在仪表、仪容、仪态、仪式、言谈、举止等方面约定俗成，共同认可的规范和程序。礼仪是形态美和心灵美的高度浓缩，是内外素质的直观体现。只有注重礼仪并运用自如的人，才能更好地受到他人的尊重与礼遇。学习礼仪首先要从重视个人形象开始。

1 精神饱满　自信大方

精神面貌是塑造个人良好形象最为重要的基本要素。一个面色苍白、有气无力、无精打采、萎靡不振的人往往带给人消沉低落、悲观冷漠的印象，这样的人缺乏个人魅力，极容易成为不受欢迎的对象。而神采奕奕、自信乐观、落落大方、热情真诚的人使人感受到温暖与亲切，产生更多愉快的交往体验，对人对己都受益无穷。保持健康与平和心态是打造个人形象的基础。

看一看：

17 岁的小洛是个爱美的女孩，她非常羡慕 T 型台上摇曳生姿的模特。为了保持骨感的身材，小洛给自己制订了饮食计划：不吃米饭、不沾面食、远离肉类，只以蔬菜、水果充饥，而且严格控制数量。计划实施中，小洛经常感到头昏眼花，学习和做事都无法集中精力，有一种力不从心的感觉。从前爱唱爱跳，热情活泼的她变得烦躁易怒，大家渐渐都对她敬而远之。

想一想：

1.是什么原因给小洛带来了改变？这种改变有利还是不利？

2.没有健康做保障，还有美可言吗？

学一学：

1.1 保持健康

没有健康作为保障，要想形象出众，气质迷人，完全是一种不切实际的奢望。只有积极探寻健康的生活方式，保持充沛的精力和足够的热情，做一个健康的人，才能保证生活质量，提升生活品质，展现出风度翩翩的形象。

健康首先取决于自己，生活方式是最主要的因素。

合理的饮食结构
规律的作息习惯
坚持适度的运动
积极乐观的心态

1.1.1 营养均衡

人体必须不断地从外界摄取食物，才能满足身体的需要。合理的饮食与均衡的营养是健康的保证，可以从以下方面加以注意。

1)品种多样

人体每天从各类食物中获取蛋白质、脂肪、碳水化合物、维生素、矿物质等所需要的营养素，任何一种单一天然食物都不能提供人体所需的全部营养素，因此，要保持身体的健康，不要挑食、偏食，应努力做到：五谷杂粮三餐有，外加蔬菜与大豆。一个鸡蛋加点肉，平衡合理膳食优。

2)能量平衡

维持正常体重非常重要，太胖和太瘦都不利于人体健康，也影响个体形象美观。因此要自我调节进食量，维持饮食适度，饥饱相当，达到营养适宜，使能量的摄入和消耗保持均衡。不要暴饮暴食或盲目减肥，也不要用零食代替正餐，每天饮水6~8杯，每顿饭的饭量，可掌握在临近下顿饭时腹中略有饥饿感为宜。

3)油盐适量

过多的饱和脂肪酸会增加血液胆固醇的含量，成为诱发冠心病的主要危险因子之一，过多的钠盐是高血压的重要危险因素之一，减少油、盐的摄入量，尽量不吃油炸、烧烤类食品，养成良好的饮食习惯。

4)戒烟限酒

香烟中有几十种有害物质，抽烟影响身体对维生素C的吸收，不仅会引起各种呼吸系统慢性疾病，使肺癌发生的可能性增大，同时又是动脉粥样硬化形成和冠心病发病的重要原因之一。除了自己不吸烟以外，还应减少在吸烟区逗留，避免二手烟的毒害。经常饮用高浓度白酒，会使食欲下降、食物摄取量减少，从而导致营养缺乏，影响大脑功能，严重的还会产生酒精性肝硬化，危害生命。

1.1.2 生活规律

自然界每一种生物都有自己的“时间表”，作为万物之灵的人类也不例外。制订并遵守合理的生活作息时间，使身体的生理活动富有规律和节奏，做到劳逸结合，满足生理和生活的需要，是精力充沛，健康快乐的保障。

(1)根据自己的情况制订切实可行的时间表，合理安排工作、劳动、学习的时间，张弛有度。

(2)每天按时起床，早上5—7点是肠道最活跃的时间，养成定时排便的习惯，可减轻残渣和毒性物质对身体的刺激，保持腹内舒适，减少痤疮、便秘、肥胖的可能性。

(3)每天在晚上10—11点入睡最有利于健康，保证每天8个小时左右的睡眠。

不强求午睡,但应平躺一会儿,长期坚持有利于减轻心脏负担。

(4)每天有放松和娱乐的时间,消除疲劳,减少压力。

1.1.3　适量运动

适当的运动可以促进血液循环,降低血糖及体重,增强抵抗力,焕发生机,促进人际交往和心理良好发育,调节和稳定情绪,并增强人体对环境的适应能力。在运动时可参照以下基本法则:

(1)根据自己的身体条件选择合适的运动方式,不要长时间保持久坐、久卧等姿势和状态,提倡步行、慢跑、骑车、做操等有氧运动,做家务和力所能及的体力劳动也是不错的锻炼。

(2)保持规律性,且持之以恒。每次运动的时间以 30 分钟为宜,太短达不到运动的效果,太长则易导致过度疲劳,反而对身体不利。

(3)循序渐进,由热身运动逐渐开始,可使身体各部分,特别是心脏血管系统适应活动的需要,并消除肌肉、关节僵硬状态,减少外伤的发生。

(4)进食容易吸收的食品,如饼干等碳水化合物,补充足够的水分。

(5)穿适合于运动的着装。

1.1.4　情绪稳定

情绪相对稳定,不暴躁,不抑郁,乐观向上,经常保持良好的状态,就能有效促进身心健康。

1)明确目标

犹豫彷徨、举棋不定的人最容易因浪费时间、一事无成而心生烦恼。如果在做事之前进行规划,确定目标,将注意力集中在如何改进方法,解决问题上,这样的态度更易使人驶向成功的彼岸,增加积极的情绪体验。

2)充分准备

一名世界马拉松冠军在接受记者采访时透露他成功的秘诀:每次比赛前,他都会先熟悉路线,将沿途突出的标志物作为每一段的路标,在比赛时鼓励自己不断超越一个又一个目标。越充分的准备越能使人工作起来得心应手,从而增强自信,体会更多轻松愉快的感受。

3)面对现实

并非任何事付出了就会有理想的回报,“世事我曾抗争,成败不必在我。”只要用心努力过,即使没有获得预期的收获,这个过程也是一种宝贵的人生经历,会为下一次的成功奠定基础。

4)善于调节

当处于不良情绪状态时,可以尝试用下面的方法进行自我调节:

(1)意识调节法。人的意识能够调节情绪的发生与强度,思想修养水平高的人往往比思想修养水平低的人能够更有效地调节情绪。一个人要努力以意识来控制情绪的变化,经常对自己说:我能控制自己的情绪。每天醒来的时候,情绪与昨天的不同。就像昨天枯死的花朵包藏着明天的种子一样,今天的悲伤,也包含着明天欢乐的种子。尽管我现在情绪不好,然而,我有能力使自己摆脱这些,我终究能快乐。如果觉得沮丧,我就唱歌;如果觉得悲伤,我就大笑;如果觉得病了,我就加倍劳动;如果觉得恐惧,我就向前冲;如果觉得贫穷,我就想想将来的财富;如果觉得无法胜任,我就想想我的目标。

(2)语言调节法。语言是一个人情绪体验强有力的表现工具。通过语言可以引起或抑制情绪反应,即使不出声的内部语言也能起到调节作用。林则徐在墙上挂有“制怒”二字的条幅,这是用语言来控制调节情绪的好办法。

(3)注意转移法。把注意从自己消极的情绪上转移到有意义的方向上。在苦闷、烦恼的时候,看看轻松的影视作品,读读回忆录都能收到良好的效果。

(4)行动转移法。克服某些长期不良情绪的方法,可以用新的工作、新的行动去转移负面情绪的干扰。贝多芬曾以从军来克服失恋的痛苦,不妨是一种好的选择。

(5)情绪训练操。每天抽 10~15 分钟做情绪训练操,既能放松身体,又能保持健康情绪,十分有益。具体做法是:找一个安静、舒适的地方,一把椅子或一张床,身体处于放松状态,解除衣服、鞋子等束缚,四肢伸展躺在床上或坐在椅子上,心理暗示:我现在轻松愉快,我能进入潜意识状态,能让愉快的情绪进入潜意识,这样能帮我保持健康的情绪。

闭眼,做深呼吸三次,每次屏气,想四个数,然后呼气。

闭眼,做深呼吸,呼气时,想你最喜欢的风景优美的地方,尽量具体形象些,默念数字“5”五次,保持安静,自然地呼吸几次。

闭眼,做深呼吸,呼气时,想父母对自己关心、爱护的具体情景,默念数字“4”四次,保持安静,自然地呼吸几次。

闭眼,做深呼吸,呼气时,想自己受到肯定、表扬的具体情景,默念数字“3”三次,保持安静,自然地呼吸几次。

闭眼,做深呼吸,呼气时,想象自己实现了理想的兴奋场景,默念数字“2”三次,保持安静,自然地呼吸几次。

闭眼,做深呼吸,呼气时,想自己和知心好友在一起的具体情景,默念数字“2”三次,保持安静,自然地呼吸几次。

闭眼,做深呼吸,呼气时,想象你见过的美丽风景或人物画,默念数字“1”三次,保持安静,自然地呼吸几次。

轻声地告诉自己,我已进入潜意识状态,这种状态对我的情绪健康有益。然后,放松一会儿。

告诉自己,我现在感觉情绪很好,要脱离潜意识状态了。闭上眼睛,慢慢地从 1 数到 5,当数到 5 时,睁开眼,轻声说:“我现在完全清醒了,摆脱了一切紧张,完全松弛下来了,感觉比任何时候都好。”

做一做:

1.我有哪些有利于健康的习惯:

(1)______________________________

(2)______________________________

(3)______________________________

我有哪些不利于健康的习惯:

(1)________________________(何时______如何改进____________)

(2)________________________(何时______如何改进____________)

(3)________________________(何时______如何改进____________)

2.为自己制订一份健康生活的作息时间表。

3.做情绪训练操,坚持 30 天。

看一看:

一代球王贝利初到巴西最有名的桑托斯足球队时,他害怕那些大球星瞧不起自己,竟紧张得彻夜未眠。他本是球场上的佼佼者,只因时空的转变引起对自己的怀疑,对他人的恐惧。后来他设法在球场上专注踢球,保持一种泰然自若的心态,从此便以锐不可当之势进了一千多个球。

想一想:

你有过与球王相似的心理感受吗?这样的感受给你带来什么?

学一学:

1.2 平和心态

最大的心理障碍在于患得患失；最大的精神负担莫过于名利枷锁。人不可一味地追逐名利，也不可缺乏上进心和奋斗精神。良好平稳的心态能使人身心舒畅，自信坦然地面对工作、学习和生活中的压力，展现出精神饱满、积极乐观的良好形象。如何才能做到心态平和呢？

1.2.1 接纳自我

每个人都是独一无二，与众不同的，每个人的好与坏，都是自身的一部分，无须比照别人的样子来过自己的生活，更不要用自己的短处与别人的优点相比，因为他人不一定具备你拥有的亮点。有一首诗这样写道：

如果你不能成为大道，那就当一条小路；
如果你不能成为太阳，那就当一颗星星；
如果你不能成为一棵大树，那就当丛小灌木；
如果你不能成为一丛小灌木，那就当一片小草地；
如果你不能是一只麝香鹿，那就当一尾小鲈鱼——但要当湖里最活泼的小鲈鱼。
我们不能全是船长，必须有人也当水手。
决定成败的不是你尺寸的大小——而在于做一个最好的你。

1.2.2 乐观开朗

春节期间的火车站广场，一对残疾夫妇抱着一个小孩在表演节目，男的吹着口琴，女的唱着歌。围观的人群中有人掏钱准备接济，只见夫妇俩连连摆手说："我们不是讨钱的，虽然我俩是残疾人，但却有了健全的孩子，心里高兴啊！趁等车的空当，将我们的幸福和大家伙儿一起分享！"乐观开朗的人，以积极上进的态度面对人生，敢于正视现实，随时面带微笑，克服恐惧忧虑，善于保持友情，不斤斤计较于点滴得失，收获的是永远的自信。

1.2.3 谦虚随和

海之所以能纳百川，是因为甘居低处、胸怀博大。一个人在社会中立足，免不了要与形形色色、性格各异的人打交道。对持不同见解的人冷嘲热讽，不仅不能证明你的聪明，反而暴露了你是一个心胸狭窄，自大又无能的人。贬低别人不能抬高自己，真正受人尊敬的人，懂得认识自己和他人的价值，发自内心地喜欢自己和欣赏别人，不妄自菲薄，也不毁坏他人的名誉。谦虚随和的性格有助于促进社交和谐，心情愉快,在交往中更受人欢迎。

1.2.4 独立自主

不论一个人的年龄是大是小,能否面对孤独,学会独处,是对个人成熟程度的最佳考验。依赖性强的人心理承受力差,情绪波动变化大,更容易缺乏安全感,不利于保持稳定、持久的良好心态。每个人要通过正确认识自己、不断充实自己,敢于接受挑战来取得成绩,树立自信,成为一个有智慧、有担当、有责任心的人。

做一做:

1.为了更喜欢自己,我可以这样做:

(1)____

(2)____

(3)____

2.设计一份问卷,搜集 4~6 位熟人对自己的评价,对照自我评价,确定需改进和努力的内容。

2 姿态端正　潇洒挺拔

体态就是人的身体姿态，包括站姿、坐姿、走姿、蹲姿、卧姿、手势等。体态语言学大师的研究成果表明，在沟通过程中，65%的信息是通过体态语言来表达的。人们的一举一动、一颦一笑、一蹙一展都会表达特定的含义，体现出特定的情感。体态语言有着不可忽视的各种功能，能形象地传递信息，表情达意，更真实地展示人的内心世界，更能感染和吸引他人。

看一看：

看，弯着腰像只虾米站在讲台前嗫嚅着的是昨晚的值日生李杰同学。五分钟后，他终于畏畏缩缩地作完了总结。我问大家："针对昨晚的自主学习，李杰发现了哪些优点？给我们指出了哪些应该注意的问题？"大家面面相觑，表示一句话也没听清。不得已，我只好请李杰再上台讲一遍。这一次，大家才勉强听清了几句话。此时的李杰羞得满面通红，头已低到了胸前。

想一想：

1.哪些站立方式会影响形象？

2.我们可以用什么方法来帮助李杰？

学一学：

2.1 站姿挺拔

站立是人们生活中最常用的姿势之一，是一种静态的身体造型，更是别人关注度最大的方面。正确的站姿应挺拔优雅，给人以舒展俊美、庄重大方、信心十足、积极向上的印象。

2.1.1 标准站姿规范

1)基本要求

站立时，竖看要有直立感，横看要有开阔感，侧看要有垂直感，即从耳与颈相接处至踝骨前侧应大体呈直线，肢体及身段竖直舒展，给人以挺、直、高的美感。男女站姿应形成不同风格，男子挺拔向上，伟岸舒展，精力充沛，风度潇洒；女子亭亭玉立，亲切有礼，秀雅优美，庄重大方。

2)男性站姿

男性标准站姿的要求是：头正颈直、下颌微向后收、双目平视、面带笑容；双肩展开下沉、双手自然下垂、挺胸收腹、立腰提臀；双腿直立收紧上提、膝盖放松、双脚与肩同宽成小“八”字，身体重心在两足中间；双手也可放在体前或体后(图 2.1a.b)。立正站姿的要求是：两脚靠拢，双膝并严，两手自然下垂，身体中心放在两脚中间(图 2.1c)。

3)女性站姿

女性标准站姿的要求是：头正颈直、下颌微向后收、双目平视、面带笑容；双肩展

(a)双手前置站姿

(b)双手后背站姿

(c)立正站姿

图 2.1　男性站姿

(a)标准站姿

(b)双手前置站姿

(c)双手后背站姿

图 2.2　女性标准站姿

开下沉、双手自然下垂、挺胸收腹、立腰提臀；双腿直立收紧上提，膝盖放松内侧并拢，脚后跟靠紧，脚尖分开成 30 度的“V”型，身体重心在两足中间。双手可在体前或体后(图 2.2)。“Y”型(“丁”字步)站姿(图 2.3)适合登台表演，对身材肥胖、腿型不直有一定掩饰作用。

图 2.3 “丁”字步

2.1.2 有损形象的站姿

(1)双肘相抱，重心落在一条腿上，前脚上下颤抖易毁形象。

(2)双手叉腰，双腿分开或重心落在一条腿上(图 2.4)。

(a)

(b)

图 2.4 有损形象的站姿

2.1.3 站姿训练

1)训练要领

(1)平：头正目平，双肩下沉。

(2)直：腰直、腿直；后脑勺、背、臀、脚后跟在同一平面上。

(3)高：重心上提，保持腹腔呼吸，腰腹、臀部、大腿肌肉收紧上提，尽可能使人显高。

2)训练方法

(1)靠墙训练。优美站姿的形成必须经过针对性、系统性的场景训练。站姿训练刚开始可采用靠墙站立，训练头正、平视、微笑、直颈、展肩、立腰、提臀、直腿等基本要领。脚后跟、小腿肚、臀部、双肩、后脑勺贴墙，腰部距离墙面一个拳头。一般 15 分钟为一个训练时段，每次训练 45 分钟左右(图2.5)。

(2)顶物训练。可以把书本或轻的小平板放在头顶上，头部、躯体保持自然平衡，对身体的各个部位进行训练。重点纠正低头、仰脸、歪头、摇晃、身体不正的毛病（图2.6）。

（3）照镜训练。对照站姿的要领及标准，通过观察发现问题，及时调整。站姿控制在 20 分钟左右，训练时最好配上轻快的音乐来调整心情，克服单调，减轻疲劳感。

图 2.5　靠墙训练

图 2.6　顶物训练

做一做：

1.练习礼仪操第二、三、四节。

2.每天坚持靠墙站立 20~30 分钟。

看一看：

在有关明星的新闻中，走光总是最赚眼球的。然而，明星们之所以频频走光，除了着装本身的原因之外，不良的仪态也是走光的祸首！我国某知性优雅的女主播，在为一知名企业做代言时不小心走光了，原因是她坐立时膝盖未并拢所导致！

想一想：

1.哪些仪态会影响良好形象的塑造？

2.在公众场合我们应如何坐才能体现优雅的素质？

学一学：

2.2 坐姿稳直

坐姿是人体能较长时间维持的姿态，正确的坐姿给人安详稳重的印象，使人产生信任感，是塑造个人形象不可或缺的环节。

2.2.1 标准坐姿规范

1）入座

（1）从椅子后方入座。从椅子的左侧走至距椅前半步远的位置，右脚后退半步重心后移，用小腿肚靠椅边，身体直立下降，轻稳地落座。

（2）从椅子前方入座。走到座位前半步远的位置，转身背对椅子，右脚后退半步重心后移，用小腿肚靠椅边，身体直立下降，轻稳地坐下。

（3）女子入座时，若着裙装，应用手将裙摆稍稍拧一下，不要坐下后再站起来整理衣服。

(a)

(b)

(c)

图 2.7 入座

2）离座

（1）右脚后收半步，身体竖直轻稳起立。

（2）若是围坐的形式，如就餐时，应从椅子的右侧退至椅后再转身离开。

（3）若是横排，可以根据实际情况从椅子的前方或左右侧离开。

3）姿态

坐下后腰背直立，臀部坐在椅面的 2/3 处，上半身稍向前倾，在正式场合背部勿靠在椅背上，手自然地放在腿上，不能放在两腿中间，女性双膝并拢，男性可适当分开,但不要超过肩宽,小腿与大腿呈 90 度,前后不超过 10 度为宜(图 2.8)。

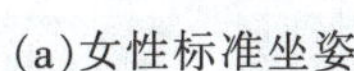

(a)女性标准坐姿　　(b)男性标准坐姿

图 2.8　标准坐姿

2.2.2　有损形象的坐姿

(1)在公共场合,即使坐着舒服的沙发,也不宜靠在椅背上(图 2.9)。

(2)“4”字型坐姿(图 2.10)。

(3)“O”型坐姿(图 2.11)。

图 2.9

图 2.10

图 2.11

2.2.3　坐姿训练

1)入座、离座

2)身体姿势

训练各种优雅的坐姿时,可以采用对镜训练和同伴互练法进行纠正。其中脚位和脚位的变化(图 2.12、图 2.13)是训练的重点。

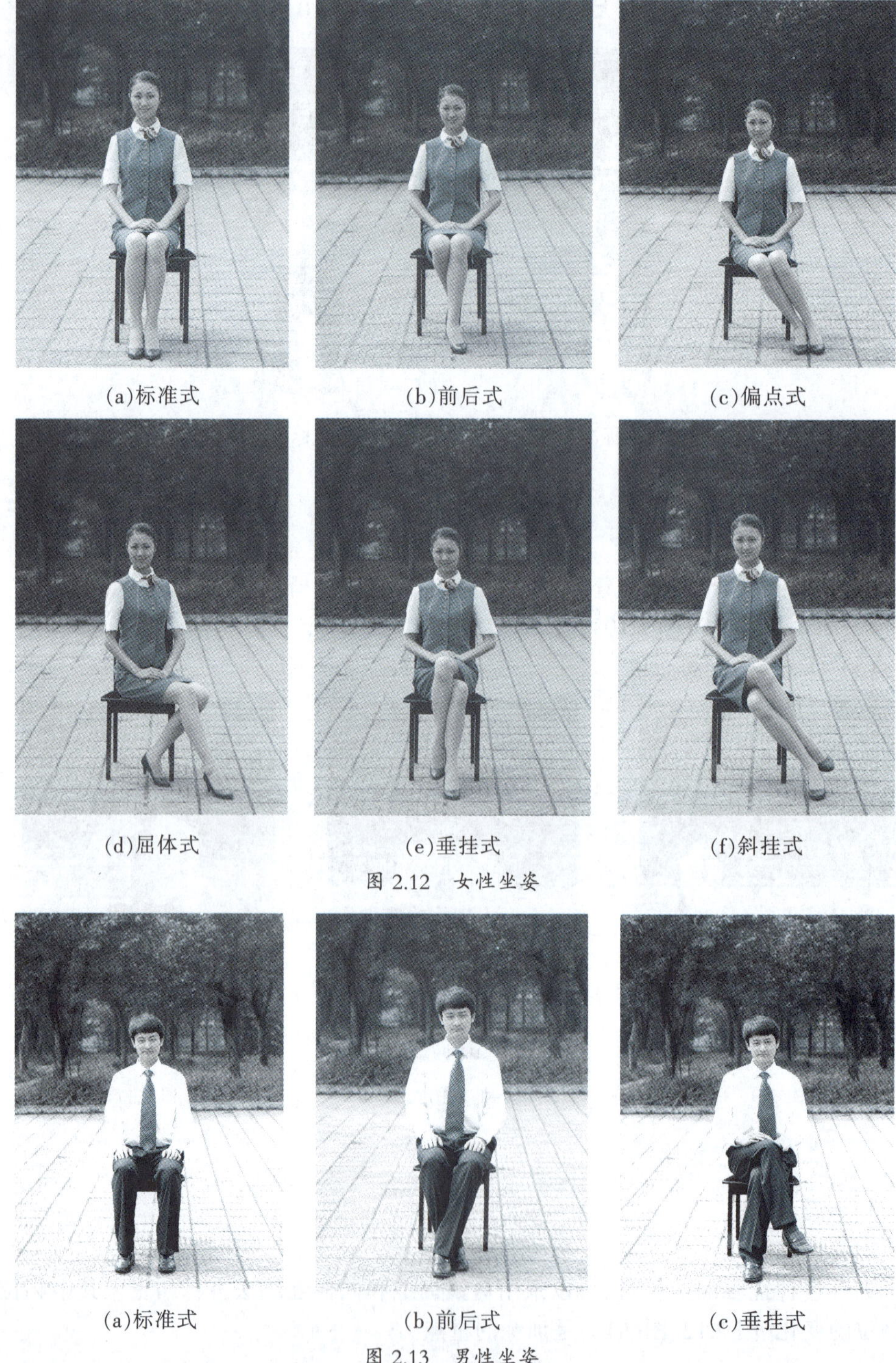

(a)标准式　(b)前后式　(c)偏点式

(d)屈体式　(e)垂挂式　(f)斜挂式

图 2.12　女性坐姿

(a)标准式　(b)前后式　(c)垂挂式

图 2.13　男性坐姿

做一做：

1.练习礼仪操第二、三、四节。

2.每天坚持训练各种场合的坐姿 15 分钟。

看一看：

某企业来了几个合作伙伴，企业老总让车间主任老李陪着客人到各车间转转。老李背着手、微弓着背埋头快步朝前走，发现跟客人距离拉远了，就停下来等，等客人走近了，他又迈开大步往前走。

想一想：

1.老李在陪同客人参观时的身体姿态有什么问题？

2.在与他人同行时怎样行走更有利交往？

学一学：

2.3　走姿潇洒

古语曰“行如风”，是形容走起路来像风一样轻盈流畅。相对于站、坐、蹲等姿势来说，人的行走姿势是一种流动的姿态造型，这种动态之美对于提升一个人的气质风度起着重要的作用。

2.3.1　标准走姿规范

1）基本要求

走姿应给人从容稳健的感觉，其要领是：头部端正，双目平视，下颌微收，双肩下沉，挺胸收腹，立腰提臀，使用腰部的力量，重心稍前倾 3~5 度；两臂协调摆动，掌心向内，并以肩关节为轴向小腹前三拳左右的斜前方摆动，向前摆动时大臂与上体的夹角约 35 度，向后摆动大臂与上体的夹角不超过 15 度；注意膝盖朝前，不要偏外或偏内；曲膝迈步，迈步脚的大脚趾最后离开地面，脚掌紧接脚跟一起落地，脚尖不要扬得太高，落地时声音要轻。走路节奏明快，不拖泥带水，不在地面上擦着走。

2）女性走姿

行走时两只脚的脚跟内侧踩在一条直线上，行走线迹是正对前方成一条直线，形成腰部的摆动而显得优美。膝盖内侧靠拢，千万不要走成两条直线，那样会很不雅观。女性着裙装时，步幅保持一个脚长，更显娴雅；着裤装时，步幅保持一个半脚长，会更加利落(图 2.14)。

3)男性走姿

行走时两只脚的脚跟内侧踩在两条平行的直线上，这两条平行直线的距离不超过肩宽。男性的走姿应体现阳刚之美，步幅宜保持一个半脚长(图 2.15)。

图 2.14　女性走姿

图 2.15　男性走姿

2.3.2　有损形象的走姿

(1)双手插入裤袋(图 2.16)。

(2)双手背于背后(图 2.17)。

图 2.16

图 2.17

2.3.3　走姿训练

1)顶物训练

将一本书或其他轻的物品置于头顶行走，训练在行走中保持头正颈直，纠正摇头晃脑、东张西望、弯腰驼背的习惯(图 2.18)。

2)叉腰训练

双手叉腰,上身正直,使用腰部力量行走,保持行走时不送胯、摆臀、扭腰(图 2.19)。

3)摆臂训练

基本站姿站立,原地摆动双臂,以肩带臂,以臂带腕,以腕带手,双手向小腹前三拳左右的斜前方摆动,掌心朝内,手指自然弯曲,向前摆动时大臂与上体的夹角约 35 度,向后摆动大臂与上体的夹角不超过 15 度。克服双手横摆、向后摆动、同向摆动、单臂摆动或双手摆幅不等的现象(图 2.20)。

图 2.18　顶物训练

图 2.19　叉腰训练

图 2.20　摆臂训练

4)步态训练

行走时上身正直不动,两肩下沉,双臂自然摆动,做到目光专注,行走稳健,步履轻盈。女性行走时脚尖与正对前方的直线呈 15 度的夹角,男士行走时两脚交替行进在距离不超过肩宽的两条直线上(图 2.21)。

(a)

(b)

图 2.21　步态训练

做一做：

1.练习礼仪操第二、三、四、五、六节。

2.每天坚持训练走姿15分钟。

看一看：

王妮是幸运的，毕业后就被一家银行录用为办公室秘书。她认为秘书就是要穿得靓丽性感，为此她花了一番精力在自己的穿着打扮上。一次接待外方投资商，王妮端着茶水进入贵宾室服务，由于茶几较低，王妮弯着腰、撅着臀为客人上茶。会后，办公室主任找来王妮很委婉地说："作为秘书人员，一定要保持大方端庄的形象，注意对客人服务的细节，我不希望每次你为客人上茶时，客人的眼光总是很尴尬，注意力老是不能集中在合约上，这样不仅影响了我们所谈内容，而且还影响着我们企业对外的形象。"王妮听得一头雾水，不知道自己哪里出了问题。

想一想：

1.请你帮王妮找出问题究竟出在哪里？

2.如果你是王妮，在为客户上茶时会采取怎样的姿势？

学一学：

2.4 蹲姿文雅

在日常生活中，捡拾掉在地上的东西，应避免弯腰撅臀的不雅表现。蹲姿是人体静态美和动态美的结合。为了使姿态得体，应注意蹲姿的基本礼仪规范。

2.4.1 标准蹲姿规范

1）高低式蹲姿

基本要领是双膝一高一低，下蹲时左脚在前，右脚稍后，左脚掌着地，右脚跟提起。膝盖朝前，右膝低于左膝，女性应注意双腿内侧靠紧，男性两腿之间可有适当距离（图2.22）。

2）交叉式蹲姿

基本要领是双腿交叉在一起后再蹲下，这种蹲姿优美典雅，特别适合穿短裙的

(a)

(b)

图 2.22　高低式蹲姿

图 2.23　交叉式蹲姿

女性(图 2.23)。

2.4.2　有损形象的蹲姿

1)弯腰撅臀

在大庭广众前下蹲,切不可直腿弯腰撅臀或叉开双腿下蹲(图 2.24a)。

2)平行下蹲

两腿左右分开平行下蹲,即便是直腰下蹲,对他人也是一种失礼的行为(图 2.24b)。

2.4.3　蹲姿训练

1)直腰下蹲

当需要捡拾低处或地面上的物品时,应走到物品的左侧;当面对他人下蹲时,应侧身相向;当需要整理鞋袜或整理低处物品时,可面朝前方,两腿一前一后,一般情

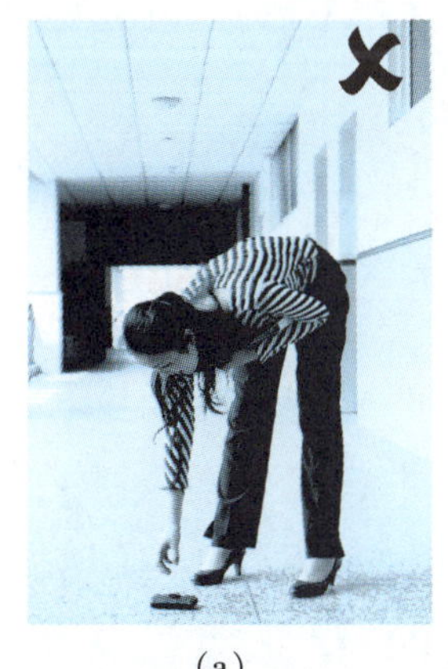
(a)

(b)

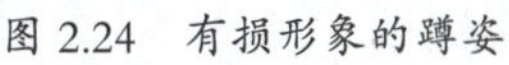
图 2.24　有损形象的蹲姿

图 2.25　直腰下蹲

况是左脚在前,右脚在后,目视物品,直腰下蹲。上体正直,单腿下蹲。女士若穿低领上装、下蹲时应注意用一只手护着胸口(图 2.25)。

2)弯腰拾物

直腰下蹲后,方可弯腰拾捡低处或地面物品,或整理鞋袜,或低处工作。

3)直腰起身

取物或工作完毕后,要先直起腰部,使头部、上身、腰部处在一条直线上,再稳稳站起。

做一做:

1.两个同学相互练习在接待中的蹲式上茶服务,并相互点评。

2.女性在下蹲拾物品时,应注意①____________________,②____________________,③____________________。

看一看:

天达公司的李秘书,在一次隆重的公司庆典活动上,担任介绍来宾的工作。李秘书用右手的食指指着天达公司的总经理说:"这位是我们公司的总经理。"接着,她又用食指指着其他的几位嘉宾说:"那位是智海公司的老总。坐在他旁边的是智海公司的副总。还有这位,是市工商管理局的局长。"会议结束后,公司领导通知李秘书,让她回去好好学习礼仪知识。

想一想:

1.李秘书在介绍中的手势有什么不妥?

2.请你为李秘书做正确的示范。

学一学:

2.5　手势恰当

手势是沟通中的身体语言，非常引人注目。如果手势运用不规范、不明确，动作不协调，寓意含混，会留下漫不经心、敷衍应付、素质不高的印象。一般来说，掌心朝上，手指并拢给人以尊重、文明、规范的感受。

2.5.1　引导指示手势

1）引导"请进"

大臂与上体保持 30 度的夹角，小臂与大臂成 90~120 度的夹角，指尖在肩和胸之间，手掌与小臂在一条直线上，五指并拢伸直。若手从体侧抬起，则以肘为轴直接从体侧摆动到肩和胸之间(图 2.26)，若手在体前，则以肘为轴从小腹呈弧形摆动到位。另一手下垂或背在后腰，目视宾客，面带微笑，同时说"请进"，表现出对宾客的尊重、欢迎。

2）指引方位

手臂屈肘由腹前或体侧抬起，掌心向上。同时，眼睛兼顾来宾和手势的方向，面带微笑。表示"请往前走""在那边""请走好"的意思。

(a)

(b)

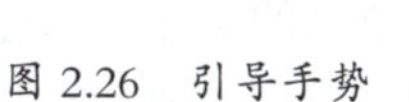

图 2.26　引导手势

图 2.27　指引较近方位

(1)指引较近方位。大臂与上体保持 30 度的夹角，小臂与大臂成 90~120 度的夹角，指尖在肩和胸之间，手掌与小臂在一条直线上，五指并拢伸直(图 2.27)。

(2)指引较远方位。大臂与上体保持 80 度的夹角，小臂与大臂接近 180 度，手臂的高度与肩同高，手掌与小臂在一条直线上，五指并拢伸直，为女性使用；以肩部为轴向体侧抬起，手部、腕部、臂部均在一条直线上，肘部不弯曲，五指并拢伸直，掌心斜向上，为男性常用(图 2.28)。

(3)指引较高方位。大臂与上体保持 60 度的夹角，小臂与大臂成 150 度的夹角，指尖在头顶位置，手掌与小臂在一条直线上，五指并拢伸直(图 2.29)。

(4)指引较广方位。双手以肘为轴，双臂向左右两边抬到腰部，五指伸直并拢，掌心向上，也即“双臂曲臂式”，男女性均适用。

3)指引入座

侧身站在距座位旁一步左右，手由体侧抬起或从腹前下移，五指并拢伸直，大小臂接近 180 度，肘关节略为弯曲更显自然，指向座位的方向，指尖在大腿位置，大臂与上体保持 15 度的夹角，另一手下垂或背在背后，目视宾客，面带微笑，同时对客人说“请坐”(图 2.30)。

图 2.28　指引较远方位

图 2.29　指引较高方位(男式)

图 2.30　指引入座

4)指示自己

右手从体侧或体前曲臂直线路径抬至距胸口一拳处，手掌与小臂在一条直线上，手指略放松伸直，四指并拢，虎口略分开。

2.5.2　常用手势

1)展示物品

展示物品时，应在身体的一侧展示，不宜挡住自己的头部。如想让对方看清楚物品，可在展示物品时让物品位于眼睛下方、胸部上方，双臂伸直以便对方观看(图 2.31)。

2)鼓掌

在观看演出、参加演出、迎候嘉宾等时刻，表示赞赏、鼓励、欢迎等情感的一种手势。四指并拢，虎口张开，手掌略为弯曲，双手抬至距胸口两拳左右，以右手掌心向下有节奏地拍击左掌，不可左掌向上拍击右掌，也不可两掌互相拍击。在表达特别热烈的情感时，手可抬高至下巴的高度。鼓掌应响亮连贯，时间长度视具体情况而变化，

图 2.31　展示物品

(a)

(b)

图 2.32　鼓掌

一般连续拍打十下(图 2.32)。

3)递接物品

递送或接过物品,上体前倾,尽可能使用双手。掌心朝上,四指并拢托住物品的底部,虎口张开,大拇指在上,手掌略为弯曲。对于较高的物品,适合一手托底部,另一只手扶住物品的上端(图 2.33)。

2.5.3　流行手势

1)翘大拇指

因为各地习俗迥异,相同的手势表达的意思,不仅有所不同,而且有的大相径庭。如在某些国家认为竖起大拇指、其余四指握拳表示称赞夸奖,但澳大利亚则认为竖起大拇指,尤其是横向伸出大拇指是一种侮辱;在德国表示数字“1”;在日本表示“5”;英国人翘起大拇指是拦车要求搭车的意思(图 2.34)。

2)“V”形手势

食指和中指上伸成“V”形,拇指弯曲压于无名指和小指上,这种手势是二战时英国首相丘吉尔首先使用的,现在已传遍世界,是表示“胜利”。如果掌心向内,就变成骂人的意思了(图 2.35)。

图 2.33　递接物品

图 2.34　翘大拇指

图 2.35　“V”形手势

3)“OK”形手势

拇指、食指相接成环形，其余三指伸直，掌心向外形成“OK”手势，它源于美国，表示“同意”“顺利”“很好”，有赞同和了不起的意思；在我国和法国“OK”手势表示“零”或“三”；在日本、韩国、缅甸表示“金钱”；在泰国表示“没问题”；在印度表示“正确”；在巴西则是侮辱男人、引诱女人的手势(图 2.36)。

4)举食指的手势

伸出食指其余手指握拳的动作，在世界上多数国家表示数字“1”的意思，在法国表示“请求提问”；在新加坡表示“最重要”；在澳大利亚是示意“请再来一杯啤酒”(图 2.37)。

5)指点手势

在交谈中，伸出食指向对方指指点点是很不礼貌的举动。这个手势，表示对对方的轻蔑和指责。更不可将手举高，用食指指向别人的脸，西方人比东方人更忌讳别人的这种指点(图 2.38)。

6)抚摸头部

许多国家中年以上的人，喜欢用手抚摸小孩的头，以示对他们的爱抚和亲昵。但在泰国、柬埔寨等佛教国家，他们认为头是神灵所在的重要部位，绝对不允许别人触摸，否则就是对他们最大的不尊重。

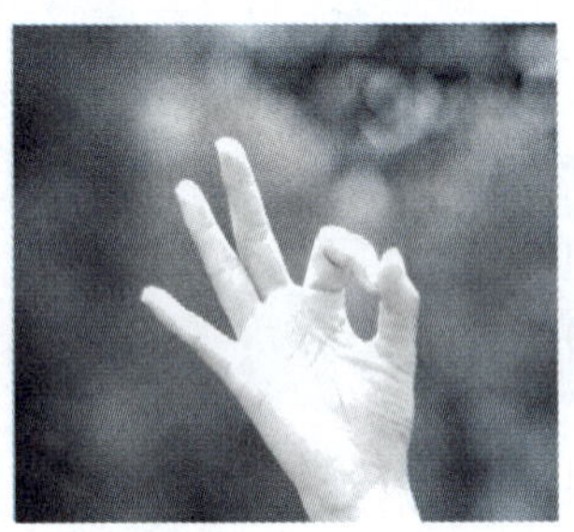

图 2.36 “OK”形手势

图 2.37 举食指手势

图 2.38 指点手势

做一做：

1.练习礼仪操第一、五、六、九节。

2.分小组设计各种交往场景，练习手势的运用。

3　仪表整洁　服饰得体

一个人的卫生习惯、穿衣戴帽、修饰搭配时刻反映着个人形象。俗话说“三分长相，七分装扮”，在人的风度美中，仪表修饰是其中举足轻重的要素。

看一看：

李先生一家接受了好友小王夫妻的邀请，来到小王家做客。女主人的手艺不错，清蒸鱼、炖排骨、烧鸡翅……李先生一家吃得津津有味。这时，有肉丝钻进了李先生的牙缝。于是，李先生拿起桌上的牙签，自顾自地剔起滞留在牙缝中的肉丝来，一边剔还一边发出“啧啧”的声音，最后，这讨厌的东西终于被李先生挑了出来，就在他心满意足地将剔出来的肉丝吐在烟灰缸里的时候，猛然发现同席的人都停止了谈笑，大家仿佛对满桌的佳肴已失去了胃口。

想一想：

1.你有没有过像李先生这样倒人胃口的行为？

2.良好的卫生习惯对仪表风度有什么帮助？

学一学：

3.1　讲究卫生

3.1.1　良好的卫生习惯

清洁卫生是仪表美的关键，是礼仪的基本要求。不管长相多好，服饰多华贵，若满脸污垢、胡子拉渣、浑身异味，那必然破坏一个人的美感。因此，每个人都应该养成良好的卫生习惯：

(1)入睡、起床要洗脸、脚，经常洗头、洗澡，勤更衣，常换袜，不留长指甲。

(2)入睡前、起床后要刷牙，饭后漱口或喝茶。吃了葱、蒜等有异味的食物，可以嚼一嚼泡过的茶叶；口香糖有助祛除口腔异味和残渣，但与人交往时咀嚼有失庄重。

(3)不随地吐痰，不对着人咳嗽、打喷嚏；不在公共场所很响地发出身体的声音，如打嗝等。

(4)不要在人前“打扫个人卫生”，比如：照镜子、剔牙齿、掏鼻孔、挖耳屎、修指甲、搓泥垢等，否则，不仅不雅观，也不尊重他人。

3.1.2 正确的清洁方法

1)清洁面部

清洁面部可以洗去皮肤油脂、空气污染、化妆品的残留物，去除新陈代谢产生的老化物质。需要注意的有：

(1)每天洗脸的次数并非越多越好。通常在清晨起床和晚上就寝前各洗一次脸即可。

(2)用手指肚由内朝外画圈滑动清洗。取出适量洁面乳，在手心加水揉搓起泡，用手指肚轻轻地由内朝外画圈滑动清洗，手指不可过分用力，以免增加肌肤的负担。从皮脂分泌旺盛的T字区开始清洗，额头中心、鼻翼及鼻梁两侧要仔细清洗，下颌底部、脖子、耳后等也不能忽略。

(3)洗脸最好用温水。过烫的水会带走肌肤水分，导致肌肤老化，冷水则不利于扩张毛孔、去除污垢。因此，最好使用温水，以泼水的手法将洁面乳清洗干净，最后再以冷水轻轻拍打以收缩毛孔。

(4)用毛巾吸干而不是擦干水分。洗脸后将干毛巾轻贴在脸上吸干水分，不可用力揉搓，以免伤害肌肤。

(5)随身携带纸巾以保持面部清洁。当脸上有汗水或污渍，不应当用手甚至衣袖去擦，而要使用纸巾。皮脂分泌旺盛的人，还可以用吸油纸按去面部多余的油分，使脸庞保持干净、清爽。

2)清洁头部

发型修饰的基础是整洁。遵循“三不”原则：不能有异味、不能出绺、不能有头皮屑。要达到这样的要求，应养成周期性洗发的习惯，一般每周洗2~3次即可。油性头发至少2天洗1次，干性头发间隔时间可稍长一些，避免带走更多皮脂。

洗发的步骤：

(1)洗发前用木梳将头发梳理通顺，先梳发梢，再从头顶往下梳，把头皮上的脏污和鳞屑(死细胞)弄松，同时起到用梳子按摩头皮的作用；

(2)用温水湿润头发，先将头发冲洗一遍，这样可使头发上的灰尘、脏污及头皮屑略微减少，从而减少洗发精的用量，以降低对头发及头皮的损伤；

(3)洗发水不要直接倒在头发上，先倒入手心揉搓起泡后再涂在头发上，用指腹按摩头皮，而不要用指甲抓抠，否则会损伤头皮；

(4)清洗头发的时间应是洗发的两倍，否则洗发水中的碱性成分残留在头皮和头发上，会产生分叉、头皮屑等现象；

(5)使用护发素等营养产品应在洗净头发之后，同时，除非是标注了免洗的产品，否则仍然要彻底冲洗干净；

(6)用干毛巾包裹湿发，抹干水分。切忌拧、搓头发，因为此时头皮及头发都很脆弱，极易受损；

(7)使用电吹风时，一定要距头发 20~25 厘米以上，不要直接吹头皮，更不要将头发吹得干透，一般至 8 成干即可。

3)清洁身体

人的皮肤表面有一层薄薄的“皮脂膜”，它是由分泌的油脂、汗液和皮肤细胞碎屑构成的，对皮肤起着保护作用，并让皮肤看上去有光泽。冬季皮肤干燥、缺水、瘙痒，就源于这层皮脂膜受到了破坏。正确洗澡应该收到清洁皮肤的同时不破坏皮脂膜的效果。

(1)水温。保持在 40~50 摄氏度，比体温略高，不感觉烫。水太烫会破坏皮脂膜，造成皮肤微小的损伤，加重瘙痒。

(2)时间。如果是天天洗澡，每次 5~10 分钟就可以，不要超过 30 分钟。

(3)沐浴露。尽量选中性或弱酸性的，不要用碱性的香皂、肥皂。冬季洗澡，如果不是特别脏，可以不用沐浴露。

(4)保湿。浴后一定要在皮肤没干透的情况下搽乳液，除了腋下、腹股沟，其他部位都要抹。小腿、腰、臀和前臂皮脂腺最少，最容易发生瘙痒，要多抹或反复抹。由于浴后乳液保湿作用只有一两天，因此即使不洗澡也要记得涂抹。

3.1.3　适度使用香水

香水是人的气质外衣，远远地便会释放出一种吸引人的能量，让人无法忘记。香水是一种赢得好感的神奇物品，但在使用香水时如果不注意一些细节和场合，反而会起到相反的效果，使魅力大打折扣，所以我们必须掌握其中的学问，巧妙地用好它。

1)气味选择应得当

较浓香味的香水，应在冬天使用或在盛装的宴会上使用。夏天或白天上班时，应使用香味较淡的香水。

在工作场合里应用淡雅清新的香水，这样才不会给人以唐突的感觉；在运动、旅游场合，应使用运动香水；而在私下亲密的时刻，浓烈诱人的古典幽香会让整个气氛更富于情调，这时绝不会让人有尴尬和失礼的感觉。

2)喷洒方法和部位

(1)喷香水时，喷口应与身体保持约 10 厘米的距离，使喷出的香水呈雾状，这样

图 3.1

可使香水香味均匀分布，而不会集中在某一处。

(2)香水应避免直接喷洒在白色的衣服上，因为多数的香水都含有色素，直接喷洒在白色衣服上，会导致香水中的色素残留在衣服上，影响到衣服的外部美观。

(3)用香水时，须注意不要直接对着肌肤喷洒，尤其是会直接暴晒的部位，如脸部，脖子、头发等，这些部位因香料碰到阳光紫外线的时候，会产生化学变化，导致皮肤黑色素的沉着，也不能喷洒在腋下，香气一旦混合了体味就会产生一股奇怪的味道。

(4)香水可涂在身体的主要脉搏部位，例如手腕、耳背及颈项两旁脉搏处，另外手臂内侧及膝盖内侧也是合适的部位(图 3.1)。

做一做：

1.对照一下自己平时的清洁方法，哪些是恰当的，哪些是需要改进的。

2.如何使用香水才是合适的？

看一看：

郑伟是一家大型国有企业的总经理。有一次，他获悉有一家德国著名企业的董事长正在本市进行访问，并有寻求合作伙伴的意向。他于是想尽办法，请他的德方朋友为双方牵线搭桥。

让郑总经理欣喜若狂的是，对方也有兴趣同他的企业进行合作，而且希望尽快见面。到了双方会面的那一天，郑总经理对自己的穿着刻意地进行了一番修饰，他根据自己对时尚的理解，上穿茄克衫，下穿牛仔裤，头戴棒球帽，足蹬旅游鞋。无疑，他希望自己能给对方留下精明强干、时尚新潮的印象。

然而事与愿违，郑总经理自我感觉良好的这一身时髦的“行头”，却偏偏坏了他的大事，导致失去了与德国企业合作的机会。

想一想：

1.郑总经理的问题在哪里？

2.为何他的穿着直接影响着合作的成功与否？

学一学：

3.2　服饰得体

意大利影星索菲亚·罗兰说:“你的着装往往能看出你是哪一类人，它们代表着你的个性。”服饰作为美的一种符号,在人际交往中越来越受到人们的关注。服饰不但可以美化个人形象,还可向他人展示自身良好的气质、修养和个性,而且可以表明自己的地位、职业、身份和阶层,被认为是社交场合中的“第二肌肤”。

3.2.1　服饰礼仪的原则

1)TPO 原则

TPO 是英文的时间(Time)、地点(Place)、场合(Occasion)三个词的缩写,是指人们在着装搭配时,应当注重的三个客观要素。

(1)时间(Time)原则。这里的时间既是指每天的早、中、晚,也是指四季的春、夏、秋、冬。

(2)地点(Place)原则。为了达到人们视觉与心理的和谐感,应选择与特定的环境相协调的服饰。

(3)场合(Occasion)原则。特定的场合人们都有约定俗成的惯例,具有深厚的社会基础和人文意义。如果服饰与场合不吻合,会产生格格不入的感觉,引发人们的反感甚至厌恶。

2)整体协调原则

(1)与自身特点相协调。选择服装首先应该与自己的年龄、体形、肤色、性格、身份和谐统一。年长者,身份地位高者,选择服装款式不宜太新潮,款式简单而面料质地讲究更体面。青少年着装则应着重体现青春气息,以朴素、整洁为宜,清新、活泼最好,“青春自有三分俏”,过分的服饰反而会破坏青春朝气。

(2)色彩搭配相协调。服装的色彩是着装成功的重要因素。服装配色以“整体协调”为基本准则。全身着装颜色搭配最好不超过三种,而且以一种颜色为主色调,颜色太多会显得乱而无序,不协调。灰、黑、白三种颜色在服装配色中占有重要位置,几乎可以和任何颜色相配并且都很合适。着装配色和谐的几种比较保险的办法,一是上下装同色——即套装,以饰物点缀。二是同色系配色,利用同色系中深浅、明暗度不同的颜色搭配,整体效果比较协调。三是利用对比色搭配(明亮度对比或相互排斥的颜色对比),运用得当,会有相映生辉、令人耳目一新的亮丽效果。

3.2.2 不同场合的着装

1)公务场合

公务场合对服装款式的基本要求是:庄重、保守、传统。如:套装、套裙、工作服等(图3.2)。

2)社交场合

用于上班之外,在公共场合与人交往、共处的时间。如聚会、拜会、宴会、舞会等都是典型的社交场合。其服饰的基本要求是:时尚个性、与众不同。如:时装、礼服、各种民族服饰(图3.3)。

3)休闲场合

居家、健身、旅游、娱乐、逛街等都属于休闲活动。其服饰的基本要求是:舒适、方便、自然。适合的服装款式为:便装、牛仔服、运动服等(图3.4)。

图3.2 公务场合着装

图3.3 社交场合着装

图3.4 休闲场合着装

3.2.3 扬长避短的方法

1)颈短

对于又短又粗的脖子,最好不要穿高领或立领衫,因为领口直接顶到下巴会使脖子更短。也不宜穿黑色圆领衫,因为黑色衣料与白白的颈部皮肤会形成一个鲜明对比,短上加短。更不要带厚实的围巾或在脖颈上系花。如果一定要穿高领或立领衫,与肤色相近的肉色、米色、白色比较好。其实,浅色V领衫会令短颈看起来像长了一截,是最适合的。

2)个矮

首先是上下装服装颜色的对比不能过于强烈,例如,红—绿、蓝—橙、黑—白、紫—黄等。因为强烈对比的颜色会把人从视觉上分成两半,看起来就更矮了!所以矮个子要尽量选择同色调的衣服,但有一点要注意,上衣的质料应该比下衣的质料厚重些。另外,喇叭裤、阔腿裤会让本来矮小的身材变得更加矮小。类似于五、六、七分裤等款式会将腿“截断”,加深矮的感觉。对于个子矮小的女生来说,可以多穿短裙、直筒长裤,不过应该注意,袜子和裙子的颜色也不要对比太大。

3)腰长腿短

很多人都有此问题,穿衣服很烦恼,如何穿会好看点呢?

(1)将上衣的焦点放在领口,把人们的注意力往上移,比如穿荷叶领或戴靓丽的丝巾等,再穿上暗色长裤便可以。

(2)穿高跟鞋,这样可间接加长双腿。

(3)穿高腰 A 字裙,或娃娃衫配紧身长裤。

(4)在腰部系宽皮带,多佩戴漂亮的腰部饰品。

3.2.4　饰品搭配的技巧

一般情况下,身上的饰品不要超过三件,尤其在商务活动中,更应牢记“以少为佳”的原则。饰品的风格、颜色、材质尽量和谐统一。

1)耳环

选择耳环应当考虑脸型、头型、发式、服饰等。例如,长脸型特别是下颌较尖的脸型应采用面积较大的扣式耳环,以便使脸部显得圆润丰满;脸型较宽的方脸型人,宜选择面积较小的耳环。服饰色彩比较艳丽时,耳环的色彩也应艳丽些,同时要考虑两者间色彩的适当对比。一般来说,金银耳环可配任何衣服。

2)项链

选配项链应考虑体型、脸型、脖子的长度以及衣服的颜色等。例如,体型较胖、脖子较短的人宜选择较长的项链,而不宜选用短而宽的项链,否则会让人觉得膀大腰圆;相反,身材苗条修长、脖子细长的人则最好选择宽粗一些的短项链,不宜戴细长的项链,否则会更显单薄和纤弱。

3)戒指

戒指总是和婚恋联系在一起,所以不能随便佩戴。戴在食指上表示求婚,中指上表示已在热恋中,无名指上表示已订婚或结婚,小指上表示独身,而大拇指通常是不戴戒指的。一只手上最多戴两枚戒指;订婚戒指和结婚戒指,可都戴在无名指上,也可分别戴在中指和无名指上。

4)胸针

胸针多佩戴于胸前,以强调胸部线条的优美。穿套裙时,将其别在上衣的领子边,可在庄重之中平添一分妩媚。胸针既不能和胸花、徽章等同时佩戴,也不能和项链尤其是带坠式项链同时佩戴,否则只会分散他人的注意力,影响整体装扮效果。

5)手提包

小型手提包是女性出席正式场合时使用的重要饰物。其款式应是可以拿在手中的小皮包型或手提型。商务女性选择日常手提包的原则是:看起来大小适中但容积率一定要大,因为,化妆包、钱包、工作笔记、手机、名片夹、钥匙甚至雨伞、丝袜、纸巾等都要一股脑儿地装进去。

做一做:

1.身材矮小的人,适合穿大图案的服装吗,为什么?

2.案例分析:王莉毕业后,要去参加一个公司文员职位的面试,作为她的朋友,请为王莉设计一款面试时的着装。

4　表情亲切　面容宜人

有人说:“人的面部就是人生的一张履历表,喜、怒、哀、乐各种情绪或心境都会表现在脸上。这个人是历经沧桑,还是一帆风顺,是身心健康,还是满怀怨愤,甚至于是否有好的生活习惯,只看他的脸,便可略知一二了。”人与人之间交流的方式多种多样,面部表情是其中最丰富、也是最重要的部分,它体现和反映着人们内心的思想感情,对人们所说的话起着解释、澄清、纠正或强调的作用。

面部形象的展现有先天的因素,但是,一个人后天的气质、风度等变化必然会通过表情反映在脸上。这就是说,表情同人的其他素质一样,也是可以由人的思维方式、文化修养等内在变化来调整、改善的。怎样才能使自己的面部于人于己都感觉愉悦、舒适?我们的笑容、眼神以及容貌和发型的修饰将会成为关键。通过有意识的调适,可以使表情达到自然可亲的效果。

看一看:

笑

林徽因

笑的是她的眼睛,口唇,
和唇边浑圆的旋涡。
艳丽如同露珠,
朵朵的笑
向贝齿的闪光里躲。
那是笑——神的笑,美的笑:
水的映影,风的轻歌。

笑的是她惺松的鬈发,
散乱的挨着她的耳朵。
轻软如同花影,
痒痒的甜蜜
涌进了你的心窝。
那是笑——诗的笑,画的笑:
云的留痕,浪的柔波。

选自《新月诗选》1931 年 9 月

想一想:

1.你最喜欢看到他人怎样的表情?为什么?

2.你脸上最常见的是什么表情?它对你的形象起到什么作用?

学一学:

4.1 笑容美好

大千世界万事万物中，人是最美的；人类千姿百态的言行举止中，笑是最美的；而所有的笑容中，真诚、适度的微笑是最美的。微笑表现着人际关系中自信友善、亲切和蔼、礼貌融洽等最为美好的感情因素，它如同磁石一般具有天然的吸引力，能使人相悦、相亲、相近，是美不可言的社交语言。

4.1.1 “解读”微笑

微笑是人们对某种事物给予肯定以后，内在心理历程在面部的呈现，是人们对美好事物表达愉悦情感的心灵外露和积极情绪的展现，它是上苍给每个人最公平的恩典，无论学历高低、地位差别或年龄老少、个性强弱、容貌美丑，只要自己去挖掘，都可以拥有它。

1）健康的人拥有美好的笑容

很难想象，一个精神萎靡不振或者病恹恹的人脸上会露出令人愉快的笑容。微笑被誉为“解郁之花，忘忧之草”，其前提是施与者本身的身心健康。当我们身体不适，心情烦躁的时候，微笑便会像缺少阳光和水分的花草一般，变得枯萎，失去生机。因此，保持健康才能展现最为美好愉悦的笑容！

微笑是一种“情绪语言”，它来自身心健康者

2）自信的人拥有美好的笑容

人的外表美，特别是风度和气质美，很大程度上取决于心理素质的优劣。一个缺乏自信，在他人面前唯唯诺诺、只懂得依附顺从的人，即使有笑容，也会是忐忑不安、谄媚讨好的，无法令人产生愉快的情绪。微笑是自信的反映，要想展现美好的笑容，请先走出自卑的阴影吧！

3）真诚的人拥有美好的笑容

礼仪训练专家说：“美好的笑容并非在于你笑出了六颗或是八颗牙齿，重点应当是自然与真诚。”“笑脸”和“笑的脸”给人的感受是不一样的，从内心发出的笑脸能传递“从心里接受对方”的信息，而“笑的脸”则是心中不以为然，却又不得不笑的表情，这种生硬、做作的表情使看到的人都难以接受。

微笑的美在于文雅、适度、亲切自然，符合礼貌规范。所谓“诚于中而形于外”，必须要诚恳和发自内心，如同春风扑面，才能消除冷漠，温暖人心，获得理解和支持。如果故做笑颜，假意奉承，会给人虚伪及不可信任之感。

4.1.2　微笑的五官要领

要使微笑闪耀出动人的光彩，需要面部肌肉、眉眼、嘴和下颌的协调配合。

1）面部肌肉

紧绷绷的面部肌肉反映出心里的紧张、恐惧、拘束，这时即使做出笑的表情，也会给人讪笑、假笑甚至皮笑肉不笑的感觉。因此，微笑时面部肌肉应该适度放松，两颊的笑肌均匀上抬。

2）眉眼

所谓“眉开眼笑”，要有一个动人的笑容，眉眼部的放松与配合也是很关键的。我们应当眉头舒展，眼神柔和、自然、亲切地注视对方。

3）嘴唇

微笑时嘴角两侧均匀上翘，能表现开心、赞成的积极心态。“笑不露齿”是机械的规定，我们可以根据自己的脸型、唇型以及牙齿的状况决定最适合的上下唇开启程度，但嘴角向下或者双唇紧闭是应当避免的。

4）下颌

微笑时，下颌可微微向下，使视线保持平视，给人以诚恳、谦逊的印象。

总之，当面部肌肉放松，下颌微收，嘴角微微上扬，眼神中充满笑意，亲切地注视对方时，这种笑容显示了对生活的自信和满足，是最能引起他人好感，也是最为理想的表情。

4.1.3　训练方法

（1）找一面可容纳自己面容的镜子，说“cheese”，或者发汉字“茄子”的音。

（2）拿一支不太粗的笔或筷子，用牙齿轻轻横咬住它，对着镜子记住这时面部和嘴部的形状，加以保持。

（3）先对着镜子做出唇齿最美的笑容，然后用书本遮住鼻子以下部分，尝试让自己的眼睛充满笑意。

（4）经常进行快乐的回忆，并努力将心情维持在最愉快的状态。

做一做：

1.阅读诗歌《微笑》，谈谈微笑在我们学习、生活中的作用。

微微一笑并不费力，但它留下的结果却是那样的神奇。

微微一笑虽然只需几秒，但它留下的记忆却很难逝去。

您　得到一个笑脸觉得是一个福气，

您　给予一个笑脸也没有损失分厘。
没有谁　富有得连笑脸都拒绝看到，
也没有谁　贫穷得连笑脸都担当不起。
微笑是最廉价的礼品，微笑是最有力的武器，
微笑能给我们家庭带来和顺美满，
支持我们在工作中万事如意，
更能给我们传递友谊。
对疲劳者她犹如是休息，
对失意者她仿佛是鼓励，
对伤心者她能给予安慰。
因此，解郁之花忘忧之草的美名它当之无愧。
微笑，买不来　借不到　偷也偷不去，
她只能在给人之后才显出她的意义，
这，就是微笑的真谛。

2.练习礼仪操第一节。

3.每位同学克服自卑、害羞、胆怯的心理轮流登台，微笑着向大家问好。

看一看：

黄磊是新兴通讯公司的人事部经理，一次，受邀请参加一个世界著名公司的人际关系培训班举办的结业典礼，她打算在了解讲师的素质后再决定自己是否参加培训。黄磊坐在前排右边，看着那些结业的学员用积极热情的语言，振奋地表达自己的体会。而那位主讲老师的脸上始终挂着自信的笑容，那双眼睛也像是对着每个人在微笑。这双眼睛与他的脸温暖和谐，充满了笑意。黄磊想：他的心也应该在笑吧！通过他的眼睛就可以表现出来。眼睛是心灵的窗口，一个心灵也在微笑的人必定是一位优秀的人际关系讲师，他一定能帮助自己解答很多不懂的事情。黄磊当即就报名参加了这个公司的培训班。

想一想：

眼神的力量远远超出我们用语言可以表达的内容，请谈一谈你在这方面的亲身体会。

学一学：

4.2　善用眼神

眼睛是"心灵的窗户",眼神是面部表情的核心。人们可以用眼神这一含蓄的无声语言,传递有声语言难以表现的意义和情感。

一个良好的交际形象,目光应当坦然、亲切、友善、有神,能恰当地把握注视的时间,正确地运用注视的方式,根据不同的场合、对象及目的恰当选择注视区间,并与体姿、语言等形成呼应,以加强沟通交流的效果。

与人交谈时,下列眼神各自传递了什么信息呢?

A.眼睛眨个不停	a.命令
B.双目大睁	b.鄙视
C.频频左顾右盼	c.吃惊
D.斜着扫一眼	d.敌意
E.瞪眼相视	e.疑问
F.逼视对方	f.心中有事

(参考答案:Ae、Bc、Cf、Db、Ed、Fa)

4.2.1　注视的时间

与他人交谈时,目光接触的时间要保持适中,不要死盯不放,也不要左顾右盼。一般情况下,可以用 50%~70%的时间注视对方,另外 30%~50%的时间注视对方脸部以外的 5~10 厘米处,这样显得自然而又有礼貌。

当我们无意中与别人的目光相遇时,不要惊慌躲闪,马上避开,可以先自然对视 1~2 秒,再缓缓移开,否则会显得拘谨、小气,也是不礼貌的。

4.2.2　注视的方式

生活中有各种各样的注视方式,每种注视方式既表达了不同的心理特点,也给被注视者带来不同的心理感受。让我们一起来体会一下,怎样的注视方式才是我们应该多用的吧!

“正视”	两眼直接注视对方，目光有神，但又不失柔和，表示自信、专注、尊重、坦诚。
“环视”	在与多人同时交往时可以眼观“六路”，用目光有意识地顾及每一个人，表示一视同仁的重视与认真。
“盯视”	长时间目不转睛地注视对方某处，有侵犯或挑衅之意，会给对方造成压迫感，是一种很不礼貌的注视方式。
“虚视”	眼神涣散、不集中，目光四处游移，容易给人心神不定、不够坦率和诚实的感觉。
“旁视”	与人交流却眼望别处，容易被对方误解为心不在焉或者害羞、心虚，是不尊重他人的注视方式。
“扫视”	对他人上下反复打量，反映惊讶、好奇的心理，也是没有礼貌的表现。
“睨视”	斜着眼睛看向对方，这极为失礼，会让对方感到被轻视、不够尊重。
“无视”	目光疲软，视线下垂，不时看向自己的鼻尖，这种目光透射出悲伤或冷漠之感，往往会使交往陷入僵局。

很显然，我们平时应当多采用“正视”的目光，展示良好的气度风范(图 4.1)。而在同时与多人交流时，为顾及在场每一个人的感受，最好学会运用“环视”。其余的几种注视方式，都是我们应当避免的。

图 4.1 正视

4.2.3 注视的区间

所谓注视区间，就是视线所及的范围。在日常生活中，注视对方什么位置，要依据不同场合、不同对象以及准备传达什么信息、营造什么气氛而定。

注视的区间界限不是绝对的，但从总体上说，在与人交谈时，视线一般不要超出图 4.2 所示的范围。具体可分为：

1)公务注视区间

进行业务洽谈、商务谈判、布置任务时采用的注视区间。区域：两眼为底线，前额上部为顶点所连成的三角区域。注视这一区域可制造严肃、居高临下的效果，给对方

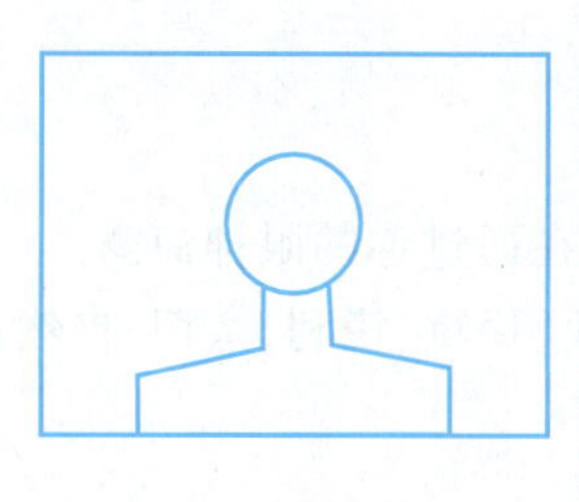

图 4.2

图 4.3　公务注视区间

图 4.4　社交注视区间

以庄重、正式的心理影响(图 4.3)。

2)社交注视区间

人们在社交场合采用的注视区间。区域:两眼为上线,下颌为顶点所连成的倒三角区域。注视这一区域最容易形成平等感,营造良好的社交氛围(图 4.4)。

3)私人注视区间

关系比较亲密的人,比如至爱亲朋在交谈时采用的注视区间。区域:主要是双眼、嘴部和胸部以上范围。注视这些区域能激发感情,表达爱意。

4.2.4　与语言、体姿配合

友善的眼神令人如沐春风,而在实际交流过程中,我们如果能借助适当的体姿或语言与眼神配合,表现对谈话的理解与专注,和对方形成一定的交流呼应,将会产生很好的效果。

(1)见面时,首先要睁大眼睛,不论是熟悉的人或是初次见面,也不论是偶然还是约定见面,都要面带微笑,以闪烁光芒的目光正视对方片刻,显示出喜悦和热情,随后再借助致意、问候的动作和语言加深印象。对于初次见面的人,同时还应微微点头,行注目礼,表示出尊敬和礼貌。

(2)与人交谈时,保持目光的接触,这是对话题有兴趣的表示,利于形成融洽的交谈气氛。注视并非紧盯,瞳孔焦距应呈散射状态,同时辅以真挚、热诚的面部表情。千万不要长时间回避对方目光,左顾右盼、频频看表、眼皮下拉都是不恰当的。

(3)交谈中,随着话题、内容的变换,用不同的眼神、手势、语言、表情做出及时恰当的反映,或惊或喜、或微笑或沉思,会使整个交谈更加融洽、和谐、生动、有趣。

(4)交谈结束时,目光要抬起,表示到此为止。道别时,仍要注视着对方的眼睛,流露惜别之情。

(5)在集体场合发言时,首先要环视全场,表示“我要讲了,请大家注意”。在近距离的空间,如电梯、地铁等场所,避免与人对视。当别人尴尬时,不要去看他。交谈间隙或停止谈话时,不必正视对方。

4.2.5 训练方法

(1)欣赏文学艺术作品,体验丰富的情感。

(2)相信自己的眼睛会说话。你的思想及你的心态,正在通过你的眼神流露。

(3)对镜模仿动物的眼神。男性的眼神像鹰,刚强、坚毅、稳重、锐利、亲切、自然;女性的眼神像风,柔和、善良、敏捷、大气、亲切、自然。

做一做:

1.两人一组,轮流运用各种眼神,让对方说出感受。然后共同练习正确的注视时间、方式和区间。

2.分场景对注视进行练习:

(1)朋友来家里做客在门口迎接。

(2)商务谈判时阐述本方的观点。

(3)过年了,一家老小欢聚互道祝福。

看一看:

张渺渺经过层层选拔,终于成为振兴集团的一名办公室文员。她很珍惜这来之不易的机会,所以每天早上第一件事,就是花大量时间精心修饰容貌,希望让他人眼前一亮,从而肯定自己的能力和水平。时尚杂志、网络资讯,只要有了新的潮流指标,她都一一尝试。今天烟熏妆,明天晒伤妆,没过几天又把嘴唇涂得惨白,说是追求自然。如此一来,同事经过她的办公室,都好奇地探头探脑;客户前来办事,看见她就惊诧莫名;过了不到半个月,总经理就劝她另谋高就了。

想一想:

1.张渺渺为什么会丢掉工作?

2.怎样的面容才算是美好?

学一学:

4.3　面容清爽

仪容美,包括面部美、头发美、肌肤美等,是我们留给他人的第一印象,也可能成为改变人生的第一步。人的容貌虽然是天生的,但学会运用相关原则和技巧对容貌进行修饰,可以收到"扬长避短"的效果。

4.3.1　修饰原则

1)干净

"面必净"是仪容美的第一要求。应坚持每天晚上用洗面奶并用温水洗净。对于油性皮肤,应注意控油,及时用吸油纸擦脸。在不同的季节,要用水、乳、霜、露等护肤品分别进行护理,以免面部皮肤粗糙、翻皮。

2)自然

容貌修饰不仅要美丽、生动,更要真实,不矫揉造作。无论是天生姣好,还是略有不足的容貌,应给人自然大方、和谐之感,千万不要把自己的脸当作"调色盘",弄得五彩斑斓;也不要为了所谓的美白或者遮掩小瑕疵、小痘痘而涂抹厚厚的脂粉,搞得像戴了层面具。尤其是青少年,风华正茂,身体各种机能包括皮肤正值最佳状态,在平时的学习、生活中可做适当的皮肤护理,但最好不要化妆,以减少化学成分对身体的危害,同时也尽展"清水出芙蓉,天然去雕饰"的自然美感。

3)协调

"适合别人的不一定适合自己,一度适合自己的不一定每次都适合自己",这句话是我们追求仪容美时应当牢记的。容貌的设计和修饰必须讲求整体配合,首先是化妆部位色彩搭配得当,符合个性特点;其次脸部化妆还要与不同的发型、发色、服装、饰物相得益彰;此外,化妆要适合自己的年龄、身份以及所处场合。不协调的妆容是不可能给人以美的感受的。

4)礼貌

注重容貌修饰是尊重他人的表现,要达到这一目的,需要遵循礼貌的原则。包括不要在他人面前修饰容貌,比如当众照镜子、描眉毛、涂口红等,都极为失礼;不要借用别人的化妆品,这样既不卫生也让人为难;不要对他人的妆容品头论足,因为民族和文化传统的不同、肤色以及个人审美的差异,每个人在容貌修饰上的品位和效果就可能不一样,非议他人的妆容不仅失礼,还会伤害他人。

5)美化

借助适当、适度的化妆、美容和护肤技巧对面容进行修饰、矫正,扬长避短,达到美化的效果,是进行容貌修饰的目的。因此,化妆应表现出个性美,根据自身脸部(包括眉、眼、鼻、颊、唇)特征,利用各种技巧,恰当使用化妆品,一方面突出五官最美的部分,使其更加美丽,另一方面掩盖或矫正有缺陷或不足的地方。切忌“千人一妆”,为追赶所谓的“潮流”“时尚”而进行简单的模仿。

4.3.2 女性面部化妆

化妆是生活中的一门艺术,适度而得体的化妆,可以体现女性端庄、美丽、温柔、大方的独特气质。

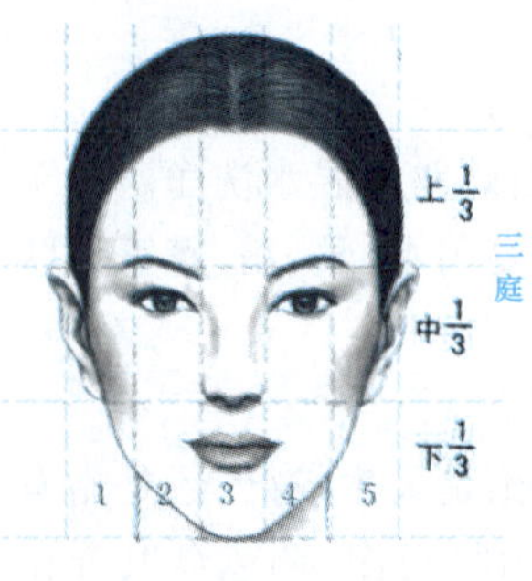

图 4.5 五眼

1)标准脸型

“五官端正”是仪容美的基础,即面部的耳、眉、眼、鼻、口的比例要达到“三庭五眼”的标准(图 4.5)。而化妆修饰的最终效果,也就是要借助化妆技法,使自己的面容符合这一标准。

2)化妆程序

(1)洁面护肤。在没有清洁过的脸上化妆,好比在脏兮兮的画布上作画,技巧再高明,色彩再鲜艳,也会给人不洁的感觉,因此,化妆的第一个步骤便是洁面。洁面之后涂上面霜或乳液,可以起到滋润皮肤、隔离彩妆的作用。

(2)上粉底。选择接近自己肤色的粉底液或粉底霜,涂抹时以“薄、匀、全”为佳,尤其不要忽略发际、颈部、耳朵等处,以免给人生硬感。

(3)定妆。用粉扑或大号化妆刷蘸取少量散粉,在额头、鼻子和有油光的地方轻点刷匀,然后扫落多余散粉,这样可以增强粉底附着力,使妆容持久,还能增加肌肤光泽度。

(4)画眉毛。理想的眉型应具备以下几个特点:眉头和眉梢处于同一水平线上,眉头在同侧鼻翼与内眼角连线的延长线上,眉峰在经过黑眼球外侧,平行于鼻梁的直线上,眉梢在同侧鼻翼与外眼角连线的延长线上,眉头、眉峰的高低应根据脸型而定。选择与头发颜色相近的眉笔或眉粉,力度放松,顺着眉毛的生长方向一点一点地描画,眉峰最深,眉梢最淡,最后用眉刷顺势轻刷一下,使整个眉毛整齐、圆滑、服帖、自然(图 4.6)。

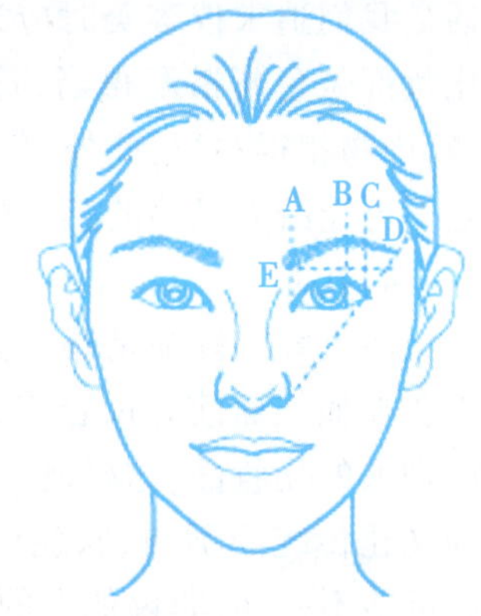

图 4.6 画眉毛

(5)上眼影。先以浅色眼影在眼睛到眉毛之间大范围打底,然后在靠近眼眶的眼褶处画上较深色的眼影,渐渐往上晕开,下眼睑处搭配较明亮的颜色,会让眼睛看来更大、更有神,最后在眉骨、下眼睑下以淡色或是带有珠光的眼影打上高光,加强立体感。需要注意的是,不管是单一色系还是两种以上的颜色混合使用，都要使眼影看起来干净又自然，切记愈靠近眼睛的部份颜色愈深，两色交叠之处也要以渐渐晕染的方式，不能有明显的界线。

(6)画眼线。紧贴睫毛根部的眼线可以扩大眼睛轮廓，并给人"睫毛更加浓密"的视错觉。基本画法如下：画上眼线时用无名指把眼皮轻轻向上拉，眼睛向下看，由眼尾向眼角贴着睫毛根部描画，再用食指将眼角向鼻部方向拉，从眼角描画至眼尾，使眼线自然连为一体；画下眼线时用无名指轻拉下眼皮，然后再紧贴睫毛从眼尾到眼角描画下眼线；用手把棉棒头压扁，从眼角至眼尾将眼线推匀，使线条自然清晰(图 4.7)。

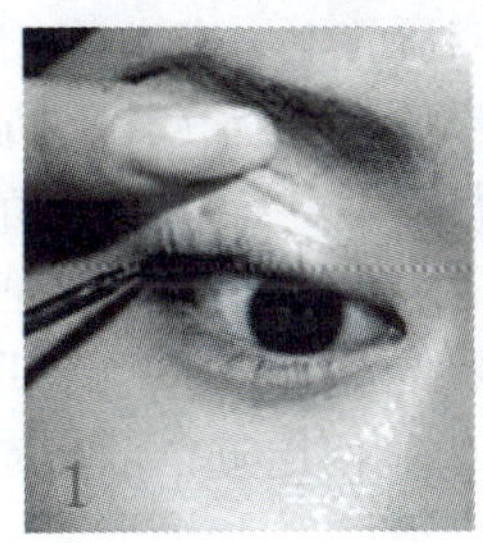

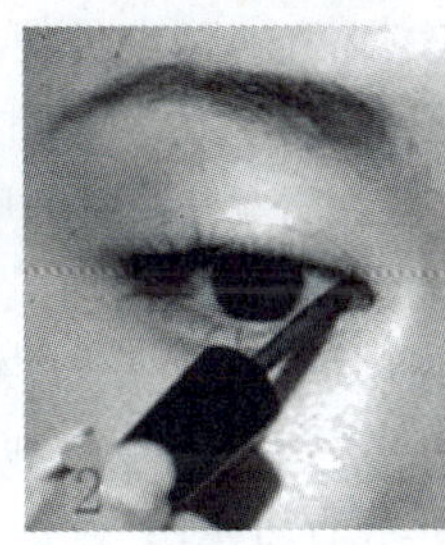

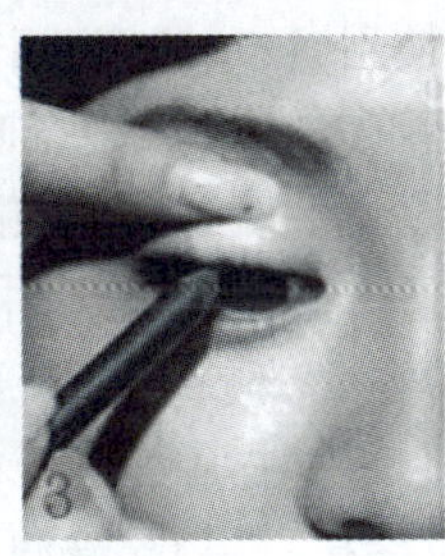

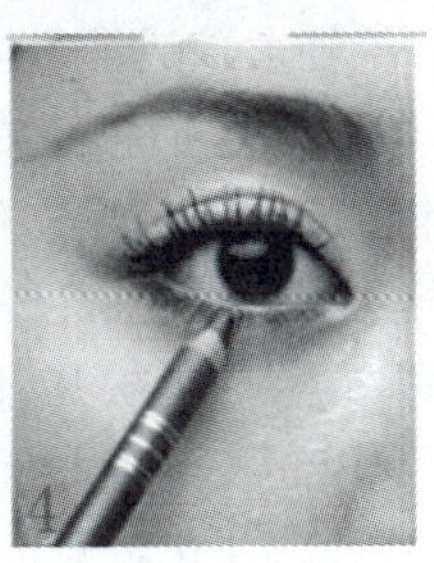

图 4.7　画眼线

(7)涂睫毛。浓密、卷曲的睫毛能提升眼部的神采，描画时先用手指将眼皮轻轻上提，眼睛向下看，用睫毛夹依照睫毛根部、中间、前端的顺序分别施力，每个部位可停留 3 秒钟，力度也由强至弱，避免用力太猛使睫毛变得一节一节的；然后涂上睫毛膏，配合手的提拉动作，用"Z"字手法从根部刷向末梢，趁睫毛膏未干前用睫毛刷将睫毛梳顺，去掉多余的膏体，涂下睫毛应垂直涂抹并梳顺。

(8)上腮红。腮红除了可以增加脸部肌肤的红润感，制造出好的气色外，使用腮红时，依照不同的脸型使用不一样的刷法，还可起到修饰脸型的作用。上腮红前，首先对着镜子笑一下，脸颊鼓起来的部分就是我们要上腮红的部位；取少许腮红后，先将腮红刷上的干粉轻轻抖落在手背上，再刷上脸，确保腮红分量恰当；腮红有很多种画法，而先从颧骨轻轻向上刷至发际，再往下来回刷动的画法，是最基本也是效果最自然的画法，此外，如果根据脸型描画腮红，可以参考如下的技巧：

方形脸	由颧骨的顶端位置斜向下刷，可离鼻子稍近些。
圆形脸	可用斜形涂法拉长脸型，年轻女孩使用圆形涂法也很可爱，方法是由鼻翼至颧骨向外打圈。
长形脸	将腮红从脸颊部位开始至耳朵方向横向扫，制造缩短脸型的视觉印象。

菱形脸	在整个突出的颧骨部位，微呈射线状扫上腮红，可产生收敛颧骨的效果。
正三角形脸	从颧骨向太阳穴方向打圈，下面深，上面浅。

(9)涂口红。面部修饰的最后一步，就是怎样描画出轮廓清晰、形状自然的嘴唇了。年轻女孩通常习惯使用唇彩、唇蜜，颜色淡雅，同时也可使双唇看上去有光泽，所以日妆多用。而色彩浓郁的口红比较适合晚妆，营造高贵华丽之感。涂唇蜜或口红最基本的要领是：嘴唇微闭放松，先涂唇内侧，再涂外侧，最后张嘴呈“O”字型，涂嘴角部分；上唇比下唇色彩深一些，唇周较唇中部深一些；涂完后，用嘴唇轻含面巾纸迅速抿一下，马上松开，这样，唇膏就能与唇部肌肤紧密融合，自然持久，不易掉色。此外，干燥起皮的嘴唇无论怎样描画都不可能美好，所以平时我们应使用无色的唇膏护理唇部，在化妆前也可涂抹一层，起滋润和保护的作用。

4.3.3 男性面部修饰

彩妆在一般情况下是不适合男性的，因此，相比女性的化妆程序而言，男性的面部修饰就要简单得多。最首要的是清洁，尤其是年轻男性，皮肤油性大，易生粉刺、痤疮，正确的清洁方法可以减少毛孔堵塞，还可根据情况使用一些具有去死皮、补水、控油、防晒等功效的保养品，使皮肤清爽、健康、自然。

除此之外，男性要经常修剪鼻毛和胡须。刮胡须宜选择在早晨，因为此时皮肤和毛孔都处于放松状态，操作顺序应从鬓角、脸颊、脖子到嘴唇周围及下巴，刮完后，用温水洗脸，再用凉水冲一遍，以利于张开的毛孔收缩复原，之后涂些滋润液、霜等，以安抚皮肤，减少刺痛。切忌用手或镊子乱拔胡须，以免引起毛囊炎、毛孔外翻等皮肤病。

做一做：

1.小测试：你是哪种肤质？

每个人的皮肤都有不同的特点，正确判断自己的肤质有助于我们选择合适的洗护及化妆用品。按照习惯，我们把皮肤类型大致分为干性、中性、混合性、油性以及敏感性五种。

①脸部的毛孔(　　)

a.几乎看不见　　b.细小　　c.T 区比较明显　　d.可以清楚地看见

②脸部是否经常长粉刺、面疱(　　)

a.很少或从未有　　b.偶尔

c.有时会出现在 T 区内或者下巴上　　d.经常

③到了中午,脸部皮肤看上去(　　)

a.暗淡,有皮屑或细纹　　b.清新,既不暗淡也不油亮

c.T 区内比较油　　d.整个面部都比较油

④到了中午,脸部皮肤经常会感到(　　)

a.紧绷,有点干燥　　b.不紧绷也不油腻

c.T 区内有点油　　d.不紧绷,很油腻

⑤脸部的水油状况是(　　)

a.需要增加湿润度　　b.维持现状就可以了

c.较油及干燥部位都需要调整　　d.需要控制油脂分泌

评分方法:a、b、c、d 各选项的得分依次为 1、2、3、4 分。

总分 5~7 分:干性皮肤。保养要点:补充油脂,加强保湿。

总分 8~12 分:中性皮肤。保养要点:维持水油平衡。

总分 13~17 分:混合性皮肤。保养要点:控制 T 区油脂分泌,消除其余部位干燥现象。

总分 18~20:油性皮肤。保养要点:控制油脂分泌,注重保湿。

此外,敏感性皮肤的特点通常是脸部表皮较薄,红血丝比较明显,易受气候、花粉或化学制剂的影响,对此应减少去角质产品的使用。在选择新的保养化妆用品时要先局部试用,以防过敏。

请对自己的肤质进行描述＿＿＿＿＿＿＿＿＿＿。

2.(女答)请用 10 分钟时间完成一个漂亮的生活妆,反复练习直到效果满意为止。

(男答)请用 10 分钟时间对自己的面部进行修饰。

学一学:

4.4 发型大方

当今社会,头发的功能已不仅单纯地用来区分人的性别,通过发型,我们可以推断出对方的职业、身份、所受教育程度、生活状况及卫生习惯,更可以感受出其身心的健康程度和对生活、对事业的态度。所以,要树立与众不同的自我,应该"从头做起"。

4.4.1 女性的发型选择

> **"黄金搭配法则"**
>
> **脸型与发型互相弥补**

1)与脸形协调

(1)椭圆脸最标准。椭圆脸是女性最完美的脸型,无论采用长发还是短发都可以,但应尽可能把脸显现出来,突出脸型的美感,而不宜用头发遮盖过多。

(2)圆脸要拉长。圆脸常会显得孩子气,所以发型不妨老成一点,目标是"拉长"脸型。头发要分成两边而且头顶蓬松,两边头发略盖住脸庞,不露耳朵,这样脸看起来才不会太圆。也可将头发侧分(如四六分),短的一边略遮住脸颊,较长的一边可自额顶做外翘的波浪,这样可"拉长"脸型。需要注意的是,圆脸忌讳刘海、中分或梳成马尾,这只会使脸显得更大、更圆(图 4.8)。

(3)方脸做调整。方型脸的特点是棱角突出、下巴稍宽,显得倔强,缺乏温柔感。在选择发型时,宜掩盖棱角感,增加柔和度。头发可向上梳,露出部分额头,头顶不要压得太平整,轮廓蓬松些,使脸显得稍长。波浪形的卷发也可以改善方脸的形状,卷曲的长发部分遮住下颌两侧,能够增加脸部的柔美。另外,还可用不平衡法来缓解,因为每个人的脸长得并不匀称,某一边要比另一边漂亮,可以选择将头发尽量往相对漂亮的一侧梳,从而转移他人对于脸型方正的注意力。但是千万不要剪成平直或中分的发型,否则效果会适得其反(图 4.9)。

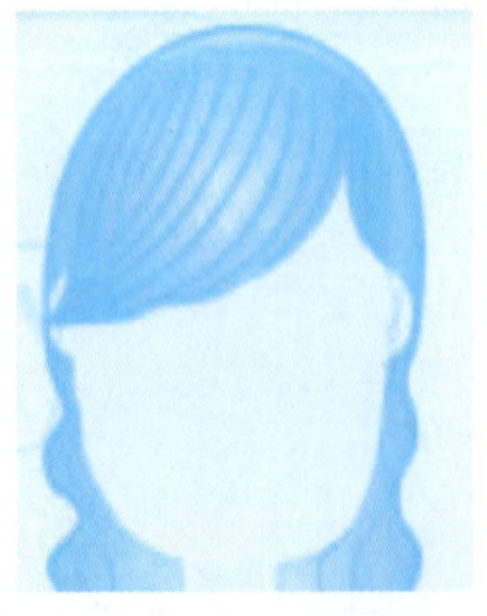

图 4.8 圆脸

图 4.9 方脸

(4)长脸要缩短。一般来说,自然、蓬松的发型能给长脸增加美感。所以,留点刘海,两边修剪少许短发,可以减小脸的长度而增加宽度感,也可将头发梳成饱满柔和的形状,使脸有较圆的感觉(图 4.10)。

(5)三角形脸与倒三角形脸。三角形脸的特征是上窄下宽,在选择发型时应平衡上下宽度,可用波浪形卷发增加上部分的分量,掩饰较为丰满的下部分,发界可采用中分或侧分。不宜将额发向上梳,以免暴露额头太窄的缺陷。耳旁以下的发式不应再加重分量,也不宜选择紧贴脸颊两侧的发型。

倒三角形脸恰好相反,可以选择掩饰上部、增宽下部的发型。发型可采用大量蓬松的发卷,并遮掩部分前额。最忌往上梳高的发型,这样只会突出细小的下巴,使整个脸部更不平衡(图 4.11)。

图 4.10　长脸

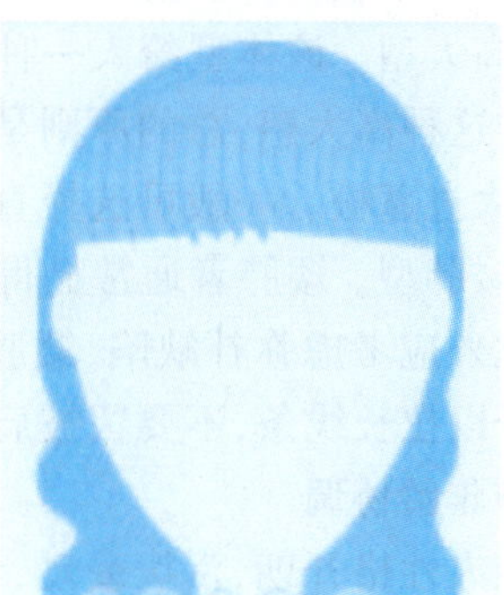

图 4.11　倒三角形脸

2)与发质协调

由于发质的区别,同样的发型并不一定适合每个人。根据自己的发质选择适宜的发型,可以将头发打扮得更美丽。

(1)“自然卷”的头发。这种发质如果将头发剪短,卷曲度就不太明显,反而会有散乱感,留长发才能显示出其自然的卷曲美,所以只要善于利用,就能做出各种漂亮的发型。

(2)服帖的头发。这种发质的特点是发量适中,发丝服帖,修剪时最好能将发梢稍微打薄一点,使颈部若隐若现,这样能给人以清新明媚之感。

(3)细少的头发。这种发质的人留长发,并将其梳成发髻较为理想,因为这样不但梳理容易,也能比较持久。

(4)直硬的头发。这种发质不太服帖,在做发型前,最好能稍微烫一下,使头发能略带波浪,稍显蓬松。修剪时避免复杂的花样,以简单大方的发型为佳。在做卷发时最好能用大号发卷,看起来比较自然。

(5)柔软的头发。柔软的头发比较服帖,容易整理,不论想做哪种发型都非常方便,俏丽的短发比较适合展现个性美。

3)与体型协调

(1)高瘦型。这种体型的人容易给人细长、单薄、头部小的感觉,要弥补这些不足,发型要求生动饱满,避免将头发梳得紧贴头皮。一般来说,高瘦身材的人比较适宜留长发、直发,头发长至下巴与锁骨之间较理想,且要使头发显得厚实、有分量。应避免将头发削剪得太短薄,或高盘于头顶上。

(2)矮小型。个子矮小的人给人小巧玲珑的感觉,在发型选择上要与此特点相适应,以秀气、精致为主,避免凌乱、蓬松或过长,否则会使头部与整个形体的比例失调,给人头大身体小的感觉。选择盘发,可以产生身材增高的错觉。如果烫发,应将花式做得小巧、精细一些。

(3)高大型。该体型给人一种力量美,但对女性来说,缺少苗条、纤细的美感。为适当减弱这种高大感,总的原则是简单、明快,线条流畅。发式上应以大方、简洁为特点,不要太过蓬松。一般可选择直发,或者是大波浪卷发。

(4)矮胖型。矮胖者通常显得很健康,选择运动式发型可以营造与之相呼应的健康美。此外应考虑弥补缺陷,矮胖者一般脖子显短,因此应尽可能让发型向上梳理,显露脖子以拉长线条,不要留披肩长发,同时也要避免两侧蓬松或过宽。

4)与年龄协调

年轻人性格开朗,活泼爱动,与之相协调的发型应具有线条简单、轮廓丰满的特点,而不应过于复杂,以突出年轻人的动态美。中年人性格及爱好都趋向沉静,因此发式不宜过于新潮,而应讲求整洁、柔和。老年人的发型要求通常不甚严格,老年女性最适合的发型是花型大而简单的短发,给人以利索、精神的感觉。如果留长发,应盘低发髻,给人以高贵、典雅,而又温婉可亲的印象。

5)与服饰协调

发型与不同身份、场合的服饰搭配,可以起到相得益彰、锦上添花的效果。比如,女士穿礼服时,可将头发挽在颈后结成低发髻,显得端庄、高雅;穿运动装或休闲装时,可将头发自然披散或束发,给人以活泼、潇洒的感觉;而工作中着职业装时,无论直发还是烫发都要梳理得大方、服帖,不能过于蓬松,以免被他人误解为不修边幅,影响形象。

4.4.2 男性的发型选择

男性由于留发较短,发型变化不及女性多,但通过修剪、吹风或烫发、梳理,也能形成多种美观大方、具有男性魅力的发型。

下面介绍几种男士发型的主打类型:

1)帅气型

年轻男性在发型方面不应太古板,不妨借鉴一下威廉王子的发型:修剪适中,稍带散乱,有些孩子气,但没有给人不修边幅的感觉,反而在西装革履中散发出青春的朝气。

2)成功型

美国前总统克林顿的发型具备的是另外一种风格,它能较好地体现自己的领导风范,比较适合性格沉稳或者年龄稍微大一点的男性。

3)清爽型

此款发型俗称“板寸头”,有着干净清爽、打理方便的优点,比较适合脸型较大或者性格洒脱的男性。

总体说来,男性的发型应以线条流畅、简洁大方为主要特点,前不过眉,后不及领,侧不掩耳。同时也要结合自己的脸型、发质、年龄、身份等因素作适当考虑,展现阳刚、大气的美感。

做一做:

1.请对你现在的发型进行描述______________________________。

你选择这个发型的原因是______________________________。

2.你的脸型是__________,发质是__________,年龄属于__________,体型属于____________,身份是____________________,根据以上要素,你适合的发型是______________________________。

5 用语文明 谈吐不俗

俗话说得好:“会说话的令人笑,不会说话的令人跳。”语言是心灵的一扇窗户,一面镜子,它能反映出一个人的修养与文明程度。多用、善用文明用语,有利于塑造个人及组织的良好形象。

美国著名的语言心理学家罗西·萨尔诺夫曾说道:“说话艺术最重要的应用,就是与人交谈。”交谈是人们日常交往的基本方式之一,符合礼仪的交谈是人们交流思想、联络感情、沟通信息、消除隔阂、增进了解、协调关系、促进合作、建立友谊的一种重要手段。

看一看:

一海外客商到某公司商谈合资办厂事宜。公司经理在会客室专候,并准备了烟茶水果。客商进了公司大门后,迎候在门厅的经理秘书和客商握过手,说:“我们经理在上面(指二楼会客室),他叫你过去。”客商一听,当即一愣:他叫我过去?我又不是他的下属,凭什么叫我?于是这客商说:“贵公司如有合作诚意,叫你们经理到我住的宾馆去谈吧。”说完拂袖而去。

想一想:

1.客商为何拂袖而去呢?

2.怎样的说法可以让客商欣然前往呢?

学一学:

5.1 文明用语

5.1.1 使用文明用语的意义

鲁迅先生曾说:“语言有三美,意美在感心,音美在感观,形美在感目。”简洁的“三美”点出了语言和谐的要义。古语讲:“言为心声”。文明用语,能反映人们潜在的思想道德、文化修养水平,进而展现社会的和谐程度。社会进步以文明程度来衡量,文明用语又是社会文明程度的重要标志，它是人与人交流思想的窗口，沟通感情的桥梁。在构建和谐社会的进程中，提倡规范和推广文明用语，无疑是必要、必须的。

5.1.2 常用文明用语的种类

1)问候语

常见的问候语有："您好！""早上好！""大家好！"等。问候用语要亲切，熟人见面互相问候能促进彼此友好的关系。陌生人初次相识互致问候能使彼此关系融洽起来。工作人员对宾客问候一声能表现出对客人的热情和友好。

2)征询语

是主动询问对方的需求和意见，以示关心和尊重的礼貌用语。如"我能为您做些什么吗？""您不介意的话，我可以看一看吗？"这些话都表示出对他人的关心和尊重。

3)感谢语

是在对方帮助了自己或表示出帮助意愿，以及接受对方的馈赠或款待时，表示感谢的礼貌用语。如"谢谢！""麻烦你了，非常感谢！"如在感谢时再说明原因，就更能表明真诚的态度，效果也会更好。如"谢谢您对我们工作的支持，不然的话，我们无法按时完成任务。""谢谢你借给我的书，我到处都没买到。"

4)道歉语

是在无法满足对方提出的要求，或给对方增添了麻烦时用的礼貌用语。如"很抱歉！这件事确实没有办法做到。""对不起，打扰了！"等，该道歉时应及时道歉，并用歉意的目光注视对方，这样才能表明诚意。

5)应答语

是在对方呼唤、感谢自己或提出某种要求、表示歉意时用的礼貌用语。如别人呼唤自己时，可以用"行，请您稍候"或者"好，马上就来"；别人感谢你时可用"您不必客气，这是我应该做的"；对方提出某种要求时可以回答"您请吩咐""我明白了，我会尽力满足您的要求"；别人表示歉意时可说"没关系""您不必介意"等。这些礼貌应答语中包含着一种谦虚和真诚，对方听了会感到很愉快。

6)赞美语

是对对方的行为表示赞赏和肯定的礼貌用语，如"你干得很好""你手真巧"等。赞美他人，可以激发、鼓励和帮助他人建立自信和自尊，从而带来愉快、亲密的合作关系。说这类话既要热情，又要坦诚，切忌言不由衷。

7)慰问语

是在对方付出劳动后表示关心、体谅的礼貌用语。如"您辛苦了""让你受累了"等。这些简单的话语包含了对他人的体贴与理解，体现了对对方价值的肯定，能让对方感到温暖。

8)欢迎语

欢迎语的代表性用语是:"欢迎光临!",表示欢迎要真诚热情,让人有一种宾至如归的感觉。

9)告别语

在交谈结束、与人作别之际,道上一句"再见""希望不久的将来还能在这里欢迎您"等,可以表达惜别之意与恭敬之心。

10)祝贺语

说祝贺语要发自真心。它的代表性用语是:"祝您节日快乐"。

5.1.3 使用文明用语的要求

1)语言文明

在与人交往中,不使用粗话、脏话、黑话、荤话、怪话、气话等,给人以讲文明、有素养的印象。大家可参考用于不同情境和场合的文明用语"七字诀"。

常用礼貌用语七字诀

与人相见说"您好" 问人姓氏说"贵姓" 问人住址说"府上"
仰慕已久说"久仰" 长期未见说"久违" 求人帮忙说"劳驾"
向人询问说"请问" 请人协助说"费心" 请人解答说"请教"
求人办事说"拜托" 麻烦别人说"打扰" 求人方便说"借光"
请改文章说"斧正" 接受好意说"领情" 求人指点说"赐教"
得人帮助说"谢谢" 祝人健康说"保重" 向人祝贺说"恭喜"
老人年龄说"高寿" 身体不适说"欠安" 看望别人说"拜访"
请人接受说"笑纳" 送人照片说"惠存" 欢迎购买说"惠顾"
希望照顾说"关照" 赞人见解说"高见" 归还物品说"奉还"
请人赴约说"赏光" 对方来信说"惠书" 自己住家说"寒舍"
需要考虑说"斟酌" 无法满足说"抱歉" 请人谅解说"包涵"
言行不妥"对不起" 慰问他人说"辛苦" 迎接客人说"欢迎"
宾客来到说"光临" 等候别人说"恭候" 没能迎接说"失迎"
客人入座说"请坐" 陪伴朋友说"奉陪" 临分别时说"再见"
中途先走说"失陪" 请人勿送说"留步" 送人远行说"平安"

2)语言准确

在交谈中,语言必须准确,否则不利于彼此各方之间的沟通。要注意的问题主要有:

(1)发音标准。在交谈之中,要求发音标准,其含义有二:一是不能读错音、念错字,让人见笑或误会。二是发音要清晰,要让人听得一清二楚,而不是口齿不清,含含糊糊。

(2)少用土话。在公共场合，应用标准的普通话，尽可能不用方言、土语。多方交谈中，即便有一个人听不懂，也不要采用方言、土语交流，以免使其产生被排挤、冷落之感。

(3)慎用外语。在普通性质的交谈中，应当讲中文，讲普通话。若无外宾在场，则最好慎用外语。否则，会有卖弄之嫌。

做一做：

1.请根据以下场景收集文明用语，看谁收集得最多，质量最好。

①学生对老师的文明用语。

②学生对家长的文明用语。

③同学之间的文明用语。

④公共场合的文明用语。

2.诵读小诗

“神奇”的字

你可知道，你可知道，世界上有些字万分神奇。只要你和它们交上了朋友，你的生活也就会变得神奇。当我第一次用它们和妈妈说话，啊！妈妈的眼神这样惊喜。她紧紧地紧紧地搂住了我，睫毛上竟凝聚了晶莹的泪滴。当我第一次用它们向老师提问，老师立即松开了紧皱的双眉。她那样激动地帮我解题，完全失去了平时讲课的流利。当我的同桌向我举起拳头，因为我用坏了他的钢笔，我只轻轻地说出了它们，他竟立即平息了怒气。当我在公共场合得罪了人，我也赶快把它们送出口去。叔叔听了客气地说：“不要紧！”阿姨温柔地回答：“没关系！”你不相信，不相信么？看，你的眼里充满了猜疑。其实这是几个极为平常的字，它们是：请、谢谢、对不起！

3.请认真体会下列语句所表达的语意，试着归纳句型与语言美的关系。

①那支钢笔给我用！

②请把那支钢笔给我用一下！

③这么简单的题还不会做，你不觉得丢人吗？

④这道题我不会做，请你跟我讲一讲，行吗？

⑤把桌子搬开，我要过去！

⑥请你把桌子搬开，让我过去，行吗？

⑦这件事情肯定是你弄错了！

⑧这件事可能是你弄错了！

看一看：

刘朋是个大嗓门，不但爱讲话，而且声音特别大，尤其在人多的场合，谈到陈年旧事，往往进入忘我的境界，说得唾沫横飞，滔滔不绝，不能察觉失态。朋友好心纠正刘朋大声讲话的毛病，刘朋当场指责朋友："我天生就是这样，为什么要改？"每次与朋友发生争论时，刘朋总是大声地吵嚷，总想将无理也变成有理。朋友们无奈地说："你这哪里是讲道理啊？声音这么大，分明是教训人！"于是，有聚会大家都不愿意请刘朋来参加。

想一想：

1.你从这个故事中获得了什么启迪？

2.与人交谈还有哪些礼仪应该注意呢？

学一学：

5.2 谈吐得当

5.2.1 控制音量

音量要适中，过大令人震耳欲聋，过小让人听来费劲，原则上，能够使交谈的对象听清话语即为适度。在交际场合大声讲话，是很不礼貌的行为，适当放低声音总比高嗓门顺耳有礼。

5.2.2 调整语调

语调体现说话人的心境、态度和情感，起着强化说话内容的作用。同一个词，同一句话，语调不同，表达的意思也会不同。与人交谈时要注意调整语调，尽可能使语调柔和自然。林肯曾说："哪怕是对自己的一点儿小的克制，也会使人变得强而有力。"这说明了谈话中语调得体，声音自然的重要性。

恰当的语调应该是起伏而不夸张，自然而不做作，但可以肯定的是，富于感情变化的抑扬顿挫比生冷平板的语调感人。因此，在社交场合中，要善于控制语调，其基本要求有以下几点：

(1)口齿清楚，有节奏感。

(2)语气语调温和，让对方感觉到你的声音是带着微笑的娓娓而谈，这样的语调让人感到舒服与和谐。

(3)用愉快的语调交谈,能显示说话人的职业风度及可亲的性格。

(4)交谈时面带微笑,可使声音听起来更有热情。

(5)语调平稳安详,不可时而细语似水,时而“高嚎如狼”,更不能时而悲泣难抑,时而狂笑不止,这都是一个人不懂得自控自制的表现。

5.2.3　把握语速

语速,即讲话的速度。在讲话时,应对其加以控制,使之保持匀速、快慢适中。在交谈中,语速过快、过慢或忽快忽慢,都会影响效果。讲话速度过快,好像机枪扫射一样,会令人应接不暇,跟不上反应。发音速度过慢,如挤牙膏似的“恩、恩”“啊、啊”,也会使人着急,甚至丧失谈下去的兴趣。因此,在谈话时,唯有使自己发音的速度适中,正常情况每分钟讲 120 个字左右,是最适宜的。

5.2.4　选择话题

卡耐基有句名言:“打动人心最高明的办法,是跟他谈论他最珍贵的事物。”这说明交谈时选择合适的话题非常重要。所谓话题,是指人们在交谈中所涉及的题目范围和谈论内容。在人际交往中,学会选择话题,就能使谈话有个良好的开端。

1)适宜的话题

(1)约定的主题。交谈双方事先已经商定的主题,它适用于正式交谈,如研究工作、讨论问题、征求意见等。

(2)轻松的主题。谈论令人轻松愉快、身心放松、饶有情趣的话题,它适用于非正式交谈,如休闲娱乐、体育运动、旅游观光、风土人情、名胜古迹等。

(3)高雅的主题。内容文明优雅、格调高尚脱俗的话题,如文学、艺术、哲学、历史、地理、建筑等,它适用于各类交谈。

(4)时尚的主题。以此时、此刻、此地正在流行的事务作为谈论的中心,如股市动荡、控制房价、通货膨胀、拉动内需、区域经济等,它同样适用于各类交谈。

(5)擅长的主题。这样的主题,容易使交谈的双方很有兴趣,可找到很多可谈的内容,并且可做深入交流。

2)不宜谈论的话题

(1)涉及对方隐私的话题。现代社会,人们保护隐私的意识逐渐增强,特别是涉及收入、年龄、婚姻家庭、健康状况、个人经历等方面的内容不要随意谈论,更不要刨根问底。

(2)不愉快的话题。西方有句名言:“笑时,世人与你同笑;哭时,只有你一人独泣。”大多数人都喜欢轻松、愉快、积极的话题,而不喜欢沉闷、悲观和消极的话题。因此，在社交谈话中，不要轻易谈论病痛、死亡等话题。

(3)容易引起争论的话题。政治、宗教信仰、价值取向等属于敏感的话题，最好不要参与交流，以免引起不必要的争论，伤及和气。

(4)非议他人的话题。“来说是非者，必是是非人”，在交谈中非议他人，不仅容易制造是非，无中生有，也会贬低自己在别人心目中的形象。

(5)荒诞离奇、耸人听闻和黄色淫秽的话题。谈论这些话题，让人觉得你低俗，格调不高，有失身份。

(6)国家秘密和行业秘密。说话要有分寸，不能乱说有违国家安全法、保密法的内容，不能涉及国家秘密与行业秘密。

5.2.5 及时呼应

古人曾有感而发：“智者善听，愚者善说”，在交谈中，“听”比“说”更重要，认真聆听、及时呼应，是对“说”者最起码的尊重。

1)表情认真

在倾听时，要正视对方，全神贯注，聚精会神。“身在曹营心在汉”的表情会让对方感到很不舒服。交谈双方目光接触的时间应该占交谈总过程的一半以上，但也不能一直盯着对方，这样会使对方不自在。

2)动作配合

在交谈中，身体应尽量正对他人，除了脸和上体，膝盖和脚尖也最好朝着交谈者的方向。与对方的观点一致时，可用微笑、点头等动作表示同意、支持或肯定。如有分歧，应耐心听他人陈述，待自己发言时再说出看法。切忌拍桌子、摔东西，更不能无视风度，拂袖而去。

3)语言合作

在对方“说”的过程中，不妨以“嗯”声或“是”字，表示自己一直都在认真地倾听。在对方需要理解、支持时，应以“对”“我有同感”等来具体加以呼应。在对方发言后，可简要重述，以确认对内容的理解是否正确。如没听清楚，可请对方重述一遍，不要因此影响后面的交流。对不明白的地方，可直接向对方请教高见。必要时，还应在自己讲话时，适当引述对方刚刚所发表的见解。这些具体做法，都是以语言同对方进行呼应。

做一做：

秦昆老师是一所高校有名的教授。有一天，一位外校的同学来找秦教授，请他作论文评阅人。因为当时规定，论文答辩时要请一位校外专家来指导。

这位同学一进门，见秦老师的屋里坐了好几位老师在商讨问题。他也搞不清楚哪位是秦教授，张口就问："谁是秦昆呀？"秦老师听到这位同学直呼自己的名字，脸色微微一变，但还是有礼貌地对他说："我就是，找我有什么事吗？"

那位同学大大咧咧地说："噢，你就是秦昆呀，我可早就听说过你了，我是某某教授的学生，我的论文你就给我看一下！"

秦教授到底是有涵养的人，看到这位同学这么没有礼貌，只是随口说道："那你就放那里吧！"

这位同学就把自己的论文往秦老师的桌上一扔，对秦老师说："你快点看呀！后天我们要论文答辩，你可别耽误我的事！"

秦老师这么有涵养的人也忍受不了了，火气顿时上来，他对这位同学说："这位同学请留步。请问一下是谁找谁办事呀？你的论文拿走，我没有时间给你看！"（摘自《能说会道》）

问题：

①请分组模拟表演上述情景。

②如果你是那位同学，你该如何表现呢？请相关人员配合，再次模拟表演。

③谈谈前后两次模拟表演的感受。

看一看：

王利是广州开元文化传播公司新聘的总经理办公室秘书，具体负责接打电话、处理文件和管理档案。一天，王利无精打采地来上班，一副若有所思的样子，电话铃响过四遍，她才拿起话筒，没好气地说："喂，你找谁？"电话是一位客户打来的，他想找总经理了解一下，他们企业的宣传册是否已设计好，王利让他直接打电话给总经理。

刚放下电话，铃声又响了，王利没好气地说："开元文化传播公司，请讲。""我是钟灵，请转告李主任，我明天上午 9 点下飞机，请他派车来接，同时带上编号为 TG5193 的那份合同，我有急用。千万别忘了。"这个电话的声音有些含糊不清，显然是用手机从远距离打来的。李主任从会议室走过来拿一份资料，顺便问到："小王，钟经理有没有来过电话？"

王利："她来过电话。"

李主任："她说了些什么？"

王利："她说要你接机，好像还要带份文件。"

李主任:“哪个航班?几点?哪份文件?”

王利红着脸低下头:“这个,我记不清了……”

想一想:

1.请指出王利在接打电话中正确和错误的地方,如果你是王利,你会怎样处理这些电话。

2.使用电话有哪些礼仪需要遵守?

学一学:

5.3 善用电话

电话已成为人们联络感情、沟通信息、联系业务的重要方式,也是人们处理日常事务最常用的工具。因此,掌握接打电话的方法和技巧是十分重要的。

5.3.1 接听电话的技巧和方法

1)及时摘机

“响铃不过三”,在电话第二声铃响之后、第三声铃响之前应及时摘机应答,这样既体现对主叫方的尊重,也能展示讲求工作效率的良好形象。如果因故不能及时摘机应答,应在摘机后主动向对方说一声“对不起,让您久等了”,以示歉意。

2)自报家门

电话接通后首先说话的应该是被叫方,主动向对方自报家门,以便对方判断电话拨打是否准确。如:“您好,销售部办公室,我是张燕。”

3)确认对方

如主叫方未作自我介绍,被叫方应当用礼貌的方式了解对方的身份和来电意图。“对不起,请问怎么称呼您?”

4)电话记录

当事人不在,需要留言时,要做好电话记录。养成左手拿电话,右手记录的习惯。随时牢记“5W1H”技巧,即:① “When”,何时;② “Who”,何人;③“Where”,何地;④ “What”,何事;⑤ “Why”,为什么;⑥“How”,如何进行。无论是打电话,还是接电话,都应做好电话记录。电话记录既要简洁又要完备,应备有格式固定的电话记录本,如:

电话记录表

<table>
<tr><td rowspan="2">来电单位</td><td rowspan="2"></td><td>来电人</td><td></td></tr>
<tr><td>电话号码</td><td></td></tr>
<tr><td>来电时间</td><td>年　月　日　时　分</td><td>接电话人</td><td></td></tr>
<tr><td colspan="2">来电内容：</td><td colspan="2">处理意见：</td></tr>
</table>

5)及时提问

在接听电话的过程中，对不清楚、不明白的内容，要向对方及时提问。

6)复述内容

日期、数量、金额、专有名词、人名、地点等要素都要进行复述。“我再重复一遍好吗？”一般的通话内容可做简要复述，重要的通话内容应做详细复述。

7)告别挂机

一般情况下，应当由主叫方先告别挂机，被叫方回敬对方“再见”。在确认对方已经挂机后，再轻轻放下听筒，并检查是否确实挂断。如果对方也在礼貌地等待，则可以客气地说：“请问还有别的事吗？”

5.3.2　拨打电话的技巧和方法

1)通话准备

(1)调整情绪。在拿起话筒前，要调整并保持愉快的情绪，确保声音甜美、柔和，以给人留下最好的感觉和印象。

(2)选择时间。一般来讲，应尽可能选择对方方便的时候打电话。切忌在周一早上上班之初、周五临近下班之际、午休时间、吃饭时间、非工作时间进行公务联系、打国际长途电话要考虑时差的影响。

(3)拟好内容。拨打电话前要考虑说什么，怎么说。重要事项要有书面提纲，一般事项应事先打好腹稿。

2)准确拨号

打电话前先找好电话号码并确认无误，摘机后要立即拨号。拨号时精神集中，以免拨错。要耐心等待线路接通，至少要让电话铃响6次以上，确认对方无人应答时再收线。

3)确认身份

“您好，请问是××公司吗？”

4)问候介绍

电话接通先问候对方，在确认对方是自己要联系的单位或人员后，应做自我介绍。自我介绍的内容主要是自己的单位名称和姓名,然后客气地寻找要接听电话的人。如“您好,我是××集团总经理办公室的××。请问××在吗?麻烦您请他接听电话。”

5)陈述内容

按事先准备的内容简洁、准确、清楚、完整地向对方陈述,对方如有疑问,要耐心解答。

6)复述内容

对重要的内容要进行复述,确保信息的准确。

7)礼貌告别

告别一般是由主叫方先提出,可以说:“请问您都明白了吧?”在对方表示无问题了,便可以结束通话。固定电话放下听筒应先将耳机一头朝下,按住叉簧,切断通话,然后放下话筒另一端。

做一做:

1.案例实训

下午2:15,电话铃响了,小李拿起话筒:“您好,市第三农药厂办公室,请问您找谁?”

“您好!我是市政府办公室秘书小张,有一个紧急通知。”听到这里,小李赶紧拿出笔和纸做记录。原来,根据气象台消息,由于台风的影响,今天晚上将有大暴雨,降水量可能达到30年之最,市政府要求各部门积极做好抗灾工作,确保人民群众和国家财产不受损失。放下电话后,小李思索了几分钟,又拿起了话筒……

问题:

请根据上述情景,代案例中的小李拨打电话,分角色模拟实训。

实训结果测评:

接听电话项目评价表

评价关键点	评价(请根据实训效果在相应的栏目内打“√”“×”)
电话铃响2~3声拿起话筒	
问候对方并自我介绍	
接听电话态度良好	
边对话边记录	
复述重要的电话内容	
通话结束后,等对方挂断电话,再轻轻放下电话	
冷静处理投诉电话、无理电话、无聊电话	
总评:	

拨打电话项目评价表

评价关键点	评价(请根据实训效果在相应的栏目内打“√”“×”)
拨打电话前做好充分准备	
措辞得当,有礼貌	
自报公司名称及本人身份	
在对方要找的人不在的情况下,能够做留言记录	
确认对方要点	
通话中微笑交谈,注意谈话的语调、音量、语速	
礼貌道别,挂机	
总评:	

2.请在以下情景中模拟接打电话:

①接某某不在时的电话。

②对方怒气冲冲时的电话。

③正在接电话时,另一个电话铃又响起。

④对方在电话中喋喋不休。

6 举手投足 温文尔雅

在你赶乘电梯的时候,有人为你按过控制键吗?他人不同的行为,让你的心理感受有何不同呢?美国心理学家艾帕特·梅拉别恩从许多实验中得出了这样一个公式:感情的表达=7%的语言文字+38%的语音语调+55%的表情动作。显而易见,传情达意时无声语言比有声语言所占的比重更大。"眉来眼去传情意,举手投足皆语言。"我们应努力使自己的行为举止文明、优雅、敬人,做一个拥有好人缘的人。

看一看:

只见他和姑妈她们笑脸相迎,姑妈也不介绍,他也不自我介绍,就好像他们之间是熟悉的,抢在姑妈前一步从她手里将旅行包接去,然后又退了一步,让姑妈和她并肩走在前面,出了检票口,又赶上一步,走到一辆轿车前打开车门,让姑妈和她先坐进去,他才上了车,并关上车门,吩咐司机驰向江南饭店,在预定的房间里,点了几道可口的菜。

节选自小说《归宿》

想一想:

1.你认为小说《归宿》中的"他"会给"她"留下好印象吗?为什么?

2.小说《归宿》是怎样塑造人物形象的呢?

学一学:

6.1 上下楼梯

"静悄悄地上下楼,脚步轻轻无声响;不争不抢不乱跑,整整齐齐靠右行。"在诵吟这首小诗时,诗里诗外告诉我们:

6.1.1 上下楼梯的方位

无论上楼还是下楼,均应靠右单行行走,左侧是留给有急事的人通过的。如果楼梯较宽,并排行走最多不要超过两人(图 6.1)。

(a)

(b)

图6.1 上下楼梯的方位

6.1.2 上下楼梯的姿势

上下楼梯身体竖直，脚步轻稳。上楼时，脚跟可放在阶梯外，下楼时，用前脚掌先着地。身体重心不往下坠，一般不用手扶栏杆。

6.1.3 上下楼梯的速度

不管有多么急的事情，都不应推挤他人，也不要快速奔跑。如果有人在前面，可轻声致歉："谢谢，请借个路！"然后从其左侧快速通过。

6.1.4 上下楼梯的空间位置

与身前、身后的人保持一定距离，以防碰撞(图6.2a)。不长时间站在楼梯上或楼梯转角处进行交谈，以免妨碍他人通过(图6.2b)。

(a)

(b)

图6.2 上下楼梯的空间位置

6.2 进出电梯

6.2.1 进出电梯的顺序

乘坐电梯，先按电梯呼梯按钮。电梯到达后，遵循先下后上，依序出进的原则。与同级、同辈或不相识者同乘电梯，进入时要讲先来后到，出门时则按由外而里的顺序，不可争先恐后。

6.2.2 进入电梯的位置

面朝门的方向站立，尽量侧身面对他人。先上的人站在电梯门的两侧及后壁，最后上的人站在中间，一般不站在进门处，尽量让出通道(图 6.3)。不小心触碰到别人要立即道歉。

图 6.3 进入电梯的位置

6.2.3 为同乘者提供方便

(1)当电梯关门时，不要扒门，或是强行挤入。在电梯人数超载时，后上者应主动退出。

(2)先进入电梯者，应主动按住按钮，等待即将到达者，防止电梯夹人，使所有人顺利进入。主动帮助距离远的人按键，后进入电梯者可轻声请别人帮助按键。

(3)电梯行进期间有人要出电梯时，这时无论男女，离门口近的人都要先出电梯，腾出空间让后面的人走出来，然后再回到原位。

(4)不要在电梯内丢放垃圾或大声说笑，遇到熟悉的面孔，微笑着招呼问候，可以增加亲和力，提升形象指数。

6.3 出入房门

6.3.1 用手开、关门

进入房门前，用弯曲的食指和中指轻敲门三下，或轻按门铃(图 6.4a)。进出房门时，用手轻推、轻拉、轻关。在左侧的门把手，应用右手拧开；在右侧的则使用左手(图 6.4b)。若手里拿着东西，可以放下后再开门或关门，也可以请别人帮忙，但不能用身体的其他部位代劳，如用肘推门、用脚踢门、用臀拱门、用膝顶门等都是极不文雅的(图 6.4c.d.e)。

6.3.2 注意面部朝向

进门时，如果已有人在里面，应将手放在身后掩门，尽量面朝对方。出门时，如果房间有人，走出房门后应先转身，面朝门内的方向后再关门(图 6.5)。

6.3.3　注意出入顺序

出入房间时正巧他人与自己方向相反出入房间,应侧身礼让。具体做法是房内之人先出,房外之人后入。

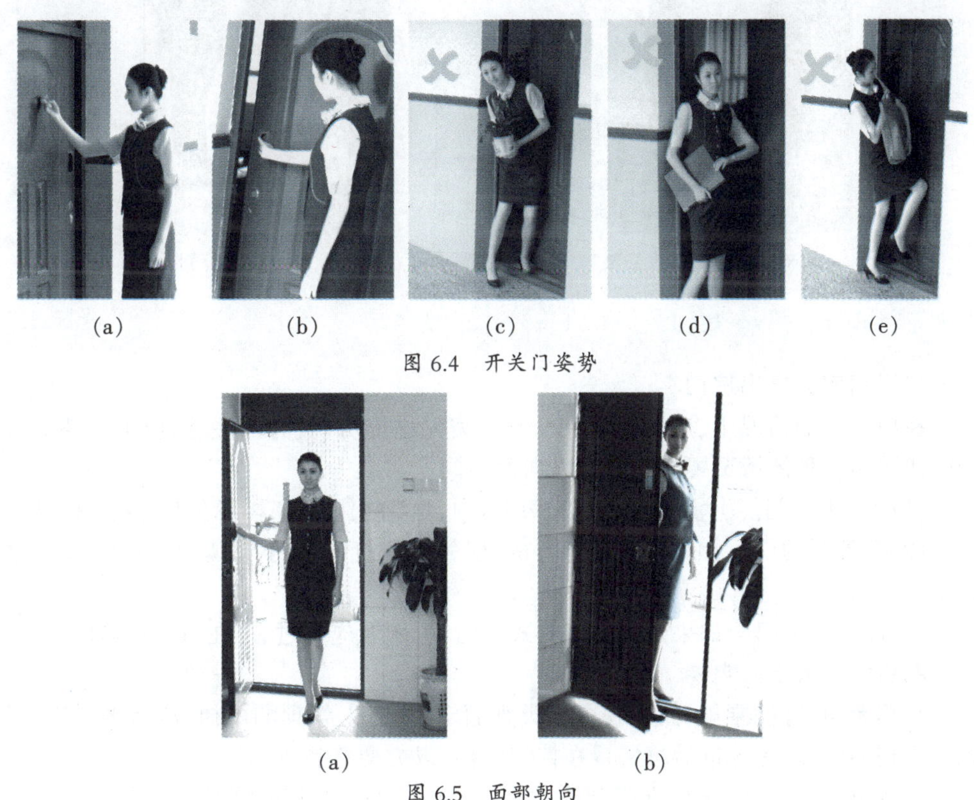

(a)　(b)　(c)　(d)　(e)

图 6.4　开关门姿势

(a)　(b)

图 6.5　面部朝向

6.4　引领服务

6.4.1　引领者的方位

引领者尽量走在客人的左前方,与来宾保持两三步距离,侧身正面朝向客人,面带微笑。

6.4.2　引领者的姿态

身体竖直,上身稍向右转,左髋部朝着前进的方向,左肩稍前右肩稍后,配以恰当的手势(图 6.6)。

图 6.6 引领者的姿态

图 6.7 朝里开的门

6.4.3 引领者的举止

1)引领客人进出房门

在门开着的情况下,应请尊者、女士、来宾先进出房门;若门关着,应主动替对方开门或关门。具体情况视门的开关方向而不同:

(1)朝里开的门。引领者应先打开房门入内,侧身扶住房门,再请客人进入(图 6.7)。

(2)朝外开的门。如果门是朝外开的,引领者应打开房门,请尊者、客人、女士进门后再入内。

(3)旋转式大门。如果走的是旋转式大门,引领者应先过去,在另一边等候。

2)引领客人出入电梯

与尊者、宾客同乘电梯,应视电梯类别而定:对有人管理的电梯,应后进后出;对无人管理的电梯,应先进后出。旨在控制电梯,以方便尊者进出。

到达楼层后,一手按住"开门"按钮,另一只手做出请的动作,同时说:"楼层已到,您先请!"客人走出电梯后,自己立刻步出电梯,并热诚地为其引导行进的方向(图 6.8)。

(a)

(b)

图 6.8 出入电梯

3)引领客人上下楼梯

引导尊者、客人上楼梯时,一般情况仍在客人的左前方(图 6.9a)。对于特殊客人,如出于安全的需要,可走在他们的后边;下楼梯时应走在尊者、客人的前边。内侧永远留给服务对象(图 6.9b)。

引领者在接待服务时,一定要姿态、表情、语言并用,做到手势运用规范,同时配以"请走这边""请各位小心"等提示语。

(a)

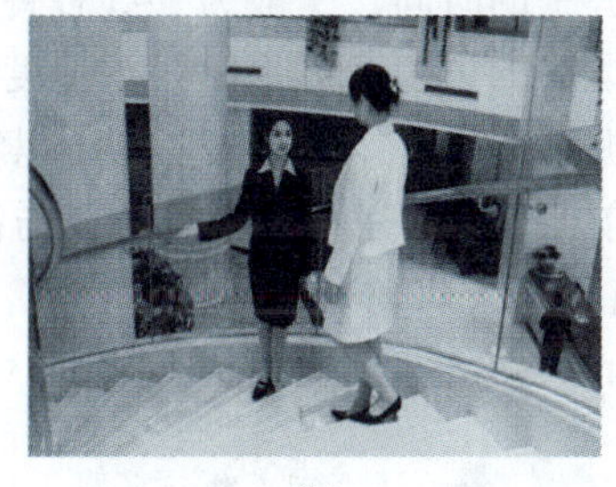

(b)

图 6.9　引领客人上下楼梯

6.5　握手鞠躬

6.5.1　握手礼

人类文明发展到今天,无论哪个民族,哪种信仰的人,见面时都要使用各种各样的见面礼。其中,最常见、使用最为广泛的是握手礼。

1)握手的时机

握手可以传达恭喜、欢迎、祝贺、慰问、鼓励、问候、感谢和告别。应邀参与社交活动,如宴会、舞会之后,与主人握手,以示谢意;与来宾握手,表示欢迎和道别;他人向自己表示恭喜、祝贺时,握手可表示感谢;当得到他人的支持、鼓励或帮助时,握手代表着衷心感激。

2)握手的先后次序

(1)双方握手的次序。在正式场合伸手的先后顺序考虑的因素是个人的职位、身份、地位;在非正式的休闲场合则优先考虑个人的年龄、性别、婚否等因素。一般坚持"尊者先伸手的原则",将是否握手的主动权留给尊者。具体而言,由女士、长辈、上级、身份高者、已婚者或早到者先伸手。

(2)多人握手的次序。一个人需要和多人握手时,可以采用的顺序有三种:一是由尊而卑的做法。比如:同对方公司的经理及助理见面,应当先与经理握手,再与助理握手。二是分不清对方的尊卑次序时,可以按照由近而远的方式进行。三是按顺时针方向进行,比如宴请时候的握手,就可从主宾开始,然后顺时针进行。当多人同一人握手时,不要急于伸手,应请身份地位高的人先与对方握手,轮到自己的时候再伸手。

3)握手的动作要领

(1)握手的手位。右手手掌与地面垂直,手尖稍稍向侧下方伸出,四指并拢,虎口张开(图 6.10)。

(2)握手的时间。一般为 3~5 秒钟,上下摇晃 2~3 下。

(3)握手的力度。握手时轻重适度,握力在两公斤左右为最佳。

(4)握手的姿势。起身站立,身体竖直,面带微笑,目视对方。双方相距 75 厘米左右,上体前倾15 度,完全伸出右手。与高者握手时距离可适当远一点,与矮的人握手靠近距离更让人感觉亲切(图 6.11)。

图 6.10　握手的手位

图 6.11　握手的姿势

(5)握手的语言。握手的同时适度寒暄能增加好感,比如对远道而来的客人说“欢迎光临”;对第一次认识的朋友说“很高兴认识你”,这会产生更好的交际效果。

4)握手的禁忌

在握手时应避免心不在焉,左顾右盼;不要坐在座位上或使用左手;戴着手套、帽子、墨镜会让人心生隔阂;双手同时与不同的人握手或用湿的、脏的手与他人握手是极不礼貌的。

6.5.2　鞠躬礼

鞠躬礼源于中国先秦时代。两人见面,弯腰曲身待之,是为鞠躬礼。现在,鞠躬已成为一种比较常见的礼仪。

1)鞠躬的时机

在初见的朋友、熟人、主客、上下级、长晚辈之间,为了表达尊重之意,都可以行鞠躬礼。

2)鞠躬的次序

一般情况下,应由男士、晚辈、下级或晚到者向女士、长辈、上级或早到者先行礼。级别、辈份相当时，受礼者应以行礼者大致相同的鞠躬还礼，但是，上级、长辈、女士还礼时，可以欠身点头或在欠身点头的同时伸出右手答之，不必以鞠躬还礼。

3)鞠躬的动作要领

在正确站姿的基础上，以髋关节为转折点，身体上部前倾约 15~90 度，具体的前倾幅度视行礼者对受礼者的尊重程度而定；行礼时，目光随身体前倾而自然下移至两米以外的地面(受礼者的脚尖处)，而后随身体直立恢复平视；双手位置与站立时相同(图 6.12)。

4)鞠躬的禁忌

行礼时不可戴帽，向左边的人行礼时应用右手脱帽，向右边的人行礼时应用左手脱帽。行礼时，不要一直看着受礼者，也不要斜视和环视。一边行礼一边问候是不恰当的，会给人敷衍应付的印象。

(a)

(b)

图 6.12　鞠躬的动作要领

6.6　递接物品

6.6.1　递接物品的基本原则

(1)递接物品要用双手。

(2)轻拿轻放，尽量不制造噪音。

(3)举止要尊重对方，不要用扔、丢、甩或拖、抢的方式。

(4)双方注视并说适当的话语。

6.6.2　递接物品的具体方法

1)文字类物品

递送有文字的物品时，应注意使文字正面朝向对方，为对方提供更多方便，以示尊重。如学生把作业交给老师时,应将作业的正面朝上,用双手递上。接过老师递给自己的物品时,同样要用双手,并对老师说声"谢谢"。递交文件、名片或图书杂志、颁发奖状等均适宜采用这种方法(图 6.13)。

2)刀剪类物品

递笔、刀、剪之类尖利的物品时,需将尖端朝向自己,而不要指向对方(图 6.14)。

3)茶水类物品

递送茶水应左手托杯底,右手捏杯把,双手递上,并说"请用茶"。若条件不允许,也可只用右手端杯从右侧为客人上茶。注意手指不要扣在杯沿上。茶杯放到客人的右上方,将杯把指向客人的右手边,并说"请慢用";如果主人敬茶,应站起身用双手接过,说"谢谢"(图 6.15)。

4)酒水类物品

递送酒水、饮料时,应先用左手托底,右手握在距瓶口三分之一处,将商标朝向客人,待客人过目后,再开瓶斟倒。

图 6.13　递送文字类物品

图 6.14　递送刀剪类物品

图 6.15　递送茶水

6.7　进出轿车

乘坐轿车时,应注意上下车顺序和举止的大方得体。

6.7.1　上下车的顺序

上下轿车先后顺序的基本要求是:请尊者、女士、来宾先上车,后下车。具体而言,包括以下几点:

(1)由接待人员驾驶轿车时,应后上车,先下车,以便照顾客人上下车。

(2)乘坐专职司机驾驶的轿车时,坐在前排者,大都应后上车,先下车,以便照顾坐于后排者。

(3)乘坐专职司机驾驶的轿车,并与其他人同坐后一排时,应请尊者、女士、来宾从右侧车门先上车，将车门关上后，自己再从车后绕到左侧开门上车。下车时，自己先从左侧下车，再从车后绕到右侧打开车门请他们下车。如果车停在闹市，左侧不宜开启，从右门上车时，应当里座先上，外座后上。下车时，则应外座先下，里座后下。

(4)为了上下车方便，坐在折叠座位上的人，应当最后上车，最先下车。

(5)坐三排九座车时，应是低位者先上车，后下车。高位者后上车，先下车。

6.7.2　举止的规范

1)谦虚礼让

上下轿车时，要相互礼让；不要争抢座位，更不要为认识的人抢占座位。

2)动作优雅

上下轿车时应采用背入式和正出式。即上车时，在车门前双腿并拢微屈身，女性稍微捋一下裙摆，避免走光；重心下移，臀部先落座，之后上半身进入车内；坐下后，再把双腿并拢上提，一起收进车里，然后把身体摆正。下车时，正面面对车门，双脚先着地，再将上体头部伸出车外，同时起立出来(图 6.16)。

3)顾及安全

尊者、女士、来宾上车时，应为他们开门、关门。在开、关车门时，不要用力过大，以免夹伤人；自己上下车开、关门时，要先看后行，以免疏忽大意，伤及他人。

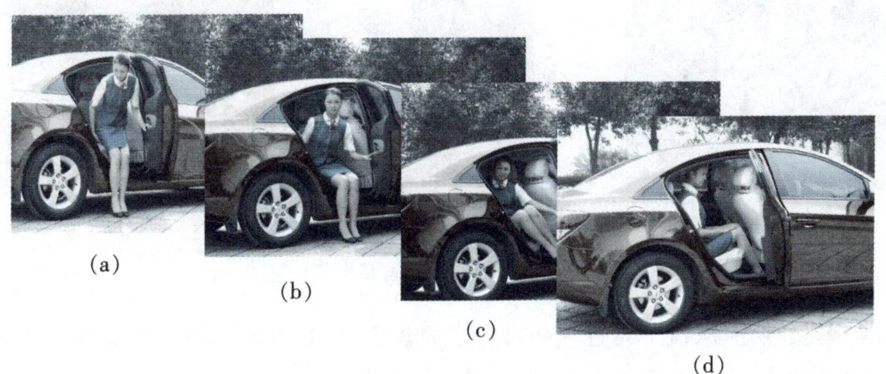

(a)　(b)　(c)　(d)

图 6.16　上下轿车姿势

6.8　就餐品饮

就餐品饮，既可能展示良好的礼仪修养，也有可能暴露不雅。只有掌握必要的礼仪分寸，才能塑造宜人的形象。

6.8.1 文明用餐

(1)先请尊者、女士、客人入座后,再在自己的席位处从座椅的左侧入座。入座后,坐姿端正,可以将双手的腕部靠于桌沿或放在椅子的扶手上,前胸距餐桌约20厘米。

(2)用湿毛巾擦嘴角和双手,将餐巾全部打开或对折后平铺在腿上。

(3)待主人发出邀请后再开始用餐。主人致辞或同席者发言时,应注视对方,适当呼应,不要只顾埋头苦干,有失斯文。敬酒或接受敬酒,应起身碰杯,杯口低于对方可表示谦虚和敬意。

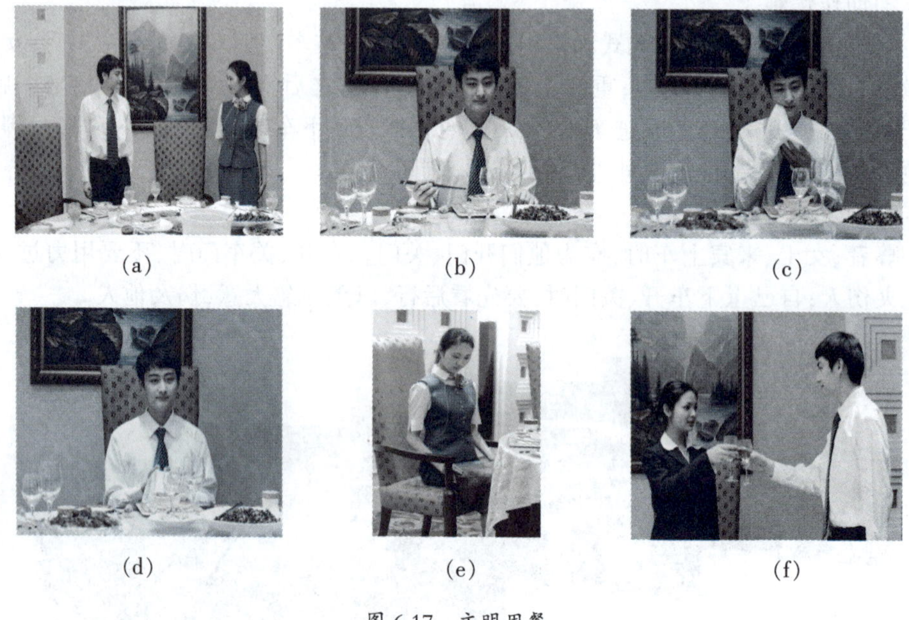

(a) (b) (c)

(d) (e) (f)

图6.17 文明用餐

(4)夹菜时,应从盘子靠近或面对自己的盘边夹起,不能用筷子在菜盘子里翻来倒去地“寻寻觅觅”。不挥舞筷子,不同时拿筷及匙。

(5)一次不要送过多的食物进嘴,咀嚼时注意不发出太响的声音。吐出的骨头、鱼刺、菜渣,要用筷子或手取接出来,放在自己面前的桌子或渣盘上,不能直接吐到桌面上或地面上。

(6)一边嚼食,一边大声谈笑是缺乏教养的。在安静的环境就餐,不要旁若无人,猜拳行令,高声喧哗。不过度劝酒、劝菜,不用自己的餐具为他人夹菜。如果要咳嗽、打喷嚏,应用手或手帕捂住嘴,并把头转向后方。不要很响地打嗝或发出其他不适宜的声音,如果不禁,可说声“不好意思”。吃饭嚼到沙粒或嗓子里有痰时,要离开餐桌去吐掉。

(7)吃西餐时,左手执叉,右手拿刀;将食物切成适合的大小送入嘴里,面包用手撕后再吃,不可直接用嘴咬;喝汤要用汤匙,千万不要直接用嘴喝碗里的汤,汤舀起来,不要用嘴吹凉或一次分几口喝,更不要砸嘴发出声响(图6.18)。吃水果时,通常要上洗手钵,吃完水果后,勿将整双手伸进去,应将手指洗净,再用餐巾擦干。

(8)餐后漱口或喝茶,能减少口腔异味,也可避免食物残渣造成尴尬。如需剔牙,应用牙签,并略为侧身,用手或手帕掩口(图6.19)。

(a)

(b)

图6.18 西餐刀叉的使用

图6.19 使用牙签

图6.20 饮咖啡

6.8.2 优雅品饮

我国自古就有“客来敬茶”的民俗礼仪。唐朝刘贞亮赞美饮茶除了可健身外,还能“以茶表敬意”。

1)上茶

沏茶时应依据客人的喜好决定茶叶的多少,注意水不要太满,以八分满为宜。用茶盘端茶,左手捧着茶盘底部,右手扶着茶盘的边缘,上茶时面带微笑,从客人的右后方奉上,茶杯放在客人的右前方,杯耳朝右。并说:“这是您的茶,请慢用!”应依职位的高低顺序先端给职位高的客人,再依次奉茶。续水要及时,揭开杯盖后,注意盖口朝上放置。

2)喝茶

如茶水很烫,可揭开杯盖让其冷却,不要一边吹,一边喝,更不要发出很响的声音。即使很渴,也不要一次将杯里的水全喝干。遇到浮在水面的茶叶,可用杯盖拂去,或轻轻吹开,喝到茶叶,可取出放进烟灰缸,不要直接吐出来。

3)饮咖啡

依个人口味将方糖、伴侣放入杯中,用咖啡匙搅拌均匀。饮咖啡时,用右手执杯把,左手托咖啡碟,轻轻啜饮。注意不要用小匙舀着喝,也不宜大口吞咽。饮咖啡时可以吃一些点心,但饮咖啡时应当放下点心,吃点心时则应放下咖啡杯(图 6.20)。

4)喝饮料

用吸管喝饮料,注意不要发出很响的声音,也不要一边咬着吸管,一边与人交谈。应将杯子端起来喝,而不要弯腰俯身用嘴去就杯子。

做一做:

1.请根据实际情况为自己的行为举止做评价分析。

自我评价					
评价内容	优　秀	良　好	及　格	不及格	策　略
上下楼梯					
进出电梯					
进出房门					
引领服务					
握手鞠躬					
递接物品					
进出轿车					
就餐品饮					

2.请根据以下场景练习鞠躬礼仪。

①师生上课行礼。

②演员谢幕行礼。

③迎送客人行礼。

④表示感谢时行礼。

3.分小组进行礼仪操比赛,评选出个人和团体优胜奖。

第2篇

社会交往篇

对现代人来说，社会交往的范围更广，人与人之间接触的频率也更高。如何在各种社交场合展示不凡气质，翩翩风度，让自己社交如愿、事业有成不仅非常重要，而且也很有必要。掌握各种场合下应遵循的礼仪规范，使行为举止符合礼仪要求，是现代人的必修课。

7　三人为师　礼遇在先

古语道："三人行，必有我师焉，择其善者而从之，其不善者而改之。"可见，每个人都有其优点和长处，如果我们掌握了做学生的礼仪，善于借鉴与学习，不仅在专职的老师那里，也可以在与所有人的相处中，提高自己、完善自己。

看一看：

中国教师代表团在韩国访问期间，深切体会到韩国师生的热情和文明礼貌。当参观访问那里的中小学时，同学们都非常友好地用中文向中国教师问候"您好！"当中国教师代表团到达和离开学校时，全校师生都会在校门口列队迎送。这给中国教师代表团的每一位成员都留下了深刻的印象。

想一想：

1.请谈一谈你与老师交往中印象最深的一件事。

2.学生在校园里见到老师的时候应该怎么做？

学一学：

7.1　校园礼仪

良好校园风气的形成，需要每一个学生在与老师、同学的交往中，正确运用校园礼仪规范知识，养成讲文明，懂礼貌的行为习惯。

7.1.1　与老师交往的礼仪

尊师重教，是中华民族的传统美德，是每个人基本的道德品质。善于和老师沟通，是取得进步的重要途径。学生与老师交往以尊重老师为前提，具体主要表现在以下几个方面：

1）课堂礼仪

课堂是师生交往的主要场所，学生对老师的尊重体现在：

(1)候课。预备铃声响，学生进教室，调整情绪，准备好学习用品，坐姿端正，等候老师上课(图 7.1)。

(2)行礼。上课铃声响,老师走进教室,宣布上课,班长喊“起立”,全体学生应敏捷、安静地起立站直,向老师行注目礼。老师问候“同学们好”,学生齐声回应“老师好”,再行鞠躬礼后坐下,坐时动作要轻。下课铃响,老师宣布下课,班长喊“起立”,同学们起立站好,向老师行注目礼,齐声说“老师再见”后行鞠躬礼,待老师宣布下课后再自由活动(图 7.2)。

(3)听课。为了讲好每一节课,老师花费了很多心血。因此,学生应以最饱满的情绪,集中精神,积极思考,听好每一节课。这是对老师艰苦劳动的最好回报,是尊敬老师的具体表现。

图 7.1 候课

图 7.2 行礼

图 7.3 举手

(4)发言。有问题要问或回答老师提出的问题,先举手示意,经老师允许后起立发言(图 7.3)。态度认真,声音响亮,姿态端正,发言完毕经老师允许再坐下(图 7.4)。

(5)质疑。老师讲课中可能会出现知识讲授不准确、不严谨甚至出现错误,对老师讲述的内容有异议,最好下课后单独找老师交换意见,共同讨论。如需在课堂上提出,一定要注意态度、时机和方式。质疑或是和老师商榷问题时,态度要诚恳,谦虚恭敬。

(6)作业。老师布置的作业,是课堂教学的延续,同样倾注了老师的苦心。学生应按时、认真、独立地完成各种作业,并且认真体会老师在作业上悉心批阅之处。

(7)迟到。上课迟到先在教室外以适当的音量喊“报告”,切忌哗众取宠、满不在乎,待老师允许后再安静、快速地进入教室,未经允许,不可擅自推门而入(图7.5)。

图 7.4　发言

图 7.5　迟到

2)课外礼仪

尊敬老师不仅仅表现在课堂上,学生平时在校园、办公室,老师家访的时候,都要以礼相待。

(1)校园里。平时在校园内与老师相遇,主动招呼问好。相遇时让老师先行,如道路(楼道、走廊)狭窄宜侧身恭候一旁,主动给老师让道(图 7.6)。

(a)

(b)

图 7.6　课外礼仪

(2)进办公室。进入前先在门外站立喊“报告”,得到允许后方可进入;向在办公室的老师问候后,走到距老师约一米处,轻声对话;离开时向老师行鞠躬礼或打招呼告别,并后退两步再转身离去;出门时轻轻关门。

(3)老师家访。老师家访是对自己的关心,要热情欢迎。有礼貌地将老师迎进家门,将老师介绍给家长,请老师入座,沏茶倒水;老师和家长交谈时,学生可根据情况,作陪还是回避;老师告辞时,向老师致谢,并送老师出门,与老师道别。

3)其他

(1)对学校所有教职员工都要尊敬,以礼相待,一视同仁。

(2)尊重老师的人格和习惯,对老师的衣着相貌不品头论足,指指点点。

(3)与老师有矛盾很正常,但不要顶撞,用恰当的方式沟通解决。更不要散布对老师不满的情绪,发泄无礼的言辞,这样只会表现自己的无知。

7.1.2 与同学交往的礼仪

同学间关系的好坏，会对每个人的成长过程发生潜在的、有力的影响。同窗之谊是人类最美好的感情之一，珍视同学友情，处理好同学之间的关系，在自己获取知识和成人的过程中，会得到很大益处。与同学交往中，应以友好为基础，具体做到：

1)相互尊重

同学之间相互尊重，不伤害他人的自尊心。对于同学遭遇的不幸，或偶尔的失败，学习上暂时的落后等，不应嘲笑、冷漠、歧视，而应热情帮助。不嘲笑有生理缺陷的同学，对同学的相貌、体态、衣着不品头论足，不给同学起带侮辱性的绰号。

2)礼貌相待

同学相见时，互相致意问候；同学之间可直呼其名，但不能用“喂”“哎”等不礼貌的用语称呼；有求于同学时，须用“请”“谢谢”“麻烦你”等礼貌用语；借用学习用品时，应先征得同学的同意，用后及时归还并致谢。

3)和睦共处

对于同学之间的意见分歧，要心平气和地逐步求同存异。谈吐举止要有分寸，开玩笑讲究尺度，不动手动脚，打打闹闹。不辱骂同学，更不能粗暴地动手打架。

4)互帮互助

学习好的同学要保持戒骄戒躁、热心助人的态度，主动真诚地帮助学习差的同学；学习较差的同学不要灰心丧气、盲目依赖，应独立思考或虚心求教。

5)谦让有礼

课间休息时，楼道内行走要靠右慢行，不要快速奔跑、猛拐；遇到同学时，应放下脚步慢行、礼让。在劳动中，老同学要照顾新同学，男同学要帮助女同学。进出校园或其他的活动场所时，也要互谦互让，有秩序地进行，不可乱拥乱挤。无意碰撞或踩了别人，应赔礼道歉。

6)相互体谅

住在同一个寝室里要互相体谅，保持个人及环境卫生，按时起床、就寝，不要干扰同学的学习、生活。

做一做：

1.在学校里尊重老师你能够做到的有________________。

你没有做到的有________________。

2.案例分析：

李文是一名幼师专业的学生，不仅品学兼优，能歌善舞，主持节目也很出彩。

由于能力出众，李文很快就被老师任命为学生会干部，就在李文为自己所取得的成绩暗自高兴时，同寝室的其他室友却开始慢慢疏远和孤立她。

刚进中专时，室友们每次都结伴一起去食堂吃饭，可是后来。其他室友就把李文冷落在一旁了。前两天，李文上完晚自习回寝室，大老远便听见室友们在聊天。可是她刚进门，所有的谈话立刻就终止了。她忍不住问了其中一个同学缘由，想不到对方竟然阴阳怪气地说道："你是名人，我们哪能和你聊天啊。"气得李文一个晚上也没睡好。现在，室友们几乎不和她说话，无视她的存在，有时候，主动和她们搭话，她们也总是说些酸溜溜的话来刺激她。为此，李文十分痛苦，心理压力越来越大，不知道如何才能和室友处理好关系。

请你为李文和室友处理好关系出谋划策。

看一看：

小王中专毕业后，由于具有一定的专业技能，外形条件较好，很快就找到了工作。可是，她却一直在不停地跳槽，两年不到，她已经换了八个单位。她认为单位里有些人太古怪、难以相处，她不愿和这些人打交道。她想：总有一天，她会找到满意的单位以及很好相处的同事。

想一想：

1.小王为什么不停地跳槽？

2.与同事和睦相处取决于哪些因素？

学一学：

7.2　职场礼仪

掌握一定的职场礼仪，学会和领导、同事正常地交往，尽快融入到集体中，有利于更好地发挥工作才干，体现自己的价值，这也是一个人事业成功的基本保证。

7.2.1　与领导交往的礼仪

领导关系是职业活动中十分重要的人际关系。良好的领导关系可以为职业发展带来很多机遇。与领导交往,尊重是基本原则。懂得在关键时刻说适当的话,是成功与否的决定性因素。与领导交往应注意以下几个问题:

1)见面问候

作为职场新人,见到领导不要害怕、害羞,低头走过,绕道而行,要学会面带微笑,主动打招呼问好。

2)礼貌进出

有事到领导办公室时,要先敲门,得到允许后再进入。如果遇领导与他人交谈,但有急事需要马上请示时可以说:“对不起,打扰一下。”如果领导正在低头批阅文件,切忌探头探脑或用眼睛乱瞟。离开领导办公室时应先后退两三步,然后再转身出去,将门轻轻带好。

领导来到工作的地方,应马上起立致意,待领导就座后再坐下。领导离开时应主动开门并道别。

3)把握尺度

与领导交往既不要过多、也不宜过少。有事没事总往领导那儿跑,会使同事觉得你有意讨好领导,有套近乎之嫌。与领导交往频率过低,因为沟通太少,信息不通畅,容易引起误解。

由于领导所处的位置不同,考虑问题的角度与下级有所差异是很正常的。领导更喜欢从旁观者的角度看问题,力求公正、客观。因此,在与领导交往时不要自以为是,以为自己所想就是领导所想,这样做只能适得其反。

4)维护形象

作为下级,维护领导的权威和尊严是必要的,这也是下级应尽的职责。无论在什么场合,与领导说话都要有分寸,不要随便开玩笑。不要议论领导,更不能散布对领导的不满情绪。对领导工作中出现的失误,应宽容,体谅。

维护领导是有原则的,不能把对领导权威的维护当成对某个人权力的维护,甚至对领导的错误也极力掩盖。维护方式应当含蓄和隐蔽一点,千万不要变成了溜须拍马、阿谀奉承。

5)提高素质

加强学习,提高自己的素质,增加与领导的认同感,搭建与领导交流的平台。领导在与下级交往时,总希望下级在考虑问题时站的角度高一些,能够理解、领会领导的意图。如果你具备这些素质,自然可以增加对领导的吸引力,从而愿意增加交流。

7.2.2 与同事交往的礼仪

同事各式各样,相处的具体方式不尽相同。学会与同事相处,营造良好的工作环境和氛围,是每一个职场人都必须掌握的一门技巧。

1)相互尊重

每天第一次见面,同事间要相互打招呼问好,主动问候有助于同事间关系的融洽。工作时间不随便进别人的办公室、工作场所,进他人办公室前需先敲门后再进去。

2)相互信任

工作时间外出,应向同事交代自己的去向和需要代办的事,增强相互间的信任感。

3)与人为善

同事所处工作环境相同,利益基本一致。设身处地为同事着想,宽厚待人。做到己所不欲,勿施于人。同事间能力有大小,水平有高低。当自己在某方面强于他人时,不要表现出优越感,也不要用教训人的口气说话。别人有事请教,语气要真诚,态度要友好。

4)言行一致

同事间的接触,距离较近,时间较长,也较固定,所谓"路遥知马力,日久见人心。"只有表里如一,才能表现出真诚,受到同事的赞赏。

5)言谈有度

无论是在自己的办公室或别人的工作场所,不要没完没了地聊天,影响正常工作。工作之余,同事之间闲聊,有助于相互了解。但无论是内容还是时间上,都要适可而止。对某个问题,同事间的意见有时会不完全一致。如果非原则问题,可以沉默退让,也可转换话题,尽量避免争论不休。

6)账目分明

俗话说"亲兄弟,明算账。"同事再要好,如有经济往来,账目必须清楚,在一起消费尽量 AA 制。

做一做:

1.案例分析

王凡从文秘专业毕业后,应聘到某公司办公室任文员。王凡很珍惜这份工作,因此工作还比较积极负责。她的朋友下班后喜欢到办公室找她聊天,对此老板也没有多说什么。有一天,老板从外地出差回来提货,遇到王凡和她的两个朋友正在聊天。王凡自顾自地聊天干活,没有把老板介绍给朋友认识,因为王凡没有介绍,她的两个朋友也没和老板打招呼,气氛很是尴尬。片刻,她的两个朋友起身离开,也没向老板打招呼。事后,王凡就失去了这份工作。

请你为王凡分析一下失去工作的原因。

2.分小组编导、表演同事之间相处的情景剧,请观看演出的小组对相处方法的对与错进行分析、点评。

8 尊老爱幼 和孝并重

中国人自古以来就有很强的家庭观念,从孝敬父母,尊重长辈,到关爱家人,善待亲友,各种名言典故比比皆是,无一不是在强调:家,是一个人社会化的起步,更是每个人成长发展的重要后盾。家庭关系和谐了,我们的心才可以安定下来;家庭关系融洽了,我们才有动力去飞去闯。因此,尊老爱幼,营造家庭和美之风,应当是我们每一个人都不能遗忘的基本道德。

看一看:

守望的天使

台湾 三毛

耶诞节前几日,邻居的孩子拿了一个硬纸做成的天使来送我。

"这是假的,世界上没有天使,只好用纸做。"汤米把手臂扳住我的短木门,在花园外跟我谈话。

"其实,天使这种东西是有的,我就有两个。"我对孩子夹夹眼睛认真地说。

"在哪里?"汤米疑惑好奇地仰起头来问我。

"现在是看不见了,如果你早认识我几年,我还跟他们住在一起呢!"我拉拉孩子的头发。

"在哪里?他们现在在哪里?"汤米热烈地追问着。

"在那边,那颗星的下面住着他们。"

"真的,你没骗我?"

"真的。"

"如果是天使,你怎么会离开他们呢?我看还是骗人的。"

"那时候我不知道,不明白,不觉得这两个天使在守护着我,连夜间也不合眼地守护着呢!"

"哪有跟天使在一起过日子还不知不觉的人?"

"太多了,大部分都像我一样的不晓得哪!"

"都是小孩子吗?天使为什么要守着小孩呢?"

"因为上帝分小孩子给天使们之前,先悄悄地把天使的心装到孩子身上去了,孩子还没分到,天使们一听到他们孩子心跳的声音,都感动得哭了起来。"

"天使是悲伤的吗?你说他们哭着?"

“他们常常流泪的，因为太爱他们守护着的孩子，所以往往流了一生的眼泪，流着泪还不能擦啊，因为翅膀要护着孩子。即使是一秒钟也舍不得放下来找手帕，怕孩子吹了风淋了雨要生病。”

“你胡说的，哪有那么笨的天使。”汤米听得笑了起来，很开心地把自己挂在木栅上晃来晃去。

“有一天，被守护着的孩子总算长大了，孩子对天使说——要走了。又对天使们说——请你们不要跟着来，这是很讨人嫌的。”

“天使怎么说？”汤米问着。

“天使吗？彼此对望了一眼，什么都不说，他们把身边最好最珍贵的东西都给了要走的孩子，这孩子把包袱一背，头也不回地走了。”

“天使关上门哭着是吧？”

“天使们哪里来得及哭，他们连忙飞到高一点的地方去看孩子，孩子越走越快，越走越远，天使们都老了，还是挣扎着拚命向上飞，想再看孩子最后一眼。孩子变成了一个小黑点，渐渐地小黑点也看不到了，这时候，两个天使才慢慢地飞回家去，关上门，熄了灯，在黑暗中静静地流下泪来。”

“小孩到哪里去了？”汤米问。

“去哪里都不要紧，可怜的是两个老天使，他们失去了孩子，也失去了心，翅膀下没有了要他们庇护的东西，终于可以休息休息了。可是撑了那么久的翅膀，已经僵了，硬了，再也放不下来了。”

“走掉的孩子呢？难道真不想念守护他的天使吗？”

“啊！刮风、下雨的时候，他自然会想到有翅膀的好处，也会想念得哭一阵呢！”

“你是说，那个孩子只想念翅膀的好处，并不真想念那两个天使本身啊？”

为着汤米的这句问话，我呆住了好久好久，捏着他做的纸天使，望着黄昏的海面说不出话来。

“后来也会真想天使的。”我慢慢地说。

“什么时候？”

“当孩子知道。他永远回不去了的那一天开始，他会日日夜夜地想念着老天使们了啊！”

“为什么回不去了？”

“因为离家的孩子，突然在一个早晨醒来，发现自己也长了翅膀，自己也正在变成天使了。”

“有了翅膀还不好，可以飞回去了！”

“这种守望的天使是不会飞的，他们的翅膀是用来遮风蔽雨的，不会飞了。”

“翅膀下面是什么？新天使的工作是不是不一样啊？”“一样的，翅膀下面是一个小房子，是家，是新来的小孩。是爱，也是眼泪。”

“做这种天使很苦！”汤米严肃地下了结论。

“是很苦，可是他们以为这是最最幸福的工作。”汤米动也不动地盯住我，又问：“你说，你真的有两个这样的天使？”

“真的。”我对他肯定地点点头。

“你为什么不去跟他们在一起？”

“我以前说过，这种天使们，要回不去了，一个人的眼睛才亮了，发觉原来他们是天使，以前是不知道的啊！”“不懂你在说什么！”汤米耸耸肩。

“你有一天大了就会懂，现在不可能让你知道的。有一天，你爸爸，妈妈——”

汤米突然打断了我的话，他大声地说：“我爸爸白天在银行上班，晚上在学校教书，从来不在家，不跟我们玩；我妈妈一天到晚在洗衣煮饭扫地，又总是在骂我们这些小孩，我的爸爸妈妈一点意思也没有。”

说到这儿，汤米的母亲站在远远的家门。高呼着：“汤米，回来吃晚饭，你在哪里？”

“你看，噜不噜苏，一天到晚找我吃饭，吃饭，讨厌透了。”汤米从木栅门上跳下来，对我点点头，往家的方向跑去，嘴里说着：“如果我也有你所说的那两个天使就好了，我是不会有这种好运气的。”

汤米，你现在不知道，你将来知道的时候，已经太晚了。

想一想：

1.文中的“天使”是指谁？

2.“天使”为他们的孩子做了些什么？

3.你可以为自己的“天使”做些什么？

学一学：

8.1 家庭和谐

身为家庭的一分子，应当养成尊敬、关爱每一位家庭成员的意识和习惯。任何一个家庭之中，长者和幼童通常最为敏感及脆弱，需要付出更多的细心与耐心，因此，首先要从敬重长辈和爱护幼小做起，来维护家庭的和谐。

8.1.1　敬重长辈

敬重长辈是中华民族的传统美德，也是当今社会衡量一个人道德水平的标准之一。天底下没有一个父母不爱自己的孩子，长辈们的愿望就是自己的晚辈平安、幸福、成才。当我们贪婪地汲取父母长辈的爱时，请不要吝啬，也要用爱来回报他们。

1)正确称谓

所谓"长幼有序"，不管是当面，还是背后，在提及长辈之时，务必使用尊称。不论长辈是否允许，都不应当直呼其名。另外，随意使用诸如"老头儿""老太婆""老东西"之类的谑称，是非常有失庄重的。

2)知礼感恩

对于父母及长辈的辛苦操劳和养教之恩，为人子女、晚辈应当时刻感恩，在此基础上做到：讲礼貌，守规矩，处处以礼相待。在任何情况下，都绝对不允许自己的一言一行失敬于长辈。早上起床后、晚上睡觉前、回家或外出时，应主动向长辈招呼问候；关怀父母，为父母分忧解难。

3)听从教诲

长辈拥有丰[illegible]这些亲身经历是一笔极其宝贵的财富。作为晚辈，一定要珍惜机会，虚[illegible]，以开阔视野，增长才干。对于长辈的批评指点，晚辈必须洗耳恭听，认[illegible]从哪一方面来看，长辈对晚辈的管教，都是其爱心的具体表现。即便长[illegible]偏差，也不容许因此而否定其善意。当长辈管教自己时，一是要虚心服[illegible]激，三是尽可能地将其落实到自己的具体行动之中。不允许强词夺[illegible]，顶撞长辈，更不可不屑一听，扬长而去。

8.1.2　孝顺体贴

"百善孝为首"，明《增广贤文》也有提到："羊有跪乳之恩，鸦有反哺之义。"(小羊跪着吃奶，小乌鸦能反过来喂养老乌鸦，以报答父母的养育之恩)那么，什么是孝呢？

孝是童心未泯的孩子嘴下留出给父母的半粒糖，孝是放学归来时甜甜的一声"妈妈"，孝是饭前抢着给父母盛饭的小小举动，孝是无论身在何处都会打来报平安的一个电话……孝，每时每刻都在你身旁，不经意中，轻轻一举手，一投足全融进孝的成分。

1)奉养长辈

减轻长辈的负担,不要事事让长辈操心,处处让长辈出力。长大成人之后,要尽快自力更生,不要成为吸食长辈血汗的"啃老族"。对自己的父母,要主动担负起赡养的职责。对上了年纪或无依无靠的长辈,在生活上要多加关心爱护。

2)体贴长辈

人到老年,通常最害怕寂寞孤独。对长辈的孝顺不仅体现为物质上、生活上的扶助和照料,还要时常探望长辈,关心他们的身体、工作等。可以通过写信、打电话、发邮件或者委托他人探访的方式,在精神上给予他们慰藉。长辈过生日时,可用零花钱买一份小礼物,表演一个节目或道一声祝愿。当长辈生病时,精心照料,不嫌弃,多安慰。

敬重长辈并不是一朝一夕的事,而是每个人一生都应遵守的道德规范。我们应该严格要求自己,养成好习惯,成为一个敬重长辈的好学生、好公民。

8.1.3 爱护幼小

儿童是祖国的花朵、社会的未来。关心他们的生活,关注他们的成长,是维护家庭和谐美满的条件之一。再推而广之,由家庭到社会,由亲人到陌生人,学会爱护所有比我们弱小的人,是一个人的善良和美好。孟子云:"老吾老,以及人之老;幼吾幼,以及人之幼。天下可运于掌"。要做一个成功的人,必须先做一个有爱心、有责任感的人。

1)耐心关照

小朋友的自理和独立能力相对较差,要以足够的耐心与细心予以帮助、照料。比如外出游玩时保护他们的安全,乘车时让他们先行,过马路时注意提醒,见到小朋友有困难时主动关心、帮助。又比如为他们讲解不懂的问题,尊重他们的想法,关注他们的喜好,用平等而不是命令的态度和他们交流,等等。

2)当好榜样

从自己做起,不欺负幼小,并且对别人欺负、危害幼小的行为进行批评和制止。以身作则,在思想、言行上作出有教养懂礼貌的表率,多鼓励小朋友自主自立、勇于上进,成为有理想、有学识、有能力的人。

有人说,"看见小孩,就好像看见了自己的过去;看见老人,就如同看见了自己的将来"。如果我们每一个人都能将心比心、设身处地地去关爱家里的老人和儿童,关爱社会上所有的老人和儿童,一定可以营造成幸福美满的家庭,创造出和谐文明的社会风气。

做一做:

1.亲情行为小测试

评分标准:选择"一贯"得 10 分,"偶尔"得 5 分,"从不"不得分。

序号	测评内容	自我评价		
		一贯	偶尔	从不
1	和父母讲话态度恭敬、语气亲切			
2	听从父母教导,不顶嘴,不强辩			
3	出门前说再见,回家后打招呼			
4	外出主动告知去向和回家时间			
5	父母生病时,主动问候、照顾			
6	自己能做的事自己做,主动帮父母做家务			
7	不向父母提过高要求			
8	主动向父母汇报生活、学习或工作情况			
9	记得父母的生日,并向其祝贺			
10	尊重爷爷、奶奶和其他长辈			

100 分——你真是个孝顺、懂事的好孩子,让父母放心及欣慰,你做得棒极了!

80 分以上——总体来讲,你的表现还不错,有孝敬长辈的意识,在我们的测评中处于中上水平,希望你再接再厉,争取拿到亲情行为的满分!

60 分以上——你可能有尊敬长辈、孝顺父母的意识,但落实到实际行动上的还不够,难道你不知道吗,家人是唯一无条件关心、支持你的人。不要再为自己的行为找借口了,为家人多花点心思吧!

60 分以下——很明显,你没能通过我们的亲情行为测评。为什么会出现这样的情况,请你多从自己身上寻找答案吧! 祝你进步!

2.敬重长辈不需要豪言壮语,也不需要惊天动地,它注重细节,注重生活中的点滴。有三个黑人孩子,他们每天早晨必做的功课,就是在餐桌上埋头写对父母的感恩信。内容无非是“今天妈妈真漂亮”“昨天的比萨饼味道不错”“爸爸的驾驶技术棒极了”之类的。看似简单,却表达了家庭成员相互之间的欣赏与关爱之情。请你以一颗感恩的心,尝试给长辈写一封感恩信,字数和内容不限,只需真情实感。

3.学唱歌曲《感恩的心》,用心体会其中的情意。

4.回忆一下自己的童年经历,看看现在应当怎样帮助、照顾身边的小朋友。

看一看:

俗话说,远亲不如近邻,但天气一热,人就特别容易上火,一点鸡毛蒜皮的小事就会让本来很亲密的邻里关系变得冷冰冰,这不,皮皮家就因为一点小事和邻居洋洋家发生了矛盾。

事情是这样的：因为天热容易滋生细菌，妈妈就要求皮皮每天手洗自己的袜子和内衣，可皮皮偷懒，从来不把内衣拧干就挂在阳台上。一天，楼下的洋洋妈站在阳台上叫洋洋回家吃晚饭，话音未落，她就感觉有滴滴答答的水灌进了自己的脖子，抬头往楼上一看，她马上明白了事情的原委。

劳累了一天的洋洋妈，气汹汹地上楼去，皮皮妈本来还觉得有点内疚，但一看邻居这个不依不饶的态度，马上也板起了一张脸，两位妈妈就在楼道里吵了起来。

从此，两家人不但见面不说话，而且还互相猜忌，楼下大声放音乐了，皮皮妈就会觉得是针对他们家的。洋洋妈也觉得，自从吵架之后，楼上经常传来故意跺地板的声音……这么一来二去，两家人又发生了几次争吵，彼此间的关系，也就变得火药味儿十足了。

想一想：

1.造成这样的状况，到底是谁的错呢？

2.谁是获益者呢？为什么？

学一学：

8.2 邻里和睦

“忍一时风平浪静，退一步海阔天空”，这句话用在邻里之间的相处上，真是再适合不过了。要拥有和睦的邻里关系，一定要多站在对方的角度考虑问题，以他人利益为重，真诚相待，这样，必然能为彼此营造出愉悦、舒适的生活氛围。

8.2.1 以礼相待

见到邻居主动微笑，有礼貌地招呼和问候，不能视而不见，爱理不理。在楼道里或狭窄的地方，主动给年长的邻居让路；遇到老人上下楼梯，应上前搀扶。不在背后猜疑、议论他人；谈笑逗趣要把握分寸，尊重他人隐私。

8.2.2 互谅互让

多为他人着想，住在楼上的人，不要在家里蹦蹦跳跳，制造噪音；浇花与晾晒衣服的时候，注意不要往楼下滴水；早出晚归，忌大声喧哗，避免行为不当产生的噪音；正在装修的住户，到了午休时间、晚间或休息日，应暂停施工；收看电视或使用音响时，不要将音量开得过大，以免影响邻居休息。对于邻居的不当之处，要宽宏大量，给予原谅。

8.2.3 友好往来

不抢占住宅的公共空间，主动清扫楼道等公共场所，自觉保持公共环境卫生。关心、帮助邻居，在路上遇到邻居提、搬重物，要主动让路，在力所能及的情况下，还应主动询问是否需要帮助；邻居有了困难主动帮助解决，遇到危险、灾难，要勇于出面救助，邻居有喜庆之事，要予以祝贺。拜访邻居时，仪容仪表大方得体，不要穿拖鞋、睡衣，头发蓬乱；选择好拜访时间，不能妨碍他人的休息。借用邻居的物品要双手接、递；爱惜借用的东西，用后立即送还并道谢，万一损坏要主动赔偿，并赔礼道歉。主动参加一些联络邻里感情的活动，增进了解，和睦相处。

小歌谣：邻里之间常见面，相互尊重心相连。尊敬老人如家亲，爱护幼小若自身。乐于交往重感情，虽是邻里胜远亲！

做一做：

1.回想一下，在与邻居相处的过程中，自己或者对方有哪些礼貌的言行？

2.课外阅读、思考

邻居，这一古老的汉语词汇，有着丰富的文化内涵，是中国人世俗生活的重要关系词。而在美国，地段+邻居=社区。美国人具有强烈的社区意识，同时也非常看重邻居的素质。

中国的邻里街坊喜欢没话找话，借此套套近乎。如见面就问："你吃了没有？"见人刚出家门就打听："你上哪儿啊？"在美国人眼里，这些都不是你该关心的事情。与美国邻居相处，最重要的一条就是尊重别人的隐私，不议论家长里短。路中遇到熟人，不要大呼小叫，只限于打个招呼，说声"hello"。尤其是见了你还不十分熟悉的邻居，不要见了面就"嘘寒问暖"。这是因为美国人喜欢个人独立，不愿与初次相识的人发展很深的私人关系，更不愿意承担义务。总之，"尊重隐私"在美国人看来，是一个人有教养的表现。所以，遇到邻居"穿金戴银"，你最多夸她两句："你看上去很漂亮！"千万不要打听这首饰是真是假，穿的衣服值多少价钱。

美国人除了不喜欢别人打听他们的私事，更不喜欢被外人打扰，他们从周一到周五工作，周末喜欢和家人呆在一起。如果交情不深，千万不要在周末登门拜访邻居或朋友，除非受到特别邀请。一般邻居，即使住在同一楼层、同一街道，登门拜访也需提前打电话预约，不速之客将被视为是对他人的冒犯。除此之外，假如没有正当理由、或在不适当的时间(如早上 7 点以前，晚上 10 点以后)给别人打电话，也都是干扰了别人的正常生活。

美国人很少请人到家里来做客，邻里之间更不时兴“串门”。但是他们会经常举办邻居们的烧烤聚会，以此来相互认识、促进交流。许多美国人喜欢比较和炫耀他们后院的烤肉架，并以拥有独特的秘制烧烤菜谱而自豪。而每一次的邻居聚餐，大家都总是要到天空变成深蓝了，才意犹未尽地回到各自的家中。第二天早上，大家相互问好时的笑脸比以前灿烂了许多，彼此的心情也会变得更好。因此，烧烤聚会已经成为邻居间一种主流的社交活动，是和睦邻里关系的最佳方式。如果有美国邻居在周末请你去他家后院“烧烤”，说明你已经真正融入他们的社区了。

①自己家所在的小区中，举办过哪些加深邻里间的理解、团结的聚会或活动？效果如何？

活动一＿＿＿＿＿＿＿＿＿＿＿＿＿＿＿＿＿＿＿＿

效果：＿＿＿＿＿＿＿＿＿＿＿＿＿＿＿＿＿＿＿＿

活动二＿＿＿＿＿＿＿＿＿＿＿＿＿＿＿＿＿＿＿＿

效果：＿＿＿＿＿＿＿＿＿＿＿＿＿＿＿＿＿＿＿＿

活动三＿＿＿＿＿＿＿＿＿＿＿＿＿＿＿＿＿＿＿＿

效果：＿＿＿＿＿＿＿＿＿＿＿＿＿＿＿＿＿＿＿＿

②建立良好的邻里关系，你还有什么好的提议？

提议一＿＿＿＿＿＿＿＿＿＿＿＿＿＿＿＿＿＿＿＿

提议二＿＿＿＿＿＿＿＿＿＿＿＿＿＿＿＿＿＿＿＿

9 遵守公德　共创和谐

“眼睛是相机，心灵是底片。”每个人的一言一行都会被他人记录，如果不遵守公德，不仅妨碍他人，而且还将影响个人形象，甚至严重破坏国家的形象。

看一看：

随着国民收入水平的提高和国际交流的日益频繁，我国公民出国旅游的机会越来越多，但与此同时，在出境游中因不文明行为而引发的问题也越来越多。国内外媒体纷纷指出：外出旅游表现出以下几种情况的，不用询问，一定就是中国人。

陋习一：公共场合嗓门大

公共场合大声喧哗已经成为中国游客的一大“标志”。马尔代夫 2 000 多个小岛上遍布度假村，但到目前为止，只有几个度假村愿意与中国的旅行社合作接待中国客人。究其原因，主要是受不了中国人的大嗓门，一个餐厅只要进去哪怕只有七八个中国游客，也马上会变得人声鼎沸，影响到安静进餐和小声谈话的其他客人。在法国巴黎一些著名景点，如巴黎圣母院、凯旋门、艾菲尔铁塔，总能见到成群结队的中国人，他们身穿西装，脚踏旅游鞋，相机在胸前乱晃，尽管看到用中文提示的“安静”，他们还是吆五喝六，呼前喊后，争抢着最佳地点留影。

陋习二：不守秩序不排队

不遵守秩序和规则是中国游客的另一大缺点。法国迪斯尼入口处的栏杆设计成回字形，一些中国游客不排队，拉开栏杆就往里钻。去麦当劳买饮料，外国人讲个人隐私，前后都隔着一米左右的距离，中国游客一看到前面空那么多，就会一下子涌上去围住整个柜台。一位欧洲游领队告诉记者，游客入住酒店，大箱小箱地包围了电梯口，电梯一到就一拥而上，这样里面的人出不来，外面的人也进不去。更司空见惯的是，一些内地游客抢上飞机和抢占行李舱位；乱穿马路；在地铁和商店里总是几个人并排站上自动扶梯，不知道应该留出左侧通道给那些有急事的人；在机场或旅游景点，只要有一个人排队，所有后来的同伴理所当然上前加塞儿。

陋习三：卫生习惯被诟病

此外，中国游客的卫生习惯和一些生活差异也一直被诟病。在一些欧洲国家，比较少见到中文指引，但厕所里却一般都有明确的中文指引“排队”“冲水”“洗手”等，游客来自世界各地，却只用中文标出了这些警示，完全是针对部分中国游客不讲卫生的坏毛病。而在意大利的一些大型商场门前，经常会有国人的“血拼族”坐在台阶上手捧着方便面，就着咸菜津津有味地吃着，吃完拍拍屁股就走，面条汤、咸菜袋、橘子皮、面巾纸扔了一地。在澳大利亚的大街上，一个10岁左右的男孩说要上厕所，他母亲让小孩转身就在马路边小便，路人纷纷指责这种行为，他母亲还振振有词："小孩嘛，有什么关系！"

陋习四：爱贪便宜很丢人

一个国内的旅游团去泰国，在吃自助早餐时，一个老太太居然用自己的茶杯去灌橙汁，服务员看见了冲她说"NO"，她没有理会，继续灌，服务员上前伸手想关掉开关，被老太太一把推开，险些跌倒。去年欧洲游开放，首发团乘坐芬兰航空公司航班前往欧洲，途中，机上一改通常芬兰语、英文、中文的广播顺序，突然用中文广播，通知大家"请把餐具放回原处，服务员会前往收取"。原因很简单，不少中国游客因为"喜欢"上了机上的不锈钢刀叉，还把它们偷拿到了自己的兜中。另外，在韩国一些景区的餐厅内，饮用水和水杯都是免费的，中国游客拿着空矿泉水瓶灌了一瓶又一瓶，水杯也一次拿走一叠。在公厕里，手纸也是无限量提供的，不少游客一下就拿走一卷纸。

中国正在不断加深对世界的了解，世界也在不断地了解中国。海外华人和出国游客，正是中国与世界互相沟通的桥梁，决定着东西方沟通和了解的质量。虽然以上所描述的丑态在出国华人中不占主流，但他们的所作所为抵消了大部分海外华人的努力，破坏了中华文明的形象。中国迫切需要世界了解的，绝不是这些陋习，而是灿烂的中华文化和中国日新月异的发展和进步。

想一想：

1.以上行为陋在何处？遵守公德和礼仪规范在社会交往中能带给我们什么？

2.你认为在公共场合，有哪些行为是值得提倡的？

学一学：

9.1 社会公德

9.1.1 社会公德的内涵

所谓社会公德，是全体公民在社会交往和公共生活中必须共同遵循的行为准则，是社会普遍公认的最基本的行为规范。它涵盖了人与人，人与社会，人与自然之间各方面的关系。社会公德水平的高低影响着社会秩序、社会风气、社会凝聚力，是一个社会文明程度的外部标志。

人与人：举止文明
尊重他人
人与社会：爱护公物
维护公共秩序
人与自然：热爱自然
保护环境

9.1.2 社会公德是社会交往的基础

中央电视台曾经联合央视国际和新浪网，在全国范围内进行了“最缺乏公德的行为”的调查活动，共 26 000 人参与了投票，调查结果如下：

排　名	行　为	票　数	网民观点
1	向窗外扔污物	19 112	高空抛物比乱扔垃圾更加恶劣，堪称小区环境和楼下行人生命的“双重杀手”
2	上公共汽车不排队，一拥而上	18 644	不排队上车的危害不仅在于破坏了乘车秩序，更可怕的是它摧毁了人们心中排队上车的想法
3	旅游景点、名胜古迹上乱写乱刻	17 905	刻字留念逞一时之乐，却给中华文明造成永久的伤害，这是真正的败家
4	宠物随地大小便，主人不清理	17 624	宠物粪便除了影响市容外，还增加了一些传染疾病的可能，不可小视
5	行人翻栏杆、随意穿行马路	17 596	马路的对面对路人的确是一种诱惑，然而这种诱惑的背后却是一场生命的赌博，切莫把生命当儿戏
6	下雨天开车溅湿行人	17 560	不管是有意还是无意，开车者在行人面前不能恃强凌弱，雨天行车慢为先
7	公交车上，年轻人不主动给老弱病残孕让座	17 036	老弱病残孕没有座位，表面上是文明乘车环境欠佳，实际上却证明了某些人同情心的严重缺失
8	传播垃圾电子邮件、手机短信	16 828	垃圾信息是对人们日常生活的严重搔扰，稍不留神还会陷入骗子布下的陷阱
9	看电影、演出时，大声喧哗、走动	16 788	这些行为不仅让真正来看演出的人觉得很扫兴，而且是对别人劳动和创作的莫大不敬
10	在街上乱吐口香糖	16 571	口香糖经过在口腔中反复咀嚼，已经粘上口腔中的多种细菌，乱吐口香糖和随地吐痰一样恶心

你是否喜欢这十种缺乏公德的行为？你是否有过这些“榜上有名”的经历？推而广之，在社会生活中，如果某个人的言行举止总是不符合社会公德的标准，妨碍甚至侵犯到他人，可以想象，这个人不管走到哪里，都不可能受人欢迎；反之，如果我们都能讲文明、懂礼貌，多为他人着想，那么，我们都能成为社会交往中的“可爱”之人。

古人云：“勿以恶小而为之，勿以善小而不为。”良好个人品格的形成其实就取决于日常生活的这些“小事”。看似“小事”，实关“大节”，只有日复一日的道德实践，才能养成言行一致的文明素质；只有良好的社会风气树立起来，社会关系才会更加和谐，人与人之间的交往才会更加顺畅，我们的生活才会更加美好。

做一做：

1.请列举出你见过的十种不文明行为。

2.在社会生活中，你遵守了哪些公德：

____

具体行为是(举例说明)：

文明礼貌的表现有______________________________；

助人为乐的表现有______________________________；

爱护公物的表现有______________________________；

保护环境的表现有______________________________；

遵纪守法的表现有______________________________。

暂时没做到的是：

①__________表现为：__________改进时间：__________。

②__________表现为：__________改进时间：__________。

③__________表现为：__________改进时间：__________。

看一看：

有一天，王云出去办事，上了公交车后坐在靠前车门的地方。刚过了一站，就上来一位老大爷，王云把座位让给了他。过了一会，这位老人下车了，王云又坐回了原来的位置。

没几站又上来一位老人，当时下车的人也不少，王云想后边可能会有空座，就没起来。可是这位老人上来后站在了王云旁边，王云回头一看已经没有空座，就又起来把座位让给了他。但这次不像上次那么自然了，王云心里总有一种怪怪的说不出的感觉。

后来老人下车了，王云坐了下来。车停靠站时，一前一后上来两位老人，当时王云差点又站了起来，但很快又否定了这个行为，因为王云发现很多人都盯着自己，还听到有人小声议论，说什么："怎么就显着你了呢，傻不傻呀！"王云感觉好像自己的让座行为成了一种罪过，终于没有第三次站起来。

想一想：

1.你如何看待王云的行为？

2.如果是你，会继续让座吗？为什么？

学一学：

9.2　公共礼仪

要成为一个社交场合中受人欢迎的人，应当从日常生活中的细节小事做起，随时随地关注自己的言行举止。以实际行动来展示道德风范和礼仪素养，成为讲文明、树新风的榜样。

9.2.1　"我是文明游客"

(1)参团旅游时，自觉遵守团队的时间约定。

(2)相互关心，相互礼让，主动照顾老人和小孩。

(3)不随地吐痰和口香糖，不乱扔废弃物，不在禁烟场所吸烟，维护景区环境卫生。

(4)保护生态环境和文物古迹，不乱刻乱画，不踩踏绿地，不攀折花木和果实，不追逐、投打、乱喂动物。

(5)听取讲解时保持安静，拍照摄像时遵守规定，拍照或合影时不争抢。

9.2.2　"我是文明观众"

1)在影剧院观看节目时

(1)衣着整洁，不穿背心、拖鞋等，如遇其他特殊要求的，应自觉遵守。

(2)提前 15 分钟进场，对号入座；如果迟到，应先就近入座，或在外厅等候，等到幕间再入场；如果没有中间休息时间，则应适当弯腰、轻且快地入场，以免影响他人。

(3)观看演出时，自觉摘下帽子，以免挡住后排观众的视线；将手机关闭或调成静音状态,不高声评论,不谈笑喧哗;不吃带皮带壳和其他会发出声响的食物,咳嗽或打喷嚏时要用手帕捂住嘴,尽量压低声音。

(4)尊重演员的劳动,演出特别精彩时,可通过鼓掌、喝彩向演员表示敬意,但不能吹口哨、跺脚或怪叫,扰乱剧场气氛;不随便走动,一般不在中途退场。

(5)演出全部结束后,起立鼓掌,若演员出场谢幕,应再次鼓掌;如遇嘉宾上台接见演员,应在接见仪式结束后再离场;不要在演员谢幕前离场,也不要拥到台前围观。

(6)离开时用手将座椅轻轻放好,不要发出声响;有秩序地退场,不要推挤他人。

2)在体育馆观看比赛时

(1)提前入座,不迟到;比赛进行中,不要因为自己看不见而站起来或随意在看台上来回走动,以免影响他人。

(2)遵守赛场纪律规定,适时鼓掌喝彩,向运动员友好地表达关注和敬意;观看棋类和牌类等比赛要保持安静,以免分散运动员的注意力。

(3)保持情绪冷静,不因己方运动员获胜而狂欢,也不因其失利而骂人、起哄甚至投掷物品。

(4)热爱祖国,也尊重他国,在升国旗、奏国歌时自觉起立,不要走动和说话。

9.2.3 "我是文明读者"

(1)去图书馆借阅书籍,不穿背心、拖鞋入内;依序进馆;不占座,不把自己的包放在旁边暂时没有人的座位上。

(2)不乱扔纸屑,不随地吐痰,不大声咳嗽,不抽烟,不吃零食或嚼口香糖;不与旁人说话或讲电话,遇到认识的人可点头或招手致意;不把桌椅弄出响声干扰他人,走路时尽量不发出声音。

(3)爱惜图书,轻拿,轻翻,轻放,不在书上注记或折页;不蘸口水翻书页;开架的书刊要一本一本地取下来看,不要同时占用多份;看完后放在规定的位置,借的书要主动及时归还。

(4)离开时,将书刊放回原处,桌椅复归到原位,废弃的纸张自觉扔到垃圾箱内。

9.2.4 "我是文明顾客"

1)在商场购物时

浏览商品时保持安静,不大声说话;挑选物品时轻拿轻放,不买的商品放回原处,不乱摆乱放;遵守秩序,排队等候结账;购物车使用完毕后,应放到指定地点。

2)在餐厅用餐时

不高谈阔论,不醉酒失态;结账时不要提高嗓门大叫买单,或手握钞票挥来挥去,也不必跑到柜台前要求结账,当服务人员经过时,轻声招呼:"请帮我们结账。"如果一时没有服务人员走近，不妨耐心地多等一两分钟。

3)在酒店住宿时

随团体入住，应选派 1~2 人到前台办理手续，其余人员在大堂等候，不可拥堵在前台；进入客房后，自觉关闭房门，不在房间里喧闹或把电视音量开得很大而影响其他客人，也不要在走廊里追逐打闹；不要穿着睡衣睡裤、拖鞋在走廊里走动或串门；爱护客房内的设施设备，节约水电，保持室内卫生；对工作人员的服务和问候应友好回应。

9.2.5 “我是文明乘客”

1)乘坐公交车(轻轨、地铁)时

(1)排队候车，先下后上。

(2)让老弱病残孕和抱小孩的乘客先上车，遇到行动不便的人，主动给予帮助。

(3)上车时主动投币或购票，不挤塞在车门口，主动向车内移动，主动给老弱病残孕和抱小孩的乘客让座。

(4)保持车内卫生，不抽烟，不随地吐痰，不脱鞋袜，脚不乱蹺乱踏，不吃带壳的食物，不乱扔垃圾。

(5)提前做好下车准备，如车内拥挤，可礼貌地请前面的乘客调让，后下车的乘客应主动给先下车的乘客让道。

2)乘坐出租车时

(1)招出租车最好站在车辆顺行一侧的路边，伸出右手招停。

(2)车停稳后再上下车，上车时，年长者或女士先上，下车时，年轻者或男士先下。

(3)自觉保持车内卫生，不向车外扔东西。

3)乘坐火车时

(1)进站候车时，不多占座位。

(2)服从车站管理人员的调度安排，自觉排队上车，不争先恐后，推挤拥搡。

(3)进入车厢后，主动帮助老弱病残孕等特殊旅客，放置行李时要注意礼让，不要将自己的物品放满茶几。

(4)自觉维护车厢内的环境卫生，垃圾放入垃圾盘，吸烟应到吸烟区，不可长时间占用卫生间和盥洗间。

(5)自觉保持车厢的安静，不大声喧哗，不追逐打闹。

4)乘坐飞机时

(1)按时登机，对号入座。

(2)登机后尽快将随身行李放入座位对应的行李舱，保持过道畅通，不将超大行李和有异味的物品带上飞机。

(3)进入机舱后保持安静,不乱动飞机上的安全用品及设施,主动关闭手机等无线电设备;需要找乘务员时,可以揿按呼唤铃,不宜大声喊叫;进餐时,主动将座椅椅背调至正常位置,以免影响后排乘客进餐;接受乘务员服务应致谢。

(4)保持舱内整洁卫生,晕机时可使用机上的专用呕吐袋;飞行过程中尽量不要脱鞋,以免异味影响他人;如果是长途飞行,脱下鞋后应在外面再罩上护袜。

(5)飞机未停稳时不要急于打开行李舱,以免行李摔落伤人。

(6)上下飞机时,对乘务员的迎送问候及时回应。

5)使用电梯时

(1)乘坐自动扶梯应靠右侧站立,空出左侧通道给有急事的人通行;如须从左侧急行通过时,应向给自己让路的人致谢;照顾同行的老人、小孩踏上电梯,以防跌倒。

(2)乘坐厢式电梯要让老人、小孩、残疾人和客人先进;楼层按钮不能反复乱按,更不应用伞柄、木棍、尖刀、钥匙等器物戳指;电梯内不应大声喧哗、嬉戏,不乱蹦乱跳,不左右摇摆。

9.2.6 “我是文明市民”

1)步行时

(1)步行要走人行道,在没有划分人行道的路段要靠路边走,过马路时要走人行横道或过街天桥、地下通道。

(2)道路狭窄或人群拥挤时,要主动让路,一般情况下,年轻人要主动给年长者让路,健康人要主动给病残人让路;如果需要他人为你让路,可说“对不起,请让一下”,不要用手去推拉或拍打对方。

(3)不翻越栏杆,不在马路上追逐打闹;遇事不要围观,这样既堵塞交通,也不尊重别人。

2)骑(开)车时

(1)熟悉并遵守交通法规,走车行道,靠右行驶,不逆行。

(2)遵守交通信号灯指示,礼让行人;红灯不越线,黄灯不抢灯;遇到老人、小孩、残疾人等主动停车让道。

(3)骑车时不要双手撒把,同他人并行时不要勾肩搭背,也不要相互追逐;拐弯前应先做手势,不在别的车子或行人前面突然掉头拐弯;进出有人值守的大门,应下车推行。

3)排队时

(1)遵守先来后到的次序,依次排列,依序而行。

(2)与前面的人保持间距,前后之间不应有身体上的接触,尤其在金融窗口、取款机等涉及个人隐私的场合,前后之间的距离应保持 1 米以上。

(3)不要插队,插队是无礼的表现。

4)使用公共洗手间时

(1)排队如厕最好是在洗手间门外,而非“一对一”的守候。

(2)用厕时轻声关门,用完后主动冲洗,卫生纸放入纸篓。

(3)洗手后可使用纸巾或风干机,湿手不要边走边甩。

(4)节约用水,不浪费卫生纸、洗手液,不把公用物品据为己有。

(5)在卫生间门板上乱写乱画是无聊和低俗的表现。

5)使用小区公用设施时

(1)休闲纳凉可自由穿着,但不宜过分裸露。

(2)自觉爱护花草树木和绿色环境,不攀折花草,捕鸟捞鱼。

(3)晚间文体活动不要对附近居民休息造成噪音干扰。

(4)带宠物者应注意不给他人带来影响,宠物粪便及时清理干净。

6)上网时

当今社会,网络已成为公共生活的一部分,文明上网也成为了社会公德的内容之一。如果在上网的过程中不注意自我约束,不讲道德,久而久之,会将这些坏习惯带入日常生活。中国互联网协会发布的《文明上网自律公约》,可以作为文明上网的行动指南:

自觉遵纪守法,倡导社会公德,促进绿色网络建设;
提倡先进文化,摒弃消极颓废,促进网络文明健康;
提倡自主创新,摒弃盗版剽窃,促进网络应用繁荣;
提倡互相尊重,摒弃造谣诽谤,促进网络和谐共处;
提倡诚实守信,摒弃弄虚作假,促进网络安全可信;
提倡社会关爱,摒弃低俗沉迷,促进少年健康成长;
提倡公平竞争,摒弃尔虞我诈,促进网络百花齐放;
提倡人人受益,消除数字鸿沟,促进信息资源共享。

无论在什么场合,遵守社会公德都包含了“尊重他人”“多为他人着想”“讲规则守秩序”等要求,只有头脑里装入了这些要求,才能展开文明行动。请记住这句话:“播下一种思想,收获一种行为;播下一种行为,收获一种习惯;播下一种习惯,收获一种性格;播下一种性格,收获一种命运。”从今天开始,从自己开始,让我们都来遵守社会公德,全人类一起共创和谐美好的家园!

做一做：

对照所学知识，对自己平时的表现作出评价。

项　目	地点或方式	完全做到	部分做到	没有做到	改进措施
“我是文明游客”	风景区				
“我是文明观众”	影剧院				
	体育馆				
“我是文明读者”	图书馆				
“我是文明顾客”	商场				
	餐厅				
	酒店				
“我是文明乘客”	公交车				
	出租车				
	火车				
	飞机				
	电(扶)梯				
“我是文明市民”	步行				
	骑(开)车				
	排队				
	如厕				
	小区				
	上网				

10 时间空间 排序讲究

在参加社交活动、出入公共场合、进行商务谈判时,遵守时间、空间的礼仪,掌握方位次序的规则,将有助于人们更好地体现出对他人的尊重,赢得对方更多的好感,从而成为在复杂人际关系中游刃有余、应对自如的高手。

看一看:

1779 年,康德想要去一个名叫珀芬的小镇拜访他的一位老朋友威廉先生。于是,他写了信给威廉,说自己将会在 3 月 5 日上午 11 点钟之前到达那里。威廉回信表示热烈欢迎。

康德 3 月 4 日就到达了珀芬小镇, 为了能够在约定的时间到达威廉先生那里,他第二天一早就租了一辆马车赶往威廉先生的家。威廉先生住在一个离小镇十几英里远的农场里。而小镇和农场之间,隔着一条河。康德需要从桥上穿过去。但马车来到河边时,车夫停了下来,对车上的康德说:“先生,对不起,我们过不了河了,桥坏了,再往前走很危险。”

康德只好从马车上下来,看看从中间断裂的桥,他知道确实不能走了。此时正是初春时节,河虽然不宽,但河水很深。康德看看时间,已经 10 点多了,他焦急地问:“附近还有没有别的桥?”

车夫回答:“有,先生。在上游的地方还有一座桥,离这里大概有 6 英里。”康德问:“如果我们从那座桥上过去,以平常的速度多长时间能够到达农场?“最快也得 40 分钟。”车夫回答。这样康德先生就赶不上约好的时间了。

于是,他跑到附近的一座破旧的农舍旁边,对主人说:“请问您这间房子肯不肯出售?”农妇听了他的话,很吃惊地说:“我的房子又破又旧,而且地段也不好,你买这座房子干什么?”“你不用管我有什么用,你只要告诉我你愿不愿意卖?”“当然愿意,200 法郎就可以。”

康德先生毫不犹豫地付了钱, 对农妇说:“如果您能够从房子上拆一些木头,在 20 分钟内修好这座桥,我就把房子还给你。”农妇再次感到吃惊,但还是把自己的儿子叫来,及时修好了那座桥。

马车终于平安地过了桥。10 点 50 分的时候,康德准时来到了老朋友威廉的房门前。一直等候在门口的老朋友看到康德,大笑着说:“亲爱的朋友,你还像原来一样准时啊。”

想一想：

1.康德为什么要这样做？他的行为可取吗？

2.时间观念与一个人的诚信度有什么关系？对塑造良好形象可产生哪些帮助？

学一学：

10.1 时空礼仪

10.1.1 遵守时间

1)具有时间观念

鲁迅先生说："无端地浪费人家的时间其实是无异于谋财害命的"。现代社会，人们的生活、工作节奏都很快，每个人都应树立时间观念，既不浪费自己的时间，也不浪费别人的时间。

2)充分利用自己的时间

时间既是一个常数，公平地分配给每一个人，又是一个变数，善用则多，妄用则少。怎样充分利用自己的时间呢？

(1)制订作息时间表。如工作日志、周学习计划表、月工作计划表等。有了时间表，人们的生活、工作就会有条不紊，大大提高做事的效率。

(2)现在就做(DO IT JUST NOW)。列宁是一个非常珍惜时间的人。有一次，一位同志向列宁汇报工作，列宁批准了他的计划，并问道："那么你们什么时候开始呢？"那位同志说："明天开始"。列宁却批评他说："为什么不今天开始呢？就是现在！"人的一生只有三天，昨天、今天和明天，古人云"我生待明日，万事成蹉跎。"我们唯一能掌控的就是今天，就是现在！

(3)集腋成裘。"人不贵尺之璧，而重寸之阴。" 著名数学家陈景润能掌握英、俄、法、德四门外语，他是走路都在读读背背。充分利用零碎时间，可以大大提高学习、工作的效率，日积月累，会有惊人的成效。如：

①十分钟可以做的事：拟订明天的计划、读一篇文章、浇花等。

②五分钟可以做的事：打电话、清架子、做仰卧起坐、伸展运动等。

③三分钟可以做的事：记记单词、思考下一步的工作、想一想工作的得与失等。

3)合理安排交往的时间

人们在相互交往中，少不了公务往来和走亲访友。若想成为受欢迎的人，多站在对方的角度考虑,合理安排交往时间是非常有必要的。

(1)一年四季中,夏季因天气炎热,穿戴举止都不太方便,应尽量避免安排太多的拜访活动。

(2)对于公务拜访,选择对方上班的时间最合适,但一定要避开工作繁忙的时间。最好不要选择星期一上午和星期五的下午。

(3)如果是私人拜访,以不影响对方休息为原则,最好安排在节假日的下午和晚上。

(4)在对方极为忙碌时,或节假日、凌晨、深夜,以及用餐和午休时间不便拜会。具体而言,如果约见安排在上午,时间应该在上班后半小时左右。如果约见安排在下午,避免下班前半小时。如果约见安排在晚上,最好在 19 点以后 21 点前,不要超过 22 点。

(5)若去异性朋友家里做客,尤其要注意时间的选择,过早、过晚或时间过长都是不恰当的。

(6)按照约定,最好提前 5~15 分钟到达,如因故不能及时到达,应尽早通知对方,并讲明原因,无故迟到或失约都是不礼貌的。

(7)礼节性的拜访时间不宜过长,除非事先与主人约好了长谈,一般以半小时到一小时为宜。

10.1.2　空间礼仪

在人际交往中,距离是一种无声的语言,“亲则近,疏则远”。人们在交际中通常有四种空间距离:

1)亲密距离(私人距离)

即两人之间的距离在 0.5 米之内。这一距离适用于恋人、夫妻、父母子女以及至爱亲朋之间。

2)社交距离

即交往双方距离在 0.5~1.5 米之间。适合于同事、一般朋友之间。这是人际交往中,人们或站或行所采用得最多的人际距离,因此又称常规距离。

3)礼仪距离

也叫尊重的距离。即双方的距离在 1.5~3 米的范围之内。适用于打招呼、讲课、演讲、会见、会谈、仪式等比较严肃、庄重的场合。

4)公共距离

即双方保持 3 米以上的距离。处于这一距离的双方只需要点头致意即可,如果大声说话,是有失礼仪的。公共距离使双方互不干扰,各自都感到轻松自在,是公共场合与陌生人相处的最佳距离。

做一做：

1.记录自己一天的学习、生活过程，运用《时间管理检测项目表》对自己的时间管理能力进行测评。

时间管理检测项目一览表

对象	序号	检查评价项目	程度	分值	自评	他评	对策
管理者自身	1	是否有时间观念	是	20			
	2	是否利用零碎时间	是	5			
	3	是否有书面计划安排自己的时间并按其行动	是	20			
	4	是否考虑和做了不必要的工作	否	5			
	5	实耗时间与计划时间的差异	不大	5			
	6	是否定量支出自己的时间	是	10			
	7	是否随时反省自己浪费时间的因素	是	15			
	8	是否有浪费别人时间的现象	否	5			
	9	是否能连续、集中、整批地运用自己的时间	是	5			
	10	是否严格对下级进行时间管理	是	10			
总分							

2.平时的学习、生活、工作中你善于利用零碎时间吗？分组讲述你所了解的善用零碎时间的故事或自己的亲身经历，并总结概括出善用零碎时间的方法。

看一看：

李静雅是恒盛商务信息公司总经办新来的秘书。一天，总经办郑晨主任让她落实安排湘源电子信息有限责任公司钱劲力总经理一行四人来访的工作。当李静雅陪同公司孙卓副总经理到机场迎接他们时，看到钱总从机场走出来，就马上热情问候，然后带着他们来到公司安排的小车前。李静雅马上安排钱总在前排视野开阔的副驾驶座位上，但钱总当时犹豫了一下，然后说他有些不舒服想坐在后排休息一下，便与孙总一起坐在了后排。可上车后，钱总与孙总一路谈笑风生，没有一点不舒服的迹象。李静雅这才意识到，刚才她可能在座次的安排上做得有些不妥。那么，在后面的会谈工作的会场布置及一系列接待过程中，还会出现一系列座次安排问题，李静雅不想再出现任何差错。她知道出席这次会议的人有湘源公司的钱劲力总经理、赵林副总经理、公关部郭莉部长及秘书文明明，本公司的王建新总经理、孙卓副总经理、办公室郑晨主任及李静雅本人。

（资料来源：《秘书礼仪实务》王芬，电子工业出版社）

想一想：

假如你是李静雅，你会如何安排这次会场布置及一系列接待工作中的方位次序问题？

学一学：

10.2　次序礼仪

10.2.1　次序礼仪的含义

次序礼仪是指人们在交往活动中，为了体现参与者的身份、地位、年龄等的差别，给予某些公众以必要的尊重，或者为了体现所有参与者一律平等，而按一定的惯例或规则对其进行排列的礼仪规范。一般而言，在公务活动中，尊位应留给客人或职务、身份高者；在社交活动中，则尊位留给长辈、女士或德高望重者。

10.2.2　次序礼仪的基本原则

(1)面门为上。在室内活动时，面对房间正门的位置是上座。

(2)居中为上。中央高于两侧。

(3)以右为上。一般的社交活动、商务交往乃至国际交往中，我们应遵守以右为上的国际惯例。而我国的传统习俗是以左为上，在我国政务活动中比较通行。

(4)前排为上。

(5)以远为上。距离房间正门越远的位置越高，距离房门越近则位置越低。

10.2.3　次序礼仪的运用

1)宴会的桌次与座次

(1)桌次安排。桌次即桌位的高低次序，排列桌次时应遵循“居中为上，远门为上，近主为上，以右为上”的原则，即数桌围成众星捧月形时，以中间一桌为主桌；离门越远，桌次越高；越靠近主桌，桌次越高；与主桌等距离时，以面向正门的方向为准，右侧桌次高于左侧桌次。桌数较多时，应摆放桌次牌，以便辨认。宴会桌次的安排，如图 10.1 所示。

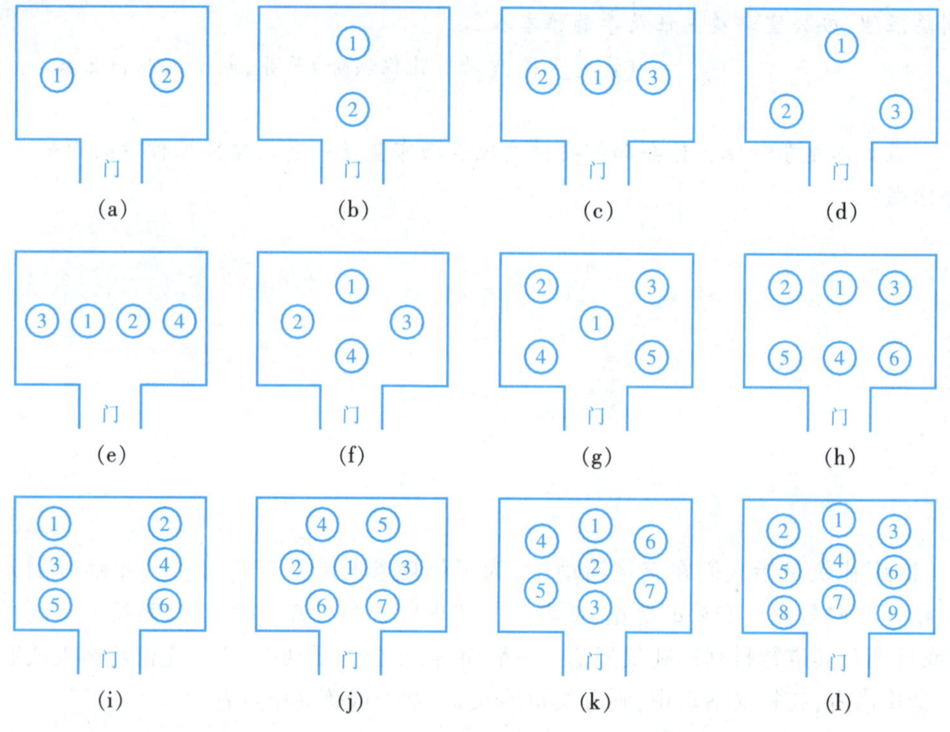

图 10.1　桌次安排

(2)席位排列。

①国外习惯男女穿插安排,以女主人为准,主宾在女主人右上方,主宾夫人在男主人右上方。

②在中餐宴会上,排列席位有下述四条规则:

A."好事成双"。要求餐桌上用餐者的具体人数宜为双数,因为中国人以双数为吉祥之数。

B."各桌同向"。除主桌之外的其他各张餐桌,都可以采用与主桌一致的排位方式,届时各张餐桌上的具体席位顺序应当基本相同。

C."面门为主"。一般情况下,主人之位应当面对餐厅正门;第二主人在第一主人对面就座。

D."主宾居右"。是指主宾一般应挨着主人,并在其右侧就座。除主人与主宾之外,双方的其他就餐者应分为主左宾右,分别在主人、主宾一侧依其身份的高低顺序就座。

上述四条规则,通常会交叉在一起使用,而很少单独使用(图 10.2、10.3)。

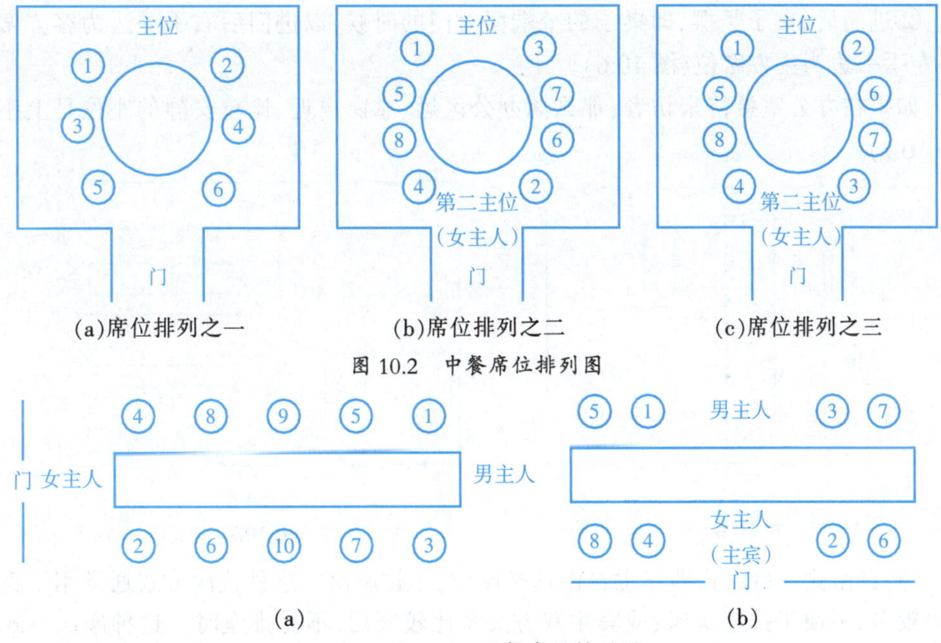

图 10.2　中餐席位排列图

图 10.3　西餐席位排列图

2)会见的座次

一般来说,主要有以下几种方式:并列式、相对式、自由式。

(1)并列式。并列式是指主、客双方并排面门而坐,门通常在主、宾的正前方。会见时第一主人应请主宾坐在他的右侧(上座),宾主双方的其他人员则按其身份高低,按距离上座由近至远的次序排列就座,翻译或记录人员可在其两边或后侧就座(图10.4)。

(2)相对式。相对式是指主人与客人相对而坐。这要依据门的位置来布置会客室。

①进门后桌子横摆,离门远、面对门的一侧留给客人。离门近、背对门的一侧为主人位(图 10.5)。

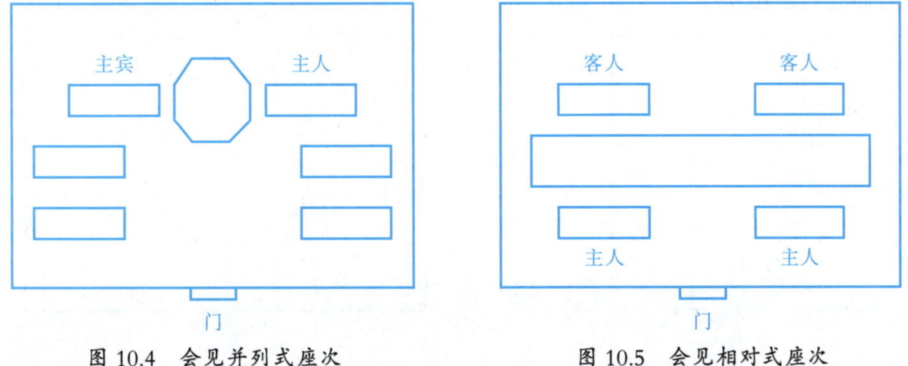

图 10.4　会见并列式座次　　图 10.5　会见相对式座次

②进门后，桌子竖摆，即桌子的窄端面对门的时候，以进门后右手一边为客方席位，左手一边为主方席位(图 10.6)。

如果在办公室接待来访者，那么离办公区远、靠窗户近、比较安静的座位是上座(图 10.7)。

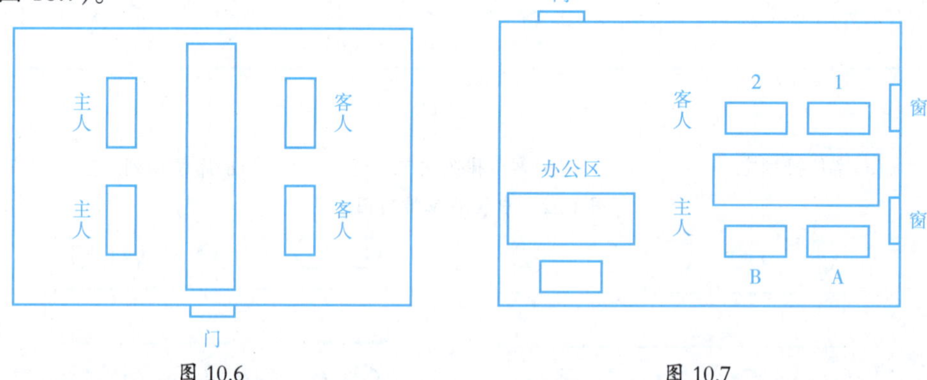

图 10.6　　图 10.7

(3)自由式。自由式即宾主自由选择座位，不排座次。这种位次方式通常用于宾客比较多，不便于排座次时；或宾主双方关系比较密切，不需排座时。这种座次方式易于营造出一种轻松的谈话氛围。

3)会谈的座次

会谈是由主客双方或多方就共同关心的问题交换意见和看法，寻求解决办法的一种沟通形式。会谈的氛围一般比较严肃，座次安排更加规范。

(1)相对式。相对式一般使用长形或椭圆形谈判桌，宾、主各自列于桌子两侧，主谈人员居中，其他人员按以右为尊原则，依职位高低由近而远分坐于主谈人员两侧。根据谈判桌的摆放和门的方位，通常有两种座次安排方法：

①谈判桌的窄端面向门，进门后右侧为上，是客方席位；左侧为下，是主方席位(图 10.8)。

②谈判桌横放，面对正门的一方是上座，为客方席位；背对正门的一侧是下座，为主方席位(图 10.9)。

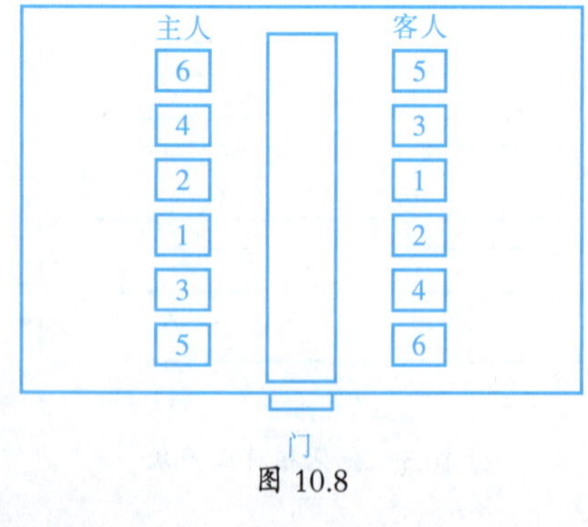

图 10.8

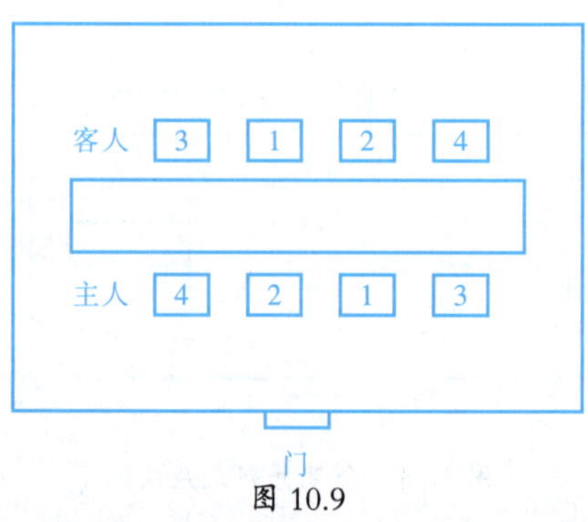

图 10.9

(2)主席式。这种形式适合三方或三方以上的多边会谈。在会场里设一个主席台,发言人轮流到主席台上发表意见、陈述观点(图 10.10)。

(3)自由式。这种形式是与会各方(三方或三方以上)不排列顺序,可以随意而坐。会场通常是圆桌式的会场布置,表明各方平等的关系。一般东道主坐于背靠门的下座,表明对客方的尊重。

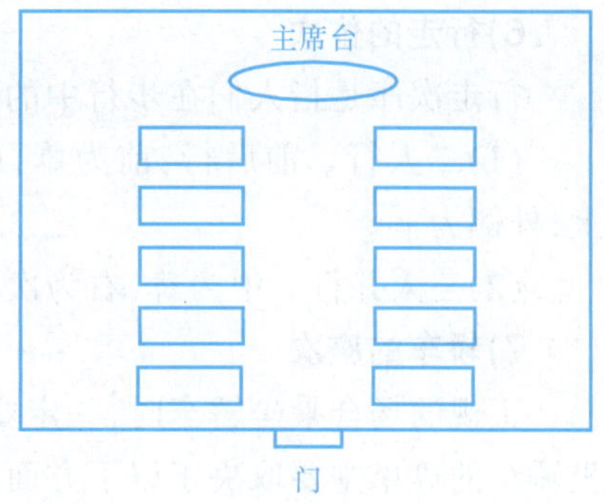

图 10.10

4)主席台的座次

主席台上的座次顺序按"前排为尊""中间为尊""以左为尊"(政务礼仪以左为尊;商务礼仪、社交礼仪以右为尊)的原则来确定(图 10.11)。

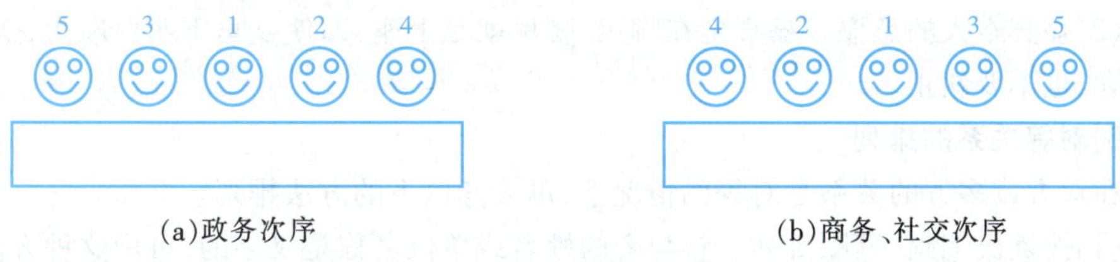

(a)政务次序　　(b)商务、社交次序

图 10.11　主席台的座次

尊位、高位的具体确立标准是根据活动目的、内容以及主人的价值取向和客观需要而决定。例如:政治、行政活动可能以职位为标准;经济活动可能以实力为依据;纪念活动可能以长幼来安排。

主席台座次方案要送交有关领导审定。工作人员应当随时关注来宾人员的变化,不可出现人来无座或有座无人的现象。

5)合影留念的位次

合影时,一般由主人居中,按礼宾次序,以主人右手为上,主客间隔排列,在可能情况下两端一般由主方人员把边(图 10.12)。

			5	4	4	4	5			
		5	4	4	4	4	4	5		
5	4	4	4	2	1	3	4	4	4	5
					6					

1—主人;2—主宾;3—第二主宾;4—客方人员(或主客插排);5—主方人员;6—摄影师

图 10.12　合影留念的位次

6)行走的位次

行走次序是指人们在步行中的位次排列顺序。其一般原则是：

(1)二人行。前后行：前为尊，后为次；左右行：右为上，左为下；沿路行：内侧为上，外侧为下。

(2)三人并行。中为尊，右为次，左为下。

7)轿车的座次

正规的场合乘坐轿车时，一定要分清座次的尊卑，并在自己适合的位置就座。乘坐轿车的尊卑主要取决于以下方面：

(1)轿车的驾驶者。

①主人驾车。前排为上，后排为下；以右为尊，以左为卑。

②司机驾车。后排为上，前排为下；以右为尊，以左为卑。

(2)嘉宾本人的意愿。嘉宾坐在哪里，哪里就是上座，即使嘉宾不明白座次，坐错了位置，也不要纠正。

8)对等关系的排列

在双方或多方的关系是对等的情况下，可参考以下的方法排列：

(1)按姓氏笔画、笔顺排列。参与者的姓名或单位名称是汉字的，可用这种方法。以姓名或单位名称第一个字的笔画数，按由少到多的次序排列。当第一个字的笔画数相同时，则按第一个字的笔顺，依点、横、竖、撇、捺、弯勾的先后顺序排列。

(2)按字母顺序排列。在涉外或国际活动中，多按英文或其他语言的字母顺序排列。每次只能确定一个语种的字母进行排序，如第一个字母相同，则比较第二个，依此类推，直到排出次序。

(3)按组织者收到回执的时间先后排列。

(4)按团体抵达活动地点的时间先后排列。

做一做

1.单项训练

①请给我国的政务活动中，五人座的主席台排列位次顺序；在商务活动中，请给十人座的主席台排列位次顺序。

②请为下列的会谈安排主客席位和位次顺序。

③请给下列的会客区安排座次顺序。

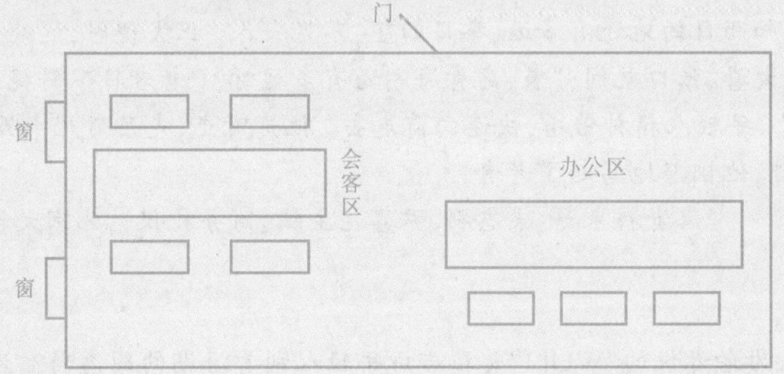

2.案例实训

某职业技术学院迎来首届秘书节。学院决定由学生社团中的秘书协会牵头，筹办一系列庆祝活动，锻炼他们的组织协调、处理事务能力。协会会长系文秘专业大三学生李阳，他工作热情高，积极主动，组织编排了一系列精彩节目，吸引本专业及外专业的学生前来观看，借此扩大文秘专业在全院的影响，提高知名度。开幕式那天，李阳安排 6 名同学站在门口负责接待，邀请了文秘专业所在系部的赵主任、系学工处李书记、文秘专业教研室主任路教授及其他专业教师郑教授、钱教授、周老师、欧阳老师。另外，李阳还特邀了院学工处干事蔡老师(负责学生管理工作的年轻干事)参加。

请模拟演示这次秘书节开幕式的位次安排及接待过程。

实训要求：

分组训练。把全班学生分成若干组，一组 13 人左右。每一组再分成两个小组，一个小组扮演来宾，一个小组扮演秘书协会成员，负责接待工作。

形象要求。仪表得体，仪容得当，仪态规范大方。

角色互换。每一组演示一遍之后，角色互换，再演示一遍，相互指正和点评。

11 招呼问候 暖人心头

音乐始于序曲，交谈始于问候。招呼问候是交谈的第一礼仪程序，可以打破界限，缩短交往距离，对于交谈者之间的话题有着情感导入的功能，因此，有人把它称之为人际关系发生、发展的起点。

看一看：

一位年轻人准备去风景区旅游。那天天气炎热，他下车后已走得精疲力竭，口干舌燥，不知距目的地还有多远，举目四望，不见一人。正失望时，远处走来一位老者，年轻人大喜，张口就问，“喂，离青海湖还有多远呀？”老者目不斜视地回了两个字：“五里”。年轻人精神倍增，快速向前走去。他走呀走，走了好几个五里，青海湖也不见踪迹，他恼怒地骂起了老者。

（资料来源：梁志刚、尹喜艳主编《商务礼仪》，北京大学出版社）

想一想：

1.你认为老者说的“WULI”是在告诉年轻人到青海湖的距离吗？为什么？

2.称呼他人需要考虑哪些因素？

学一学：

11.1 礼貌称呼

与人交谈对话首先要有礼貌得体的称呼，它不仅能体现彼此之间的身份、关系，同时也反映了一定的心理感受，对交往的效果大有影响。

某中学，老师正在上课，这时一位颤巍巍的老太太出现在教室门口。老师停下讲课，走过去问：“老人家，您找谁呀？”“小子！我是你姨！”老人此话一出，引起全班哄堂大笑。其实老人没说错，她的确是这位老师的远房亲戚，只是她老了，不常回娘家，所以老师就不认识她了。她喊他“小子”，也没错，长辈嘛！只是地点不对，年龄也不合适，他毕竟也是三十几岁的人了，已不是“小子”。这就是称呼不当闹出的笑话。

有一个关于称呼非常著名的故事：1984年，建国35周年的时候，几个北大学生在游行队伍里打出一条横幅,“小平你好”。这条横幅后来成为一个象征,这个时刻也成为共和国历史上最激动人心的时刻之一。而据说当时,那几个学生是担了极大的心的。担心领导,特别是小平同志认为“小平”这个称呼是对他的不尊重,怪罪下来。没想到,小平同志很高兴,他看到的是人民的拥护与爱戴,显示了领袖的英明与宽广胸怀。这事便传为了佳话。

11.1.1　正确的称呼方式

目前国际惯用的称呼方式主要有以下几种:

(1)一般称。这是最简单、最普遍,也是面对陌生人最常用的称呼方式。女性称“小姐”,男性称“先生”,是使用频率最高的。“小姐”应是对未婚女性的称呼,职业女性可统称为“女士”,已婚女性则应称“夫人”或“太太”。如果不清楚其婚姻状况,可统称为“小姐”,决不可仅凭对方的年龄或自己的猜测而随意称呼对方为“太太”。

(2)职业称。如“胡医生”“肖老师”等。

(3)职务称。如“吴主任”“马局长”等。

(4)亲属称。如“李阿姨”“刘爷爷”等。

(5)姓名称。即直接称呼对方姓名,比如,有个人叫“陈向天”,叫“陈向天”,多是在比较严肃的场合;叫“向天”,那就亲近多了,一般是朋友或家人这样叫;如果只叫“天”,那就更亲热,多半是恋人关系了。单纯只使用姓名的称呼方式一般是用于双方年龄、身份相仿时,或者好朋友之间,否则,就应在姓名后加上职务、职业等并称才恰当,如“高振云校长”“王海老师”等。

11.1.2　注意事项

由于各地风俗习惯的差异,当用到姓名中的“姓”来称呼对方时,需要注意以下问题:

(1)汉族人的姓名排列方式是姓在前,名在后。西方人的姓名排列方式恰恰相反,大多是名在前,姓在后,例如约翰·史密斯的姓是史密斯,名是约翰,称呼时不要混淆。

(2)中国人的姓名中有复姓的情况,如“欧阳”“诸葛”“司马”等,假如把“欧阳小秀”称作“欧小姐”,定会引起尴尬。

(3)有些汉字在作为姓氏时有它特殊的读音,比如作为姓出现的“单”,就应读“shàn”而不是“dān”;“仇”应读“qiú”而不是“chóu”;“区”应读“ōu”而不是“qū”等。

(4)在我国的港、澳、台地区,女性结婚后,通常会在自己的姓之前再加上丈夫的姓。如前任香港特区政务司司长陈方安生,应称之为“陈太太”,而不是“方太太”。

做一做：

4~6人一组为单位，将日常交往中不知如何称呼的情况集中起来，向其他小组提问，回答多且正确率高的小组获胜。

看一看：

小王刚参加工作。单位里上上下下领导很多，小王老记不住他们的称呼，再加上工作任务繁杂，每天忙得连稍微歇息一下的时间都没有。所以，每次在楼道或电梯里遇见领导，小王都只是没有表情地点点头，表示“我看见你了”。有时因为思考着自己的工作问题，甚至连脚步都没停下，与迎面而来的领导匆匆擦肩而过。日子一久，小王得了个“没有规矩”的评价。

想一想：

1.你认为小王哪些方面做得不妥？

2.所谓的“规矩”是指什么？

学一学：

11.2 主动致意

致意，又被称作“袖珍招呼”，是指用礼节性的举止向他人表达问候，通常用于熟人见面、迎来送往或被引见时。礼貌的致意，会给人一种友好愉快的感受；反之，就可能会被看作是缺乏教养、不友善的表示。怎样的致意才是正确的呢？

11.2.1 致意的规则

1)讲究顺序

一般来说，在社交场合中，男性先向女性致意，下级先向上级致意，年轻的不管男女均应先向年长者致意。两对夫妇见面，女性先互相致意，然后男性分别向对方的妻子致意，最后男性互相致意。

2)热情主动

发自内心的致意才能让对方感受到真诚，因此在行礼时应当精神饱满，眼神专注，表情轻松，使对方体会到关注和友好。

11.2.2　致意的方式

不同国家、身份的人习惯使用的致意礼节有所不同，比较常用的方式有以下几种：

1）点头式

即颔首致意，适用于不宜交谈的场所，如在影院或会议进行中，同一天内多次见面的熟人之间，有一面之交但不知对方姓名的情况，或者遇上多人而又无法一一问候，或回应他人的问候，都可点头为礼。行礼的方法是身体不动，面带笑容注视对方，下颌微收，头向下轻点一下，幅度不要太大，切忌上扬下巴。在向上级、长者、女士点头致意时宜停下脚步（图 11.1）。

2）挥手式

在公共场合遇到相识的人，如相距较远，或者正在忙碌，无暇分身相迎，常会举起手轻轻挥动向对方致意。通常是面带微笑，目视对方，同时抬起右臂，指尖超过肩部，手指自然弯曲，掌心朝向对方，轻轻左右摆动，同时略略点头，在离开时可道"再见"，注意无须左右反复摇动（图 11.2）。

图 11.1　点头式致意

图 11.2　挥手式致意

3）欠身式

致意者站坐皆可，在目视对方的同时，身体上部微微前倾 15 度左右，以表示对对方的尊敬之意，如果处于坐姿，在上身前躬的同时，臀部轻起离开座椅。欠身致意适用的范围很广，有朋友入座，可用欠身代替起立来表示礼貌；当正在与朋友交谈，另有他人要参与进来，置之不理或中断谈话都欠妥，这时也可以欠身表示欢迎。动辄鞠躬握手，显得过于正式拘谨，欠身致意正好解决了这类问题（图 11.3）。

图 11.3　欠身式致意

4）脱帽式

与朋友、熟人见面时，若戴着有沿的帽子，则以脱帽致意最为适宜。即用距对方稍远的一只手脱帽子，将其置于大约与肩平行的位置，微微欠身，同时与对方交换目光。致意时动作不可马虎，态度也不能满不在乎，必须是庄重认真的，以充分显示对对方的尊重。

5)微笑式

微笑的方式，可以用于同不相识者初次会面之时，也可以用于向在同一场合反复见面的老朋友"打招呼"。此外，微笑致意还经常与其他致意的方式结合使用，给对方留下友好、热情的印象。

上述几种致意方式，在同一时间面对同一对象，可以用一种，也可以几种并用，依自己对对方表达友善恭敬的程度而定。相互致意时要注意文雅，不要一面致意一面高声叫喊，也不要一手致意一手插在衣裤兜里，嘴里叼着香烟致意更是不礼貌的。

做一做：

1.练习礼仪操第二、第十节。

2.两人一组，相互练习致意的各种方式，直到运用熟练。

看一看：

有一天，我和朋友小王一起散步。走到一段下坡路时，小王好像有点心不在焉的。我问他怎么了，他解释道："没事儿，我看到一个熟人。"下了坡，小王紧赶几步走到前面，向一位推着自行车的老人热情招呼问候，在路边简短地聊了五六分钟后，老人骑上车，缓缓地离去。小王告诉我："这是我刚工作时的师傅，他对我们这些年轻人特别关心。"我问："那你看见他在前面，为什么不早点儿打招呼呢？"小王说："我本想叫他一声，还想过去帮他一把呢，可那样做不妥。他血压高，正推着自行车下坡，我如果和他打招呼，他突然回头是有危险的。所以，等到了平路，我才能过去打招呼呀。"

想一想：

1.你认为小王会打招呼吗？为什么？

2.招呼问候的目的是什么？你平时是如何打招呼的？

学一学：

11.3 问候回应

问候寒暄，是社交场合人们见面时以天气冷暖、生活琐事及相互关心之类为内容的应酬话。这些问候并不是简单的客套，它们听起来平易近人，令人舒心，能够表示自己的慰问以及友好的态度，使对方觉得你很有礼貌，更能够使见面时单调的气氛活跃起来，引导双方产生交谈的兴趣。

11.3.1 问候的原则

1）问候要主动

主动问候是尊重他人的表示。一般情况下，男性应主动问候女性，年轻者应主动问候年长者，下级应主动问候上级。

2）问候要得体

问候的方式、语言要考虑环境、场合等因素。在生活中，关系密切的人之间可以轻松随意地问候对方，如"去哪儿""忙什么"。而工作、社交场合中的问候就应当比较正式及慎重，例如"久仰""很荣幸认识您"。

3）问候要周到

在与多人相遇施以问候时，不可只理会自己熟悉的人或身份地位高者。如果只认识其中个别人，那么在招呼问候之余，目光也应顾及其他人，并可微笑或点头示意。

4）问候要因人而异

使用问候语应当考虑交谈对象的特点，以免令人尴尬或闹出笑话。如中国传统的问候语"吃了吗？"则可能被西方人误解为你是在邀请他一同进餐。

5）问候不要涉及隐私、禁忌

问候应力求做到"七不问"，即不要问年龄、婚姻、住址、经历、工作、收入、信仰，对西方人尤其应当注意。而一见面就说"现在还在吃药吗？"或"您脸色真差"等话语，对方的不愉快可想而知。

11.3.2 问候的方式

不同的场合有不同的问候方式。常见的除了语言问候之外，还可以根据场合不同，分别用动作进行问候。

1）简洁式

微笑着道一声"您好"，这种不强调具体内容的问候语，简洁明了，适用于一切场合，因此使用频率非常高。

2)时段式

根据碰面的时间,互相道一声"早上好""下午好"或是"给您拜年了",也是一种比较简单、实用的招呼方式。

3)夸赞式

在碰面时抓住对方的闪光点及时称赞,如"您穿这件衣服真漂亮!""您今天气色不错"等,能够使对方心情愉悦,赢得好感。

4)称呼式

如果比较熟悉,按平时的称谓称呼一下,也算是问候,如"吴叔叔""陈姐"等。称呼之后可以加点"今天的风真大""这段时间挺忙吧"之类的话。如果没什么话说,可以微笑着点点头或者招一下手。

遇到关系比较重要的人,最好一边用礼貌的语言问候,一边上前握手,表示见到对方很高兴。但是,即使是最好的朋友,也不要在双方相距很远时高声叫喊,而在公共场所手舞足蹈地大声问候就更为不妥了。

11.3.3 积极回应

问候是相互的。被人问候,要及时回应问候,绝不可置之不理,这才是礼貌的表现。

通常,被问候者可以用同样的方式"投桃报李"以示答谢。比如遇到别人向自己致意,马上用对方所采取的致意方式回敬对方;对方问候"您好",可回应一声"您好",对方说"认识您很高兴"时,可以回答"谢谢!我也很高兴认识您。"

寒暄之后,如果还想多谈一会儿,应该靠边站立,避开拥挤的行人。总的来说,路上遇到熟人,谈话时间不可过长。如果有很多话要说,可以找一个适合交谈的场所,或另约时间、地点继续交谈。

做一做:

1.想想以下场景,为自己设计适合的招呼问候方法。

场　景	态　度	目　光	表　情	问候方式	可选话题
在校园里遇到老师					
在楼道里遇到邻居					
逛街时遇到父母的同事					
游玩时遇到一大群朋友					

2.对以上场景进行模拟练习。

12 名片介绍 印象重要

在现代社会，人们交往的范围广，结识的对象多，但由于时间、精力有限，不可能对每个交往的对象都记忆犹新。人脉就是钱脉，如何给交往对象留下良好深刻的印象，尤其是见面之初的第一印象，往往决定了交往是否能够延续，合作是否能够开展。一张小小的名片、几句恰到好处的介绍，可能为你叩开交往的大门，铺就成功之道。

看一看：

某公司新建的办公大楼需要添置价值数百万元的系列办公家具，公司的总经理已做了决定，向鸿远公司购买。

这天，鸿远公司的销售部李经理打电话来，要上门拜访公司何总经理。何总经理打算，等对方来了，就在订单上盖章，定下这笔生意。

不料李经理比预定的时间提前了 2 个小时到达。原来，听说这家公司的员工宿舍也要在近期内落成，李经理希望员工宿舍需要的家具也能一起销售。为了谈这件事，他还带来了一大堆资料，摆满了台面。何总没料到对方会提前到访，刚好手边又有事，便请秘书让对方等一会。李经理等了不到半小时，就开始不耐烦了，一边收拾资料一边说："我还是改天再来拜访吧。"

这时，何总经理发现对方在收拾资料准备离开时，将自己刚才递上的名片掉在了地上，李经理却并没发觉，走时还从名片上踩了过去。这个不小心的失误，却令何总经理改变了初衷，鸿远公司不仅没有机会商谈销售员工宿舍家具的事宜，结果连几乎到手的数百万元办公家具的生意也告吹了。

想一想：

1.是什么原因导致鸿远公司丢掉了这笔生意？

2.在使用名片的过程中，应注意哪些礼仪？

学一学：

12.1 名片礼仪

名片发展至今,已是现代人交往中一种必不可少的联络工具,成为具有一定社会性、广泛性,便于携带、使用、保存和查阅的信息载体之一。在各种场合与他人进行交际应酬时,都离不开名片的使用。名片主要用来介绍主人的姓名、联系方式,同时也向他人传递着身份、职业、地位等信息。掌握使用名片的相关礼仪知识,可以使名片在社交中发挥更充分的作用。

12.1.1 名片的放置

(1)名片应该放在名片夹内。名片夹由于要长久使用,所以尽可能用质地好的。

(2)男性穿西装时,名片夹可放在上衣口袋里,女性可放在手提包里(图 12.1)。

(3)公文包以及办公桌抽屉里,也应经常备有名片,以便随时使用。

(4)接过他人的名片看过之后,应将其仔细存放在自己的名片包、名片夹或上衣口袋内。需要注意的是,自己的名片与他人的名片应分开放置,避免忙中出错,闹出张冠李戴的笑话。

12.1.2 名片的递送

(1)递名片时应起身站立,走上前去,上体前倾 15 度,用双手拇指和食指执名片上端两角,让文字正面朝向对方,递送过去(图 12.2)。

(a)

(b)

图 12.1 名片的放置

图 12.2 递送名片的方法

(2)若对方是外宾,应该将名片印有英文的那一面朝着对方。

(3)递送时,可先做一下自我介绍,同时眼睛注视对方,面带微笑并大方地说:“这是我的名片,请多多关照。”“希望以后常联系”等话语。

(4)与多人交换名片时,应讲究先后次序。交换名片的顺序一般是:“先客后主,先低后高”。依照职位高低的顺序,或是由近及远依次进行,切勿跳跃式地进行,以免对方误认为有厚此薄彼之感。

(5)在尚未弄清对方身份时不应急于递送名片,更不要把名片视同传单随便散发。参加会议时,应该在会前或会后交换名片,不要在会中擅自与别人交换名片。

12.1.3 名片的接受

(1)接受名片时,应起身站立,面带微笑,目视对方,双手捧接,同时说“很高兴认识您”。

(2)如果对方伸出右手递交名片,最好仍使用双手去接过,以表示礼貌与尊重。

(3)接过名片后,要从头至尾认真默读一遍,或将对方引以为傲的内容轻读出声,意在表示重视对方。

(4)对没有把握念对的姓名,可以向对方请教,然后将名片放入自己的口袋或手提包、名片夹中。

(5)如果接下来与对方谈话,不要将名片收起来,这会使对方感觉你很重视他。在对方有两人以上时,应将他们的名片放在桌子上排好,并保证不被其他东西压起来,然后分别进行交谈。

(6)交谈结束后,如果坐在椅子上,应把对方的名片收起来放好,然后再向对方致意告辞。

做一做:

1.名片是一个展现自己的小舞台,请你为自己设计几张不同情况下使用的名片,使别人对你印象深一点,喜欢多一点。

2.两人一组进行递接名片的练习。

看一看:

张强是凯越电子有限公司的外联部主任,有一次,公司派他和办公室主任李燕去火车站接一批重要的客人。他们举着接站牌在出口处等候,客人们看到接站牌就微笑地走到了他们面前。张强问道:“你们是明德公司的吗? ”对方一男士应道:“是的,你们是凯越电子有限公司的工作人员吧! ”张强笑着说:“是的,请问您贵姓?怎么称呼你们呢?”这位男士就一一介绍了自己一方的工作人员,张强听对方介绍完后也介绍道:“我是张强,这位是李燕。好了,你们跟我来吧! ”

想一想：

1.在上述活动中，张强的表现有何不妥之处呢？

2.介绍时，应遵循哪些礼仪？

学一学：

12.2 介绍礼仪

介绍是打开交往大门的钥匙，恰当的介绍不仅使人们对介绍对象有一定了解，更能够搭建进一步交流、合作的平台，是现代人不可忽略的交际手段。介绍主要有自我介绍、居间介绍和集体介绍三种类型。

12.2.1 自我介绍

自我介绍是一个人的亮相，对第一印象的建立起着举足轻重的作用。

1)自我介绍的方式

在不同的场合中，遇到不同情况，需要作出的自我介绍也是不相同的。要做到完美地进行自我介绍，需要寻求不同的方式进行自我介绍。

(1)应酬式。这种自我介绍的内容最简洁，往往只包括姓名一项即可，适用于一般接触的交往对象。如“你好，我叫张强。”“你好，我是李燕。”常用在一些公共场合和一般性的社交场合，如途中邂逅、宴会、舞会、通电话时。

(2)工作式。工作式自我介绍的内容，包括本人姓名、供职的单位以及部门、现任职务或从事的具体工作等三项。

①针对姓名，应当一口报出，不可有姓无名，或有名无姓。

②针对供职的单位及部门，如可能最好全部报出，具体工作部门有时可以暂不报出。

③现任职务或所从事的具体工作，有职务最好报出职务，职务较低或者无职务，则可报出目前所从事的具体工作。如：“你好，我叫唐果，是大秦广告公司的公关部经理。”“你好，我叫李波，在北京大学中文系教外国文学。”

(3)交流式。适用于社交活动中，希望与交往对象进一步交流与沟通。这种介绍方式大体包括介绍者的姓名、工作、籍贯、学历、兴趣以及与交往对象的某些熟人的关系等。如：

“我的名字叫王光，是里润公司副总裁。十年前，我和您先生是大学同学。”

“你好，我叫张明，在金洪恩电脑公司上班。我是李波的老乡，都是北京人。”

(4)礼仪式。这是一种表示对交往对象友好、敬意的自我介绍。适用于讲座、报告、演出、庆典、仪式等一些正规的场合。其内容包括姓名、单位、职务等，同时还应加入一些适当的谦辞、敬语，以示自己对交往对象的尊敬。如：

“各位来宾，大家好！我叫宋健，是润生公司的总经理。我代表本公司热烈欢迎各位嘉宾光临我们公司成立三周年庆典，谢谢大家的厚爱。”

(5)问答式 。针对对方提出的问题，作出相应回答。这种方式适用于应试、应聘和公务交往。在普通性交际应酬场合，也时有所见。如：

问：“请介绍一下你的基本情况。”

答：“各位好！我叫李波，现年 26 岁，河北省石家庄市人，汉族……”

2)自我介绍的注意事项

(1)注意时间。

①进行自我介绍一定要力求简洁，尽可能地节省时间。如无特殊情况以半分钟左右为佳。为了提高效率，在作自我介绍时，可利用名片、介绍信等资料加以辅助。

②自我介绍应在适当的时间进行。进行自我介绍，最好选择在对方有兴趣、有空闲、情绪好、干扰少、有要求之时。

(2)讲究态度。

①态度要保持自然、友善、亲切、随和，整体上讲求落落大方，笑容可掬。

②充满信心和勇气，要敢于正视对方的眼睛，显得胸有成竹，从容不迫。

③语气自然，语速正常，语言清晰。生硬冷漠的语气、过快过慢的语速，或者含糊不清的语音，都会严重影响自我介绍的形象。

(3)力求真实。进行自我介绍时表达的各项内容，一定要实事求是，真实可信。过分谦虚，一味贬低自己去讨好别人，或者自吹自擂，夸大其词，都是不可取的。

12.2.2　居间介绍

居间介绍是指中间人为其认识的双方或多方做介绍，使其相互认识并建立联系。

1)掌握介绍顺序

在为他人作介绍时，必须遵守“尊者优先了解情况”的规则。大致有以下几种情况：

(1)把职位低者介绍给职位高者。

(2)把年轻者介绍给年长者。

(3)把男性介绍给女性。

(4)把晚到者介绍给早到者。

(5)把未婚者介绍给已婚者。

(6)把客人介绍给主人。

2)选择介绍方式

由于实际需要的不同，为他人作介绍的方式也会有所不同，通常有以下六种形式：

(1)标准式。适用于正式场合，内容以双方的姓名、单位、职务等为主。例如：“我来给两位引荐一下。这位是林海公司营销部经理冯兰小姐，这位是新月集团总经理苏月小姐。”

(2)简介式。适用于一般的社交场合,内容只有双方姓名一项,甚至只提到双方姓氏为止。接下来,就由被介绍者见机行事。例如:“我来介绍一下,这位是江总,这位是李董,你们认识一下吧。”

(3)强调式。适用于各种交际场合,其内容除被介绍者的姓名外,往往还会刻意强调一下其中一位被介绍者与介绍者之间的特殊关系,以便引起另一位被介绍者的重视。例如:“这位是小儿刘洋,这位是旷达公司的经理杨义先生,请杨经理多多关照。”

(4)引见式。适用于普通的社交场合,介绍者所要做的,是将被介绍双方引到一起即可。如:“两位认识一下吧,其实,大家都是校友,只是以前不在一个年级,请你们自报家门吧。”

(5)推荐式。适用于比较正规的场合,介绍者是经过精心准备而来的,目的是将某人举荐给某人,介绍时,通常会对前者的优点加以重点介绍。如:“这位是王迅先生,这位是我们公司的汪洋总经理。王先生是一位管理方面的专业人士,他还是经济学博士。汪总,我想您一定有兴趣和他聊聊吧。”

(6)礼仪式。适用于正式场合,是一种最正规地为他人介绍的方式。与标准式略同,只是语气、表达、称呼上都更为礼貌、谦恭。如:“骆小姐,您好!请允许我把北京海洋公司的执行总裁张亮先生介绍给你。张先生,这位就是重庆爱华集团的办公室主任骆晴小姐。”

3)介绍者的礼仪

(1)应了解被介绍的双方有无认识的意愿和兴趣。

(2)恰当使用介绍用语。一般做法是,向接受介绍的一方说:“我来介绍一下”,或者说:“请允许我向你介绍”。也可以用征询的口气问:“你愿意认识李晓吗?”正式场合的介绍语言要讲究文雅、庄重、严谨;普通场合或休闲场合语言可口语化、轻松化一点。

(3)得体展现介绍姿态。为他人介绍时,应站在双方中间,微笑着用自己的视线把另一方的注意力引导过来。手势动作文雅,五指并拢,掌心向上,大臂与上体保持30度的夹角,指向被介绍一方的肩与胸之间,指尖距其身体一拳左右。同时目光注视另一方,配以点头微笑,介绍被指示方的情况。介绍者不可用手拍被介绍者的肩、胳膊和背等部位,更不可用手指指点点(图12.3)。

图12.3 得体展现介绍姿态

4)被介绍者的礼仪

被介绍者在介绍者询问自己是否有意认识他人时,一般应欣然接受,广交天下朋友。当介绍者进行介绍时,作为被介绍者,一般应起身站立,面带微笑,目视对方,主动问候:如“您好”“认识您非常高兴”等。介绍时双方可以握手,也可以点头致意,这时适合互换名片。

12.2.3　集体介绍

被介绍的一方或双方不止一人时，需要集体介绍。其形式有两种：

1)单向式

当被介绍的双方一方为一人，另一方为由多人组成的集体时，一般只把个人介绍给集体。

2)双向式

指被介绍的双方皆由多人组成。在公务交往中，此种情况比较多见。它的常规做法是，由主方负责人首先出面，依照主方在场者具体职务的高低，自高而低地依次对其进行介绍。接下来，再由客方负责人出面，依照客方在场者具体职务的高低，自高而低地依次进行介绍。

做一做：

1.创设情景，进行自我介绍。

①求职应聘时。

②到一个新的单位工作时。

③到电话中联系好的公司去洽谈工作时。

……

分组进行练习，5 人一组，每两组为单位，按规范演练自我介绍。每组 5 分钟，另外一组进行 5 分钟点评。

2.创设情景，为他人介绍。

①把新客户引见给公司经理。

②开学典礼为同学们介绍学校领导。

③大会上将两位新同事介绍给全体同仁。

……

学生分组练习，一组进行正确的演练，安排 2~3 组进行点评。

3.根据情景，模拟演练。

达佳公司一行 5 人：总经理张达、副总经理李海、业务主管刘力、公关部长刘伟、经理助理王强，前往天地公司进行商务拜访活动。

天地公司的接待团也由 5 人组成：总经理杜军(主陪)、副总经理关倍、业务主管宋炎、宣传部长李明、秘书张丽。

当达佳公司的 5 人抵达天地公司的大门时，双方之间的介绍活动应如何进行呢？请分组演练。

13 迎来送往 主雅客勤

迎来送往是社交中重要的礼仪形式，中国有句古话“出门看天色，进门看脸色”，热情友好地待客，文明体谅地做客，才能起到加强联系、增进感情、促进交流、沟通思想的作用。

看一看：

泰国某机构为一项庞大的建筑工程向美国公司招标。经过筛选，最后剩下4家候选公司。泰国机构派遣代表团亲自到美国的各家公司商谈。当泰国代表团到达芝加哥时，那家美国工程公司由于忙乱中出了差错，没仔细复核飞机到达时间，未去机场迎接泰国客人。泰国代表初来乍到不熟悉芝加哥，几番周折后终于入住商业中心的一家旅馆。他们打电话给那位急促不安的美国经理，在听了解释后，他们接受了道歉，泰国人同意第二天11时在经理办公室会面。第二天美国经理按时到达办公室等候，直到下午三四点钟才接到客人的电话说：“我们一直在旅馆等候，始终没有人前来接我们。对这样的接待我们实在不习惯。我们已经到达了另一个目的地。再见吧！”

想一想：

1.这家美国公司在接待远方重要客人的时候忽略了什么重要的程序？

2.泰国客人为什么在约定的时间不到约定的地点会谈？

学一学：

13.1 待客礼仪

任何人到任何地方拜访，恐怕最不愿得到的就是冷遇，为了让客人乘兴而来、满意而归，主人对来访者应热情、友好地接待。按接待对象为标准可分为：公务接待、商务接待、消费接待、朋友接待、外宾接待等。按接待场所为标准可分为：室内接待和室外接待。

13.1.1　精心准备

要让来客有好感，秘诀就在于事先做好准备：制订迎送来宾的具体计划，待客环境整齐清洁，营造良好的会面氛围(图 13.1)。

13.1.2　热情迎客

对待远道而来的贵宾，应前往机场、车站、码头迎接客人。客人在约定时间到达，不宜在房中静候，应亲自或派人到门口、楼下、住所门外等候迎接，并说一些“欢迎、欢迎”“你们好，一路辛苦了”等欢迎语和问候语(图 13.2)。

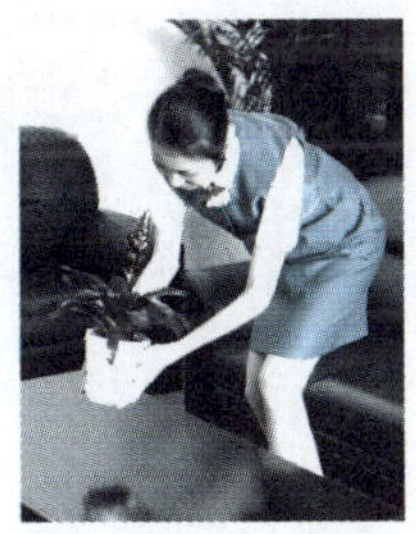

图 13.1　精心准备

图 13.2　热情迎客

13.1.3　周到待客

客人入座后，应为互不认识的客人做介绍，并及时敬茶、敬烟，呈上果品、糕点等。上茶时，应当着客人的面取出杯子，揭开杯盖，注意杯盖口朝上，往杯中倒入适量开水，烫片刻后将水倒掉，再放入适量茶叶，倒入 1/3 杯开水，将杯子盖好从客人的前方或右后方上茶；估计茶叶差不多已泡开时，再为客人续上 4/5 的开水即可。一般情况下，来客是男士，一落座可马上敬烟。敬烟时，应轻轻将盒盖打开，将烟盒的上部朝着客人，用手指轻轻弹出几支让客人自取。为客人点火时，最好打着一次火只为一个客人点烟，如果人较多，也只能连续为两人点烟，点“转转火”是很失礼的表现。

客人落座，敬奉烟茶糖果之后，应及时与之交谈，最好以客人为中心，将谈话的主导权交给客人，作为主人只需做一个好的听众就可以了。仔细聆听，适时微笑和点头进行回应，切不可无精打采、心不在焉、频看手表或打哈欠，以免对方误解为主人在下逐客令。

13.1.4　礼貌送客

当客人准备告辞时，主人应进行挽留。若客人确实要走，应等其起身后，主人再

图 13.3

起身相送，家人也应微笑起立，亲切告别。若客人来时带有礼物，应再次提及对礼物的感谢或回赠礼物，并不忘提醒客人带好自己的物品。送客至大门口或街巷口，分手时，热情招呼客人“再见”“欢迎再来”等。切忌跨在门槛上向客人告别(图 13.3)或客人刚走就“啪”地关门。如果是初次来客，主人应主动指路或安排车辆接送，远方来客则应送至火车站、机场或码头，并说祝福话语或发出再来做客的邀请。

做一做：

1.待客应做好哪些环节？

2.请拟订一份接待班主任老师家访的安排。

看一看：

周一早上 9:00 刚上班，圣光照明器材厂的业务员金先生按自己的计划，拿着企业新设计的照明器材样品，兴冲冲地来到远东贸易公司。未来得及擦一下脸上的汗珠，金先生便直接推门走进了业务部张经理的办公室，正在处理业务的张经理被吓了一跳。“你好，这是我们企业设计的新产品，请你过目。”金先生说。张经理停下手中的工作，礼貌地请金先生坐下，接过金先生递过的样品，仔细研究起来。金先生看到张经理对新产品如此感兴趣，如释重负，便往沙发上一靠，跷起二郎腿，一边吸烟一边悠闲地环视张经理的办公室。金先生的举动很让张经理反感，于是说：“产品倒是不错，不过我得请示总经理，请你留下联系方式，我们再联络吧。”“没关系，我今天有时间可以等你请示的。”张经理离开了办公室，只剩下金先生一个人。金先生等了一会儿，感到无聊，便非常随便地拿起办公桌上的电话，同一个朋友闲谈起来。这时，门被推开，进来的却不是张经理，而是办公室秘书。

想一想：

1.为何进来的不是张经理而是办公室秘书？

2.金先生自身存在哪些问题？

学一学：

13.2　做客礼仪

做客拜访是日常生活中常见的交际形式，只有掌握做客礼仪，才能达到有效沟通的目的。

13.2.1　提前预约

社交场合中，绝大多数普通关系的不速之客是不受欢迎的。贸然拜访可能打乱别人的正常工作和生活秩序，带来不便，造成尴尬的场面。

拜访之前先打电话或捎口信预约，并把拜访目的告诉对方，这样既可避免吃闭门羹，也可让对方做好思想和物质的准备。预约的语言应是友好、客气、请求、商量式的，不应强求命令。如果对方在预约时间内已有安排，应主动表示歉意，然后再商讨下次见面的机会。如果发现对方并无其他安排，只是托词拒绝也应当理解，而不是迁怒于对方。

13.2.2　体谅主人

在别人家里做客或到办公室拜访，在没有受到主人的邀请时，不要随意走到其他房间，也不要动用主人的物品。

拜访的时间不宜过长，当宾主双方谈完事情、叙完情谊之后，就应及时起身告辞。特别是遇到以下情况时，应及时告辞：一是双方话不投机，或是主人反应冷淡；二是主人心不在焉，或有急事心情烦躁；三是主人频频看表；四是快到就餐时间或休息时间。

13.2.3　礼貌告辞

告别之前不要显得急不可耐，等对方说话告一段落时，再提出告辞。作为客人，在口头告别之后即应起身辞别，不能几次三番说走，却仍坐着滔滔不绝。走之前应向主人表示感谢，分手时主动与主人握手告辞，并使用“请留步”“给您添麻烦了”之类的礼貌用语。出门一段距离后，应回首再向主人致意，不可一去不回头。

做一做：

1.请你为金先生设计一个合乎规矩的拜访。

2.到别人家里做客，应注意什么礼貌礼节？

看一看:

2005年4月29日,连战先生访问北京大学,获得一份特殊的礼物:母亲赵兰坤女士在76年前毕业于燕京大学的学籍档案和相片,其中包括在宗教系就读的档案、高中推荐信、入学登记表、成绩单等,大多是她亲笔写的字。在这份特殊的礼物面前,一贯严谨的连战先生也难掩内心的激动。他高举起母亲年轻时的照片,然后细细端详,眼里泛着晶莹的泪光。这一刻,他满脸都是幸福的微笑。

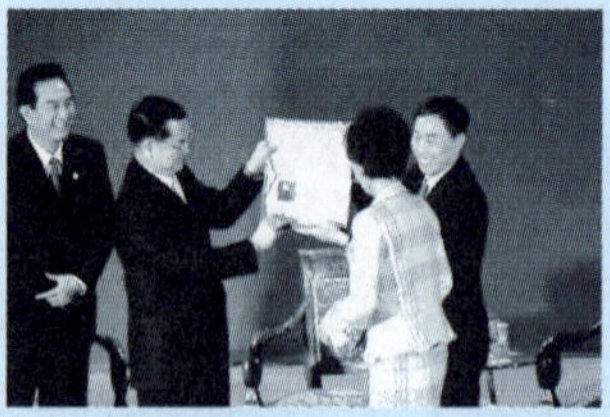

北京大学向连战赠送礼物

想一想:

1.这次礼物赠送的成功之处在哪里?

2.选择礼物应遵循哪些原则?

学一学:

13.3 馈赠礼仪

不同的物品被赋予情的含义,才成为礼物,情是礼物的精神内涵。礼物恰当与否,观赏还是实用,都因传达了不同的情而显得独特。懂得送礼技巧可增进彼此的感情。

13.3.1 礼品选择

正确选择礼品的做法是:因人因事因地施礼,既要考虑对方的文化、习俗、爱好、性别、身份、年龄、又要考虑礼品本身的思想性、实用性、艺术性和纪念性。

1) 选择礼品有针对性

礼品的选择要针对不同的受礼对象区别对待,一般说来:

(1)对家贫者,以实惠为佳。

(2)对富裕者,以精巧为佳。

(3)对恋人、爱人、情人,以纪念性为佳。

(4)对朋友,以趣味性为佳。

(5)对老人,以实用为佳。

(6)对孩子,以启智新颖为佳。

(7)对外宾,以特色为佳。

2)考虑对方的爱好

馈赠礼品如果能符合对方的爱好和兴趣,而又是对方目前没有或缺少的,受礼者不但会爱不释手，而且还会感受到馈赠者的真心。

3)具有纪念意义

无论馈赠对象是集体还是个人，均应注重其纪念性，强调纪念意义。所以，选择礼品要能体现出深刻的思想内涵和情感寓意，要能让人睹物思人，或唤起美好回忆。

4)注意便携性

选择礼品时，还要考虑对方便于携带，最好不要赠送易损坏或给对方增添不必要麻烦的礼品。如：玻璃、陶瓷、雕塑、屏风等易碎易破、不耐碰撞挤压，或体积庞大、笨重的礼物。

13.3.2　馈赠技巧

精挑细选了一件礼品之后，怎样赠送出去呢？相信对很多人来说，这是比礼品选择更难的问题，但愿如下几点原则能够提供帮助：

1)把握时机

在适当的时机，馈赠适当的礼品，既显得自然、亲切，同时还可增进双方的感情。一般情况下，作为主人，应在送行时向客人赠送礼品；作为客人，礼品赠送通常应在宾主双方相见之初或首次正式拜访时，即向主人奉上礼品。适合表达不同情感的日子即是赠送礼品的最佳时刻。

2)赠受得法

礼物一般应当面赠送。但参加婚礼，也可事先送去。礼贺节日、赠送年礼，可派人送上门或邮寄。这时应随礼品附上送礼人的名片，也可手写贺词，装在大小相当的信封中，信封上注明受礼人的姓名，贴在礼品包装皮的上方。若因公交往，馈赠礼品应在办公地点或在大庭广众之前赠送，以示光明正大；若因私交往，馈赠礼品应在私人居所或并无他人在场之际赠送，不宜在人多眼杂的公共场合送出，更不可请人转送。

3)言行得体

送礼时要注意态度、动作和语言表达。平和友善、落落大方的动作并伴有礼节性的语言表达，才是受礼方乐于接受的。那种作贼式的悄悄将礼品置于桌下或房间某个角落的做法，不仅达不到馈赠的目的，甚至会适得其反。在对所赠送的礼品进行介绍时，应该强调的是自己对受赠一方所怀有的好感与情义，而不是强调礼物的实际价值，否则，就落入了重礼而轻义的地步，甚至会使对方有一种接受贿赂的感觉。

4)顾及习俗

送礼一定要避免禁忌。例如：中国普遍有好事成双的说法，因而凡是贺喜之事，所送之礼均好双忌单；广东人忌讳“4”这个偶数，因为在广东话中，“4”听起来就像是死，是不吉利的；白色虽有纯洁无瑕之意，但中国人比较忌讳，因为在中国，白色常是大悲之色和贫穷之色；黑色也被视为不吉利、是凶灾之色，哀丧之色；而红色，则是喜庆、祥和、欢庆的象征,受到人们的普遍喜爱;另外,我国人民还常常讲究给老人不能送钟表,给夫妻或情人不能送梨,因“送钟”与“送终”,“梨”与“离”谐音,是不吉利的;还有,不能为健康人送药品;不能为异性朋友送贴身的用品等。

13.3.3 礼品的接受与拒绝

1)欣然接受

接受礼品时应用双手接过,并且打开礼品的包装,即便是不合心意的礼品,也应该表示感谢。礼物是对方用心挑选送来的,欣然接受是对送礼者最好的尊重。

2)委婉拒绝

一般情况下,不论怎样看待这件礼物,最好表示谢意并接受它。如由于礼品的价格超过了公司规定的限度,或不方便接受需拒收礼物时,可遵照下列步骤:

(1)在24小时之内做出反应。

(2)如果送礼人是善意的,向他解释一下将礼品退回的原因(如公司政策),并对他表示感谢。

(3)对不怀好意的送礼人(隐含附加条件),则只需告诉他礼品不合适。为了自我保护,把退还礼品时写的信复印一份,保存在卷宗里,并注明退还礼品的日期以及退还方式。

做一做:

1.如果让你为远到而来的客户选购礼品,你应从哪几个方面考虑

__________;__________;__________;__________。

2.在接受朋友馈赠时如何做是恰当的?

14 涉外交往　不卑不亢

俗话说:“百里不同风,千里不同俗”,各国、各地区在礼仪风俗、禁忌上各有特点和规范,相互间表现出很大的差异。因而在交往中除了要遵循诚实守信、宽容大度、热情友好等原则外,还要了解各地区、各民族、各国家的礼仪习惯和种种禁忌。

看一看:

张茜是一个热情开朗的年轻女孩,英语口语也很流利。一次乘坐飞机时,坐在她旁边的是一个跟她年龄相仿的外国女孩。张茜很热情地主动与对方打招呼,两个人谈得很高兴,逐渐熟悉起来,于是,张茜关切地询问对方的年龄、工作、恋爱等中国人习以为常的问题,却见对方不断地耸肩,最后干脆不搭理张茜了,张茜很郁闷,百思不得其解。

想一想:

1.双方谈话很投机,为什么那位外国女孩突然就不搭理张茜了？问题究竟出在哪儿?

2.张茜侵犯了外国朋友的什么权利?

学一学:

14.1　涉外礼仪

14.1.1　涉外礼仪含义与渊源

1)涉外礼仪的含义

涉外礼仪是指在长期的国际往来中,逐步形成的外事礼仪规范,是人们参与国际交往要遵守的惯例和约定俗成的做法。它强调交往中的规范性、对象性和技巧性。

2)涉外礼仪的渊源

在古希腊的文献典籍中,如苏格拉底、柏拉图、亚里士多德等先哲的著述中,都有很多关于礼仪的论述。中世纪更是礼仪发展的鼎盛时代。文艺复兴以后,欧美的礼仪有了新的发展,从上层社会对遵循礼节的繁琐要求到20世纪中期对优美举止的赞赏,一直到适应社会平等关系的比较简单的礼仪规则。历史发展到今天,传统的礼仪文化不但没有随着市场经济发展和科技现代化而被抛弃,反而更加多姿多彩:国家有国家的礼制;民族有民族独特的礼仪习俗;各行各业都有自己的礼仪规范程序。有的国家和民族对不遵守礼仪规范者,还规定了一定的处罚规则。有的已把礼仪作为公民就业前的"入门课",被企业录用的大学毕业生,必须先经过严格的礼仪训练,才能上岗工作。随着国际交往的日益频繁,人们在各国、各民族礼仪习俗的基础上,制订出有利于促进双方、多方交流的礼仪惯例共同遵守,涉外礼仪应运而生。

14.1.2 涉外礼仪的原则

1)热情友善、平等交往

涉外交往中待人接物,应弘扬中华民族"礼仪之邦"的优良传统,热情坦诚、以礼相待,既不自吹自擂、自我标榜,也不妄自菲薄、自我贬低或过度谦虚客套,在友善待人的同时赢得外国朋友的尊重。

2)尊重隐私、注意分寸

恪守"尊重隐私"的原则,对个人私密问题做到"八不问":不问履历出身,不问收入支出,不问家庭财产,不问年龄婚否,不问健康问题,不问家庭住址,不问政见信仰,不问私人情感。同时应注意,既要回避涉及他人隐私的话题,也要避免与人谈及自己的隐私话题。对外宾的关心照料应热情有度、把握分寸,以不使他们觉得受到限制,甚至影响私事和自由为度。自觉遵守涉外交往的有关规章制度,婉拒外国人提出的不合理要求,不失密泄密,不做有辱国格、人格的事,不说有辱国格、人格的话。

3)遵守时间、信守约定

涉外交往应做到言必行、行必果,积极兑现承诺。对于因难以抗拒的原因而无法履行的承诺,尽早向有关各方通报,如实解释,郑重致歉,主动承担损失。参加各种涉外活动,按约定时间到达。因故迟到,要向主人和其他客人表示歉意。因故不能应邀赴约,要有礼貌地尽早通知主人,并以适当方式表示歉意。

4)了解禁忌、尊重习俗

从不同民族、不同国家的社会文化背景出发,了解其礼仪文化差异,以及具体交往对象的不同风俗习惯、宗教信仰和交往禁忌,并给予尊重。

5)异性交往、女士优先

所谓"女士优先",是国际社会公认的一条重要的礼仪原则,它主要适用于成年的异性进行社交活动之时。"女士优先"的含意是:在一切社交场合,每一名成年男子都有义务主动自觉地以自己的实际行动,去尊重妇女,照顾妇女,体谅妇女,关心妇女,保护妇女,并且还要想方设法,尽心竭力地去为妇女排忧解难。

做一做：

1.如何理解涉外交往中“尊重隐私”的原则？

2.“女士优先”有什么含义？

看一看：

一位中国工程师被公司派往美国分公司，和一位美国工程师为一部机器的改装而并肩工作。当这个美国工程师提出改善新机器的建议时，中国工程师发现他的建议相当好，不由自主地用平时习惯的动作对美国工程师伸了伸舌头，表示惊讶和赞同。却见美国工程师变了脸色，放下工具就走开了，并拒绝和这位中国工程师进一步交流。后来中国工程师从他的主管那里了解到：这个动作对美国人而言具有侮辱他人的意思。

想一想：

1.了解其他国家的礼仪习俗有什么意义？

2.给大家说一说你所了解的国外礼仪习俗。

学一学：

14.2　国外礼俗

14.2.1　英国礼俗与禁忌

英国十分注重礼貌礼节，重视个人修养和风貌，极其强调绅士和淑女风度，具有保守传统的特点。英国的礼俗丰富多彩，彼此第一次认识时，一般都以握手为礼，而平常相见则很少握手，彼此寒暄几句，道个“早安”“下午好”或略加评论天气，尊重他人隐私。

14.2.2　美国礼俗与禁忌

美国人讲究文明礼貌，举止大方，喜欢主动跟人打招呼，以不拘小节著称。在正式场合通行握手礼，但日常交往中比较随意，普通朋友见面，哪怕是初次见面，也时常只是点头微笑致意，礼貌地打招呼就行了。大多数美国人喜欢直呼名字，以示亲热，而不用先生、夫人或小姐这类称呼。

美国人能够自觉遵守公共秩序，办事讲究效率，计划性强。因此，不速之客是不受欢迎的，拜访需要事先预约，准时赴约，并且一般要准备小礼物送给主人。他们喜欢收到礼物后，立即打开，当着送礼人的面欣赏或品尝礼物，并立即致谢。美国人偏爱山楂花与玫瑰花。

他们大都比较喜欢用手势或其他体态语来表达自己的情感。不过下列体态语却为美国人所忌用：一是盯视他人；二是冲着别人伸舌头；三是用食指指点交往对象；四是用食指横在喉头之前；五是竖起拇指并以之指向身后；六是竖起中指。他们认为这些体态语都具有侮辱他人之意。美国人非常讲究“个人空间”，与之相处时，应保持适当的距离，在 0.5 米至 1.5 米之间，因为他们认为个人空间神圣而不容冒犯。大多数美国人都忌讳 13 和星期五，忌讳送白色百合花。

14.2.3 加拿大礼俗与禁忌

加拿大人友善和气，热情好客。在社交场合与客人相见时，一般都行握手礼。他们的生活习性包含着英、法、美三国人的综合特点。既有英国人的含蓄，又有法国人的优雅，还有美国人的开朗。他们喜欢现代艺术、酷爱体育运动，尤其是冬季冰雪运动。加拿大人时间观念强，认为守时是人基本的素养。

加拿大人布置宴席的座位，一般都要用偶数，忌用奇数排座。宴请客人，多在饭店或俱乐部举行，并且通常都是由女主人安排座位。应邀做客要准时赴约，事先送去或带上一束鲜花给女主人。入座后，通常在男主人做简短祈祷后再开席。

14.2.4 澳大利亚礼俗与禁忌

澳大利亚是一个讲求平等的国家。澳大利亚人谦逊有礼，重视公共道德，组织纪律性和时间观念都很强，赴约准时并珍惜时间。他们喜欢上酒店进行商务交谈，边吃边谈，效率很高。他们谈话总是习惯轻声细语，很少大声喧哗。待人接物随和，乐于助人，有“女士优先”的良好社会风气。

澳大利亚人很讲究礼貌。在第一次见面或谈话时，通常要互相称呼为“先生”“夫人”或“小姐”，熟悉之后就直呼其名。见面常常使用握手礼，也有拥抱礼、亲吻礼，当地土著居民行勾指礼，即双方各自伸出手来，将对方的中指紧紧钩住，然后再轻轻地往自己身边一拉，以示亲近。

澳大利亚人不喜欢以命令的口气指使别人，也把公私分得很清楚。他们乐于保护弱者，除了老孺妇幼，还讲究保护私生子的合法地位。澳大利亚不流行给小费，但服务人员如果为你提供了额外的服务，可适当付费。应特别注意的是，在澳大利亚坐车不系安全带是违法的。

14.2.5　法国礼俗与禁忌

法国人性格开朗，谈吐文雅，热情幽默，他们有耸肩膀表示高兴的习惯。在同他人交谈时，喜欢相互站得近一些，认为这样显得亲切。谈话过程中常用手势来表达某种意思，但有的手势和我们的习惯不同，如：我们用拇指和食指分开表示“八”，他们则表示“二”；我们用手指指自己的鼻子，表示“是我”，但他们的手指指自己的胸膛才表示“是我”；他们还把拇指朝下表示“坏”和“差”的意思。

在法国，随地吐痰，当众打嗝、打哈欠不用手遮挡，打喷嚏或擦鼻涕发出很大的声音，都被视为不文雅的行为，围观或高声喧哗也被看做缺乏教养。在公共场合男士不能当众提裤子，女士不能隔着衣裙拉袜子。男女一起看节目时，女士坐中间，男士坐两边。

法国人偏爱蓝色，并把蓝色看成是“宁静”和“忠诚”的色彩；对粉红色也较喜欢，认为粉红色是一种积极向上的色彩，给人以喜悦之感。

14.2.6　新加坡礼俗与禁忌

新加坡以讲礼貌、讲卫生为其行为准则。一旦有人做出了不文明礼貌的举动，很可能破坏一次社会交往或商务洽谈。在社交场合与客人见面，一般行握手礼。见面礼节因种族、宗教信仰的不同而有不同：华人见面打招呼，通常行 60 度的鞠躬礼，拱手作揖；马来人相遇，先是用双手相互接触，然后指向各自的胸前，表示衷心的问候；印度人见面，合起双手放在胸前，微微闭目，表示虔诚安详；新加坡人年轻一代则多采用西方的握手礼。新加坡人的时间观念较强，有准时赴约的好习惯。他们认为准时赴约是一种尊重和礼貌。

在新加坡不讲礼貌不仅会让人瞧不起，而且还会寸步难行，人们对讲脏话的人深感厌恶。失礼之举，处处受到明确的限制。比如在许多公共场合，通常都有“长发男子不受欢迎”的告示。而且在许多公共场合，穿着过分随便者(穿低胸装、露背装、露脐装的人)往往被禁止入内。

到新加坡人家里做客，宜带上鲜花或巧克力等物品。谈话时避免谈论政治和宗教。

14.2.7　日本礼俗与禁忌

日本人注重守信、守时、重礼节。日本人的见面礼节归纳为“鞠躬成自然，见面递名片”。在鞠躬的度数、时间、次数等方面有特别的讲究。一般礼节鞠躬 15 度，普通礼节鞠躬 30 度，尊重礼节鞠躬 45 度，初次见面要行 90 度鞠躬礼。行鞠躬礼时，手中不得拿东西，头上不得戴帽子。在国际交往中，日本人也习惯行握手礼，如果是与老朋友或者比较熟悉的人相见要主动握手。

日本人在社交活动中很注意名片的使用，不送名片会被理解为不愿与对方交往。递送名片时在场的每位客人都要递送到，递送时要依照地位高低、年龄长幼的顺序。公共场合高声谈笑，会被认为是失态、缺乏教养的行为。

日本人一般不以香烟待客，如客人要吸烟，应先征得主人的同意，以示尊重。日本人斟酒也很有讲究，酒杯不能拿在手中，要放在桌子上，右手执壶，左手抵着壶底，千万不要碰酒杯。主人斟的头一杯酒一定要接受，否则是失礼的行为。第二杯酒可以谢绝，日本人一般不强迫人喝酒。拜访别人几天后，应用信函或电话的方式向主人表示感谢。日本人比较注重元旦(1月1日)、中元节(7月15日)，这时应该给商务伙伴送礼。

14.2.8 韩国礼俗与禁忌

韩国以“君子之国”“礼仪之邦”著称。韩国人十分注重礼节，重视地位、辈分、老幼、男女之别，长者进屋时大家都要起立，和长者谈话时要摘去墨镜。男士见面时的传统礼节是鞠躬并握手，只限于点一次头。晚辈、下级走路时，遇到长辈或上级，应鞠躬、问候、站在一旁，让其先行，以示敬意。在现代社交场合，也采用握手作为见面礼节。但女士很少与人握手，除非别人先伸手过来。晚辈与长辈握手时，常以左手置于对方右手腕处躬身相握，表示尊敬。和韩国官员打交道一般可以握手或轻轻点一下头。对长辈、上级和初次见面的客人要用敬语问候。在社交中，人们乐于交换名片，并且最好以头衔相称。

去韩国人家里做客，要先约定时间并准时赴约。进屋前要脱下鞋放在门口。就座时，宾主盘腿席地而坐，不可双腿伸直或交叉，否则被视为无教养。与长辈同坐时要挺胸端坐，不能懒散。若要吸烟，要征得在场长辈的同意。韩国人喜欢用咖啡、不含酒精的饮料或大麦茶招待客人，此时应欣然接受。

做一做：

1.美国人的性格特点是什么？他们特别忌讳的体态语有哪些？

2.以3人为一小组编排一组欧美礼仪习俗的情景剧，并进行表演和竞赛。

第3篇

职业形象篇

学会塑造职业形象是成为优秀职场中人的第一步。据纽约州立大学对《财富》前 1 000 位公司的执行总裁调查,总裁们普遍认为公司的形象直接影响着公司的利润,保持优秀的公司形象是管理者努力的目标之一。员工的形象等于公司的形象，如果公司职员能展示给客户一个良好的形象,公司可以从中受益。有出色的外表并能向客户和顾客展示出良好形象的人，在应聘和提升时将更有优势。

15 求职面试 成功展示

看一看：

面试过程中，面试官会向应聘者发问，而应聘者的回答将成为面试官考虑是否接受你的重要依据。对应聘者而言，了解这些问题背后的“猫腻”至关重要。本文对面试中经常出现的一些典型问题进行了整理，并给出相应的回答思路和参考答案。以供你从这些分析中“悟”出面试的规律及回答问题的思维方式，达到“活学活用”。

问题一：“请你自我介绍一下。”

思路：

1.这是面试的必考题目。

2.介绍内容要与个人简历相一致。

3.表述方式上尽量口语化。

4.要切中要害，不谈无关、无用的内容。

5.条理要清晰，层次要分明。

6.事先最好以文字的形式写好背熟。

问题二：“谈谈你的家庭情况。”

思路：

1.家庭情况对于了解应聘者的性格、观念、心态等有一定的作用，这是招聘单位问该问题的主要原因。

2.简单地罗列家庭人口。

3.宜强调温馨和睦的家庭氛围。

4.宜强调父母对自己教育的重视。

5.宜强调各位家庭成员的良好状况。

6.宜强调家庭成员对自己工作的支持。

7.宜强调自己对家庭的责任感。

问题三：“你有什么业余爱好？”

思路：

1.业余爱好能在一定程度上反映应聘者的性格、观念、心态，这是招聘单位问该问题的主要原因。

2.最好不要说自己没有业余爱好。

3.不要说自己有那些庸俗的、令人感觉不好的爱好。

4.最好不要说自己仅限于读书、听音乐、上网，否则可能令面试官怀疑应聘者性格孤僻。

5.最好能有一些户外的业余爱好来“点缀”你的形象。

问题四：“你的座右铭是什么？”

思路：

1.座右铭能在一定程度上反映应聘者的性格、观念、心态，这是面试官问这个问题的主要原因。

2.不宜说易引起不好联想的座右铭。

3.不宜说太抽象的座右铭。

4.不宜说太长的座右铭。

5.座右铭最好能反映出自己的某种优秀品质。

6.参考答案——“只为成功找方法，不为失败找借口”。

问题五：“谈一谈你的一次失败经历。”

思路：

1.不宜说自己没有失败的经历。

2.不宜把那些明显的成功说成是失败。

3.不宜说出严重影响所应聘工作的失败经历。

4.所谈经历的结果应是失败的。

5.宜说明失败之前自己曾信心百倍、尽心尽力。

6.说明仅仅是由于外在客观原因导致失败。

7.失败后自己很快振作起来，以更加饱满的热情面对以后的工作。

问题六：“你为什么选择我们公司？”

思路：

1.面试官试图从中了解你求职的动机、愿望以及对此项工作的态度。

2.建议从行业、企业和岗位这三个角度来回答。

3.参考答案——“我十分看好贵公司所在的行业，我认为贵公司十分重视人才，而且这项工作很适合我，相信自己一定能做好。”

问题七：“与上级意见不一致，你将怎么办？”

思路：

1.一般可以这样回答“我会给上级以必要的解释和提醒，在这种情况下，我会服从上级的意见。”

2.如果面试你的是总经理，而你所应聘的职位另有一位经理，且这位经理当时不在场，可以这样回答：“对于非原则性问题，我会服从上级的意见，对于涉及公司利益的重大问题，我希望能向更高层领导反映。”

问题八：“我们为什么要录用你？”

思路：

1.应聘者最好站在招聘单位的角度来回答。

2.招聘单位一般会录用这样的应聘者：基本符合条件、对这份工作感兴趣、有足够的信心。

3.如“我符合贵公司的招聘条件，凭我目前掌握的技能、高度的责任感和良好的适应能力及学习能力，完全能胜任这份工作。我十分希望能为贵公司服务，如果贵公司给我这个机会，我一定能成为贵公司的栋梁！”

问题九：“你是应届毕业生，缺乏经验，如何能胜任这项工作？”

思路：

1.如果招聘单位对应届毕业生的应聘者提出这个问题，说明招聘单位并不真正在乎“经验”，关键看应聘者怎样回答。

2.对这个问题的回答最好要体现出应聘者的诚恳、机智、果敢及敬业。

3.如“作为应届毕业生，在工作经验方面的确会有所欠缺，因此在读书期间我一直利用各种机会在这个行业里做兼职。我也发现，实际工作远比书本知识丰富、复杂。但我有较强的责任心、适应能力和学习能力，而且比较勤奋，所以在兼职中均能圆满完成各项工作，从中获取的经验也令我受益匪浅。请贵公司放心，学校所学及兼职的工作经验使我一定能胜任这个职位。”

问题十：“您在前一家公司的离职原因是什么？”

思路：

1.最重要的是：应聘者要使招聘单位相信，应聘者在以前单位的“离职原因”在此家招聘单位里不存在。

2.避免把“离职原因”说得太详细、太具体。

3.不能掺杂主观的负面感受，如“太辛苦”“人际关系复杂”“管理太混乱”“公司不重视人才”“公司排斥我们某某的员工”等。

4.但也不能躲闪、回避，如“想换换环境”“个人原因”等。

5.不能涉及自己负面的人格特征，如不诚实、懒惰、缺乏责任感、不随和。

6.尽量使解释的理由为应聘者个人形象添彩。

7.如“我离职是因为这家公司倒闭。我在公司工作了三年多，有较深的感情。从去年开始，由于市场形势突变，公司的局面急转直下。到眼下这一步我觉得很遗憾，但还得面对现实，重新寻找能发挥我能力的舞台。”

同一个面试问题并非只有一个答案，而同一个答案并不是在任何面试场合都有效，关键在于应聘者掌握了规律后，对面试的具体情况进行把握，有意识地揣摩面试官提出问题的心理背景，然后投其所好，进行有针对性的回答。

(资料来源：互联网)

想一想：

根据你设想的工作岗位，你可以为应聘做哪些准备？

学一学：

15.1 面试准备

15.1.1 掌握求职的基本原则

我究竟需要什么？求职前，应该首先认真地问一下自己。认清自己的需要和自己的能力是否相配，实现目标有无可行性，明白这一点对于下一步设定职业目标至关重要。只有搞清自己的选择是否恰当，才能有的放矢，找到一条适合自己生存或发展的职业路径。这个判断可以通过一定的职业评估方法、周围熟悉者的建议、职业指导人士的帮助以及了解劳动力市场职业需求等途径来进行；同时还要了解目标单位的基本状况和招聘岗位的详细情况，掌握招聘方的用人原则和岗位的基本要求，做到有备而求。此外，求职者自身确立理智分析和正确的自我信念也是不可缺少的重要因素。

在准备求职的过程中，应该懂得并且遵循以下五个基本原则：

1)诚实性

有这么一个例子：有一家企业要招聘一名文秘人员，中职毕业生小周前去应聘，顺利进入面试之后，单位人事经理问了小周一个问题："你可以自己解决住宿问题吗？"小周担心单位会拒绝没有住房的应聘者，就回答说可以自行解决，小周通过了面试，被该企业录用。然而小周在场外却听说，人事经理问这个问题的本意是要为没有住房的员工解决宿舍，小周很是懊恼，又折回找到人事经理，说自己其实是没有住房的。更令小周意料不到的结果出现了，在正式录用通知下达之前，这家企业的人事部通知小周，他被解除录用，原因是他没有说实话，而且给人过于注重待遇的感觉。

诚实的品行是决定求职者职业成败的基本要素。要客观展现自身，不要夸夸其谈；不便直言之处，要学会扬长避短，避免正面撞击，切忌以撒谎了事，日后反而对己不利。

2)原则性

在求职面试时常会碰到一些不可预料的因素,如用人的条件、岗位要求、报酬待遇等与原期望值发生背离,不能满足自己基本的职业要求,如经过努力仍然无法达成一致,要学会放弃,切莫勉强。

3)灵活性

在现实生活中,职业理想能与实际工作结合的例子毕竟是少数,应善于面对现实,适应环境边学边干,重新进行人生规划,培养职业兴趣,在调整中完善职业定位。

4)协调性

现代社会用人的一个重要原则,就是要求其成员有较好的相融性、适应性,有良好的团队精神,有利于发挥整体效能。在大多数职业中单打独斗的做法总是不可取的,亲和力、沟通能力和合作性已日显重要,被看作测试求职者职业素质的基本条件之一。

5)进取性

学习中会有难点,前进时会有阻碍,求职也同样如此。即使多次未被录取,也不要气馁,落选有时并不意味着你不优秀,只是与用人单位的标准不相吻合而已,保持奋发努力的精神,不怕失败和挫折。求职前刻苦学习、积极准备,尽量弥补自身的不足;求职后一如既往,不断提高,争取能在最适合自己的岗位求职成功。

15.1.2　了解面试单位的需要

面对求贤若渴的用人单位,求职者为何难以"抢滩登陆"呢?某网站的一份调查表明,有超过 70%的人并不了解企业需要什么样的人才。尽管面试单位的需求各不相同,但对求职者的要求却有一些主要的共同点。

1)对面试单位有基本的了解

去面试之前,应研究欲从事行业的整体概况,具体了解面试单位的要求。如果可能的话,要研究考官本人的有关情况,如果他是某行业或者某公司有一定名气的人士,这并不是件难事。

2)能够胜任应聘的工作

要保证在你的简历和其他准备的文字材料中清楚而又有力地陈述你能胜任的条件。用具体的实例和数字来支持你所说的资格条件。即使你对自己的资格条件没有十分的把握也要强调其积极性。面试时不要把脑海中的自我怀疑、自我限制的念头表达出来而毁了自己。

3)做好安心工作的准备

在面试官面前树立一个稳定而有责任感的形象。设想一下,如果简历中表明你多次利用单位作为跳板,情况会怎么样呢?尽可能地把这件事解释得更好:"严经理,我一直在寻找这样一份工作，既能让我发展，更能推进公司发展。最使我想得到这份工作的原因之一是这里真的值得我长时间地干下去。”

4)使用讨人喜欢的方式

未来的员工是否合适，在很大程度上取决于他是否讨人喜欢。“讨人喜欢”是工作的先决条件，没有人愿意与一个令人不快的人共事。尽量使自己以一种乐于助人、友好真诚、坦白直率的形象出现。以平易近人的态度，微笑而且目视对方眼睛的方式，充满热情地讲话。

15.1.3 明确面试的相关信息

(1)将面试的时间、日期和地点进行确认，并制定前往面试地点的准确路线，如果不确定到底需要花多长时间，应多预留一点时间。迟到是无法原谅的错误，任何解释都会显得苍白无力。

(2)了解面试安排：有多少面试官出席？分别是何职务，分管哪些工作？面试和心理测试是否放在一起？如果不清楚，可以打电话给人力资源部、招聘协调人员或者面试官的秘书查明情况。

15.1.4 准备好求职简历

1)内容

简历一般是两到三页，概述自己的技能和经历。在简历中要包含下述详情：

(1)你的详细联系方式，包括姓名、地址、联系电话和邮箱地址。

(2)按倒序的顺序列出你的工作经历(把最近的工作放到列单的最上面，依次倒叙)。

(3)你所接受的教育，包括所有的职业资格证。如果离开学校已经十年了，就不要再列上在校期间参加的考试。

(4)所有与应聘工作相关的爱好或兴趣——但要说明为什么这些兴趣爱好与工作有关。

2)用语

简历上一定要体现用人单位在招聘广告中的用语。比如说，如果广告中提到了“计划”和“与顾客打交道”，一定要尽可能地引用这些词汇。

3)备份

前往应聘时，打印五六份简历，以备发给没有复印件的面试官。把简历复印件放在公文包或简易的文件夹里，以保持平整。

做一做：

为自己设计三个不同岗位面试的求职介绍。

看一看：

英国伦敦大学学院(UCL)一位系主任在谈到自己新聘的讲师时说："从她一进门，我就感到她是我所渴望的人，她身上散发着某种精神，将她那庄重的外表衬托得越发迷人。因为只有一个有高度素养、可信、正直、勤奋的人才有这样的光芒。30 分钟后，我就让她第二天来系里报到。

资料来源：英格丽《修炼成功：世界形象设计师的忠告》中国发展出版社

想一想：

你准备如何在面试时给他人留下过目难忘的好印象？

学一学：

15.2　面试技巧

面试就是在有限的时间内向他人介绍和推销自己，并尽全力得到招聘方的肯定与喜欢。以下技巧有助于你达成所愿：

15.2.1　提前赴约

守时是职业道德的一个基本要求，提前 10~15 分钟到达面试地点效果最佳，不仅可以熟悉一下环境，而且能够表现出对求职的诚意与重视，给对方以可信任感，同时也适时调整自己的心态。提前半小时以上到达会被视为没有时间观念，但在面试时迟到或是匆匆忙忙赶到却是致命的，如果面试迟到，那么不管有什么理由，也会被视为缺乏自我管理和约束能力，即缺乏职业能力，给面试者留下非常不好的印象。对面试地点比较远，地理位置比较复杂的单位，不妨事先走一趟，以熟悉交通线路、地形，甚至搞清楚洗手间的位置都是非常有必要的。

到达后如果被安排在会议室或前台等待，要坐在或站在指定的地方。不要乱跑乱窜，坐立不安；也不要东张西望，随便翻动周围的物品，除非负责接待的人员告诉你可以自己动手(如公司刊物)。注意，也许这时就有人在观察你的一举一动，所以保持优雅的姿势，耐心等待是最好的表现。

15.2.2 放松心情

做好必要的准备，让自己尽量放松，是提高面试成功率的秘诀。在面试时保持轻松愉快的心理状态，有利于缩短交往距离，自然展露才华，给面试者留下美好的第一印象。

进场前，有紧张的感觉是正常现象，此时，可通过深呼吸舒缓压力，将面试者想象为关爱自己的长辈或朋友，面带愉悦的笑容，主动打招呼问好致意，切勿急于落座，可在主考官请你坐下后，道声"谢谢"再从容入座。

15.2.3 服饰得体

1)男士着装标准

(1)穿深色西装。深蓝和灰色是最合适的颜色，两颗或三颗单排纽扣的上衣是经典款式，不要企图赶最新潮流。

(2)穿单色的长袖衬衫。选一件浅色衬衣，如浅蓝色或白色。如果出汗比较多，在衬衣下面再穿一件白色的T恤衫，以免汗水湿透衬衣造成尴尬。

(3)打朴实的丝质领带。领带的样式和花色可能分散面试官的注意力，不要选择图案过大、色彩过多或卡通感觉的领带。

(4)穿黑色皮鞋。最适合面试的是一双不带奇异装饰扣的黑色系带皮鞋，注意不要忽略皮鞋的光洁干净。搭配深色的棉质或丝质长腿袜。

2)女士着装标准

(1)穿职业套裙。职业套裙更能突出职业素养与敬业精神，增加值得信任的感觉。黑、灰、蓝、白、暗红等套装都是不错的选择。

(2)穿简洁大方的上衣。选择单色的衬衣或合身的浅色上衣，不要穿无袖装，更不要为追求性感而选择吊带、背心等款式。

(3)尽可能少地戴首饰。太多装饰，只会使你的职业形象大打折扣。最多戴一副耳环，一只戒指或一枚胸针，既不单调呆板，也不夸张炫耀。

(4)穿单跟皮鞋。无论商场里的鞋类是如何琳琅满目，与职业套裙最搭配的鞋永远是式样大方高雅的单跟皮鞋，鞋跟的高度根据身高情况适当选择，最好在3~7厘米之间。颜色以黑色最常用，如穿浅色套装，也可搭配白色或米色皮鞋。袜子的颜色宜选择肉色，以连裤袜最佳，切忌袜口露在裙外，更不要穿滑丝、有破损的袜子。

15.2.4 表情自然

自然真诚的微笑让人由内向外散发着自信、愉悦的光彩，也使看到的人产生良好的情绪体验。微笑能消除人与人之间的隔阂,是获取好感最有效的方式。

进入面试室后,从主考官开始微笑着与每一位在座的人点头问好,对方有意时也可握手,在指定的座位坐下。身体端正,面带笑容,目光保持接触,等待提问。

回答问题时把目光集中在对方以鼻子为中心的三角区域,既可以给对方以诚恳、尊重的印象,也有利于激发自己的勇气、消除紧张情绪。

15.2.5　妆容淡雅

面试前,女性稍化淡妆不仅表现出对应聘单位的重视,对面试者的尊重,也有助于自我推销的成功。薄施脂粉,略修眉毛,采用自然色系的口红或唇彩,如橘红色、桃红色或玫瑰红,映衬健康、青春的肤色,展现整洁、利落的轮廓,给人神采奕奕,健康活力的印象。相比而言,眼影、睫毛膏不太必要。

男士应理发、修面,不留长发、不蓄胡须,更不要染发和做怪异发型,富有朝气的面容更易受到面试官的青睐。

15.2.6　专注聆听

绝大多数应聘者会花90%以上的精力去准备如何说,其实,“聆听”是一种很重要的礼节,就是要对对方说的话表示出有兴趣。好的交谈是建立在“聆听”基础上的。不会听,也就无法回答好主考官的问题。在面试过程中,主考官的每一句话都是非常重要的。在一次招聘公务员的面试中,主考官请23位面试者用5句话概括介绍自己,最终的统计结果显示,只有2个人按要求完成了任务,还不到应聘人数的10%。所以,要集中精力认真地去听,记住说话人所讲的重点内容,并了解说话人的希望所在,而不要仅仅注重说话人的长相和语调。在聆听对方谈话时,自然流露出敬意,这才是有教养、懂礼仪的恰当表现。

一个好的聆听者会做到以下几点:

(1)记住说话者的名字。

(2)用目光注视说话者,适当地做出一些反应,如点头、会意地微笑,或提出相关的问题等。

(3)身体微微倾向说话者,表示对说话者的重视。

(4)了解说话者谈话的主要内容。

(5)不离开对方所讲的话题,巧妙地通过应答,把对方讲话的内容引向所需的方向和层次。

15.2.7　从容应答

进入考场后,除必要的问候外,最好不要急于讲话,而应集中注意力听完提问,再从容应答。

说话时语调明亮开朗，不要以为发音字正腔圆、声音洪亮，就算是“会说话”，谈话最重要的还是要能触动对方的思维，清楚表达自我意见。要在言谈中表现出诚恳的态度，让对方愿意用心倾听，在用语及说话方式上多加注意。一般开始谈话时可以有意识地放慢讲话速度，等自己进入状态后再适当增加语气和语速。这样，既可以有效控制紧张情绪，又可以扭转面试的沉闷气氛。很多人会犯的一个毛病，就是话到语尾就变得模糊小声，给人不够诚实、缺乏自信的印象，这是在练习中需要注意的问题。

15.2.8 礼貌告退

离去前应询问主考官“还有什么需要了解的吗？”并衷心感谢对方给予面试机会，表示自己期待再见。得到允许后微笑起立，与面试官有力地握手道谢，并说“再见”，后退两三步后再轻稳转身，出门后身体正面朝向屋里轻轻带上门再离开。

做一做：

3~4人为一组，分饰面试官和应聘者，自我设计面试情景，进行模拟练习。

16 为人师表 亲切稳重

“教师是文明礼仪的化身”。幼儿教师的着装打扮、言谈举止、待人接物都反映出修养和品位，对学生起着潜移默化的作用。教师在日常工作中应讲究礼仪，以良好的形象和规范的行为感染、引导幼儿。

看一看：

放假前，小敏由学校安排在春光幼儿园已经实习一段时间了，园长和老师们都觉得她不错，于是决定留下她继续工作，小敏非常高兴。可是开学的时候，小敏没来上班也没请假，园长给她打电话，她说没有买到车票，等买到车票了，她就过来。园长随即在电话中说，你不用来了。

想一想：

1.小敏的行为给学校和自己造成了什么影响？

2.幼儿教师应该如何要求自己？

学一学：

16.1 德高为师

一个合格的教师，不仅要掌握一定的专业知识，懂得教育的规律，具有教学和教育的各种能力，而且还必须具有较高的道德修养。

16.1.1 品行高尚

1）加强修养

据报道：云南某幼儿园的一名教师，为使幼儿服从管教，使用一次性注射器，在未消毒的情况下，反复针刺多名幼儿，引起幼儿和家长的恐慌。其行为不仅是教师道德的丧失，而且已经构成违法。

幼儿教师良好的道德人格不是与生俱来的，也不可能自发地形成，而是在后天的社会实践中形成的。教师只有在教育实践中，通过努力学习，认识到社会发展的规律和特点，了解到社会主义教师道德的内容和意义，将认识内化为自己的道德情感、意志和信念，进而外化为自己的道德行为和习惯，才能形成一定的道德品质。

2)丰富内涵

教师应努力学习教育科学理论，掌握教书育人的本领，按教育规律办事，才能更好地履行教书育人的责任。通过学习教育理论，进一步明确自己在教育教学中的主导地位，对幼儿的身心发展所起的重要作用。教师还应广泛地学习有关自然科学、人文科学和社会科学等知识，只有不断丰富自己的内涵，才能提高自己的思想素质、教育教学水平，真正做到教书育人。

16.1.2 爱岗敬业

1)遵守制度

幼儿教师每天早上要迎接小朋友的到来，下午要送每个小朋友离开。应自觉遵守作息时间，按时上下班，有事(病)请假，带班不离岗。因病、因事耽误要迟到或无法到达时，要先用电话通知单位，并委托他人代班。

每周一升旗仪式，教师要做幼儿的楷模。做到站姿端正、表情庄重、行注目礼，不擅自扎堆聊天，或接打电话。

按时参加各类会议，学习开会时专心聆听，必要时认真做好笔记，此时手机应设为静音，并适时鼓掌。

2)井然有序

教师在上课时要将教学用具摆放有序、有效控制时间，内容讲解清晰、有条有理。

在当班时间，应把小朋友带来的东西或脱下的衣服叠好整齐地放在柜中，不要混淆。每次课后，要求小朋友把桌上的物品整理干净，和小朋友一起将玩具收好。

放学时，要求每个小朋友将自己的东西带走。协助值日的小朋友关好窗户、风扇或空调，拉灭电灯、锁好门之后再离开。

3)以身作则

教师下班巡查要轻进轻出，尽量不打扰集体教育活动，不影响幼儿的学习和休息，不聊天或接打电话。使用物品时，轻拿轻放，节约水电，按需用电，及时关水。

16.1.3 耐心细致

据《贵州都市报》报道：遵义某幼儿园一名年轻的教师缺乏耐心，竟体罚一名2岁小女孩，致使女孩全身多处青紫，臀部还有道道血痕。教师如果仅有专业知识而没有爱心、耐心和很强的责任心，根本不能胜任幼儿教师的工作。教师应怎样对待小朋友呢？

1)耐心

耐心是爱心、事业心和责任心的基础。教师对幼儿的关怀、接纳、尊重都必须建立在耐心的基础上。

老师每天都要用一定的时间把活动室、盥洗室、卧室和各种玩具柜、桌椅进行擦拭消毒,还要为孩子们晾好上午要喝的开水,面对孩子们的七嘴八舌要不厌其烦。小班的孩子刚上幼儿园的时候,会不停地哭,教师要有耐心,给小朋友讲故事、引导他们参与到集体活动之中、尽快与同伴熟悉起来,让小朋友破涕为笑。而不是责骂孩子或把孩子关在黑房子里,让孩子因恐惧而不哭,这对孩子的心理健康是不利的。

2)细心

从早上 8:00 开始,随着一个个欢蹦乱跳的孩子来园,教师开始了一天的教学活动。首先,教师要面带微笑地站在活动室外迎接每一位家长和孩子。要摸孩子的额头测体温,看孩子脸色及情绪如何,询问幼儿有无异常情况,是否需要特殊照顾(如服药),还要不时地提醒进班后的孩子按照常规去洗手、挂毛巾,以及进餐。小班的孩子,刚上幼儿园的时候,还要注意查看有没有把大、小便拉在裤子里,如果有,要为孩子清洗、换裤子等。老师的细心能让家长放心,会让小朋友更加健康地成长。

做一做:

1.你认为加强道德修养与幼儿教师自身发展有什么关系?

2.幼儿教师的耐心细致可以从哪些地方体现?

看一看:

小宝从幼儿园回来后,喜欢将一只小手的手掌横放在脸前,另一只小手在嘴唇、眉毛上画来画去,妈妈问他干什么,他说我在学我们幼儿园的辛老师。

想一想:

1.小宝在做什么?

2.小宝的行为是老师教的吗?

学一学:

16.2　身正为范

在幼儿园里,幼儿特别喜欢模仿教师的一举一动,可以说教师是幼儿的镜子,幼儿是教师的影子。幼儿对教师的高度崇拜心理,使他们对教师的各种行为表现都认真地模仿和学习。教师应充分发挥表率作用,在日常生活中规范自己的言行举止,在“润物细无声”中收到潜移默化的教育效果。

16.2.1　注重形象

仪容仪表虽是人们外在形象的表现,但更是一个人内心世界的折射。作为教师,应注意个人卫生,穿着得体,仪容大方,展现良好的形象。

1)讲究卫生

讲究卫生是礼仪的基本要求,是仪表美的关键。为了使自己容光焕发、显示活力,更受小朋友的欢迎,老师要注意做好个人清洁卫生:

(1)面部清洁。每天要早晚洗脸、清洁附在面部的污垢、汗渍等不洁之物。同时注意清洗耳朵和脖子等容易忽略的地方。

(2)口腔清洁。坚持每天早晚刷牙,饭后漱口,清洁口腔细菌、饭渣,防止牙结石堆积。幼儿教师与小朋友的接触通常是近距离的,上班前不要吃容易使口腔留下异味的食物,如大蒜、大葱、韭菜等。

(3)手的清洁。经常修剪与洗净指甲,尤其是缝隙处。不把指甲涂得五颜六色,也不要留长指甲,以免伤到小朋友。

(4)身体清洁。勤洗头、勤洗澡、勤换内衣,身上不留异味,不用过多或过浓的香水。

2)着装得体

幼儿教师上班时适宜选择“流行中略带保守”的服装,衣着整洁、美观大方,不追求奇装异服,不穿露、透、紧和过短的服装,衣着打扮符合幼儿教师的职业特点,活泼大方,大小得体,便于活动,不同场合穿不同服装,给孩子以美的熏陶。日常着装柔和、大方、典雅,以色彩鲜艳、明快的职业装为佳;上岗时穿轻便、色彩艳丽的休闲装或娃娃服,下装不可太短太紧,配以舒适、便于活动的鞋子,上班时间不赤脚或穿拖鞋,当班时间穿平底鞋。佩饰不要太夸张,点缀即可。

某幼儿园曾发生这样一件事:一天早上,年轻的李老师戴着一条漂亮的水晶手链,兴高采烈地来到幼儿园,孩子们都说好看。可就在李老师指导孩子们进行教学活动时,意外发生了,手链勾到了一个孩子衣服上的扣子,“啪”的一声线断了,水晶珠子散落一地。看到这个情形,孩子们纷纷放下手中的操作材料哄抢起散落的珠子来。

顿时,原本安静的活动室乱成了一锅粥,任凭李老师大声提醒幼儿“安静!坐下”,也无济于事。由于孩子们非常兴奋,教学活动只好草草收场。

事后,园长不仅严厉地批评了李老师,还作出一个决定:在幼儿园,教工一律不准佩戴饰物,不准穿另类服装。看到自己惹出了麻烦,李老师心里很不是滋味……

3)仪容大方

教师工作期间应精神饱满,可做适当的日常生活化妆,遵循自然、大方、淡雅的原则,与肤色、衣服相匹配。杜绝浓妆艳抹和使用有刺激性气味的化妆品。染发大众色,工作时间将长发束起,不披头散发;额前头发不可过长,避免挡住视线。

16.2.2 善于协作

教师的协作意识有利于在教育教学中培养小朋友各方面的能力;在与家长的交往中赢得他们对工作的支持;在与同事的相处中融洽关系,合作更愉快。

有一次,一位教师和家长交流孩子的情况。谈话即将结束时家长笑着说:“谢谢老师,我以为老师找家长又要说我们孩子平时太文静,不愿意与人交往,不愿意举手了呢!”其实,老师在与家长攀谈的过程中孩子以上的不足都提到了,只是稍稍改变了一些话题的顺序,见到她的第一句话:“欣如小朋友是个既文静又惹人喜爱的孩子,她上课总是听得特别认真,作业也完成得不错……”老师这样一说原本有些紧张的家长马上放松了,笑着说:“是啊,是啊!平时在家她总喜欢看书或做一些计算练习……”同样一件事情,因为表达的方式不同,家长的感觉就不一样。

1)赏识教育

教师要有高度的责任感和事业心,热爱尊重每一个幼儿,对幼儿认真负责,通过赏识教育培养幼儿的自信心、沟通交流等能力。面对一些体弱、性格内向或是单亲家庭的孩子时,教师应像父母一样,更关注他们方方面面的细节,给予更多的关爱、呵护,多与他们交流,引导他们合众合群,以培养良好的个性特点。

(1)培养自信。“你回答得真好!”“小强爱动脑筋,老师真为你高兴。”“没关系,再仔细想想,老师相信你一定行。”“不着急,咱们一起试试。”

(2)培养自主。“请你来回答这个问题,好吗?”

(3)培养自理。“自己试着做一做。”

(4)培养自律。“你想一想这样做对不对?”

(5)沟通交流。“愿意和老师交朋友吗?”“我来帮你,好吗?”

2)及时沟通

教师与家长之间相互理解、相互支持才能使教育教学工作更有成效。教师应及时与家长沟通,使工作开展得更顺利。

(1)迎送。每天迎送家长或与家长交谈时,教师应当主动、热情、笑容可掬,同时还要善于观察家长的不同需求与心理状态。家长到幼儿园来，教师应主动关心家长："你好，有什么需要帮忙的吗？"主动与家长沟通交流："您看，我们这样做好吗？"

(2)帮助。当一些家长主动为幼儿园送来一些植物，或有关教学用品时，决不能认为理所当然，不屑一顾，对此应该表示感谢，如"谢谢您对我们工作的支持。""非常感谢您对小朋友们所做的这一切。"

(3)犯错。孩子一时犯了错，教师在与家长沟通时，应先寻找孩子的"闪光点"，肯定长处，然后再提出孩子的问题，分析其犯错的原因，征得家长的认可，商量教育的方案。切不可一味指责，伤害家长及孩子的自尊心。可以说："您的孩子一直有进步，只是……方面还有点问题。"

(4)问题。教师被家长误解时，应及时沟通，将情况进行说明和解释，以消除家长的疑虑。如确有问题，要敢于面对，主动承担工作中的失误，征得谅解。

3)愉快合作

教师在工作中应团结协作，妥善处理与周围同事之间的关系；善于交流、化解矛盾；以集体利益为重，与人为善；能意识到与他人合作的价值。

(1)协商解决问题时："我能说说我的想法吗？""在这个问题上我们有不同看法，还需要进一步商讨。"

(2)帮助同事时："来，我们一起来做吧。"

(3)在一起互相学习："您的方法很值得我学习。""有不懂的地方你尽管问。"

(4)同事遇到困难时给予鼓励支持："别着急，再想一想，肯定有办法的。"

4)合理建议

教师可以给领导提合理化建议和意见，但应该讲究说话的方式，使领导容易接受。

(1)提出意见："我对这件事有点看法，因为……"

(2)提出建议："我想，能不能这样……供参考。"

16.2.3 业务娴熟

有较强业务能力的教师能增加幼儿的崇敬感，促使他们以教师为榜样，树立远大的理想与抱负，增强学习的主动性与积极性。

1)认真备课

课前充分的准备，是教师在课堂上具有自信，挥洒自如的前提和保障。在办公室备课应保持安静，讨论问题轻言轻语不干扰他人。虽然无法预料课堂上会发生些什么，但我们可以预设出一些细节、一些精彩。结合教学内容，诸如教师在课堂中的站立位置、巡视路线，以及运用有关的教学图片或者音乐等方面，尤其是对教学内容的理解、感悟以及教学环节，都完全可以预设出能影响幼儿个性发展的精彩细节来。

2)正面评价

如果一个孩子一天都得不到一句话的表扬,得不到一个大拇指的赞许,得不到一朵小红花的肯定,那么,他们就会闷闷不乐,无精打采,甚至连自尊心、积极性也会受到伤害。因此,幼儿教师一定要为幼儿的发展储备成功的评价:一个微笑是评价、一个大拇指是评价、一朵小红花是评价……不断的成功评价,能充分激发孩子的生活热情,调动他们的参与积极性。教师不能吝啬自己的微笑、大拇指、小红花。当然,与此同时,教师也要注意这种成功评价的方式方法,要随时让孩子知道什么是对的,什么是错的,以便使他们从小掌握评价自己和评价他人的标准和方法。

3)细节处理

教师对幼儿教育、教学、生活等方面细小环节的把握、调控、处理的本领和技巧尤为重要。

(1)捕捉细节。捕捉细节的能力是幼儿教师最为基本的能力,也是一名优秀教师必须具备的基本功。因此,幼儿教师要热爱和关心每一个孩子,善于用敏锐的观察力和思维力去捕捉细节,用聪慧的眼睛,细腻的心灵,去发现每个孩子身上的闪光点。

(2)分析细节。对于捕捉到的细节,教师需要加以分析、梳理和归类。要善于品味细节、分析细节,从一闪而过的表情、一句简单的话语、一个不起眼的动作,体味幼儿内心的变化,感悟幼儿的兴趣点,从而掌握幼儿的情感,使自己的教育教学更趋完美。

(3)应变细节。经过分析,教师应对一些细节加以应变,引导孩子去思考、讨论,从而激发孩子的兴奋点、情绪点,调动孩子的积极性,实施因材施教,才能促使每一个幼儿在原有基础上都能得到最大的发展和提高,成就幼儿成长的精彩。

做一做:

1.幼儿教师注意自己的形象对开展工作有什么帮助?

2.结合教学见习、实习,模拟与小朋友进行“赏识教育”的对话。

看一看:

“六一”儿童节就要到了,各班都在准备节目,擅长歌舞的王老师帮小一班排练节目。“李明,你为什么不跳舞呢?”王老师笑咪咪地边问边走到李明的身边,李明小声地告诉王老师:“我要尿尿了”。王老师弯下腰摸着李明的头说道:“尿完了和老师一起跳舞好不好?”李明高兴地答道:“好!”

想一想：

1.老师看见小朋友有不对的地方能随便发脾气吗？

2.王老师这种对待小朋友的方式你认为好吗？

学一学：

16.3 活跃开朗

幼儿教师的精神面貌，是幼儿教师形象的灵魂。性格开朗、活泼的教师不仅可以创造愉快、健康、向上的氛围，还能给人以朝气蓬勃、充满活力的感觉。

16.3.1 表情愉悦

幼儿教师身旁是一群天真无邪、活泼可爱的孩子。教师一个轻微的表情都会直接影响着幼儿的学习和生活，因此幼儿教师应注意运用情态语言，使自己的工作收到良好的效果。如：在幼儿活动中，教师一个甜甜的笑容可给孩子一个轻松、愉快的学习环境；一丝赞赏的目光，可给幼儿无比的信心和力量。教师的表情主要通过面部和眼神表现出来：

1)面部表情

一般情况下教师的表情受到两种情况的制约，一是对幼儿的态度、情感，二是所表达的言词内容。

(1)情感表情。幼儿教师的表情基调应该是微笑，教师面带笑容地组织教育活动，幼儿就会感到亲切，愿意接受老师的教育，师生关系融洽，课堂气氛活跃，教学效果好。据专家调查，经常面带甜美可爱的笑容，举止适度得体，年轻活泼漂亮的教师最受幼儿欢迎。

(2)言辞表情。教师上课时的表情就不能是单一的微笑了，不同教育内容的言辞表述，应有不同的表情配合，该严肃的不能有笑容，该高兴的也不能绷着脸。如给幼儿讲大灰狼欺负小山羊时，教师竖起眉，表现出愤怒的表情，幼儿也会跟着生起气来，更加憎恨大灰狼。讲董存瑞为了新中国而舍身炸碉堡，教师的面部表情庄严、敬佩并激动，幼儿也会肃然起敬，激起对英雄的敬意和怀念。

教师的表情，还可以在有声语言正常交流的情况下传递另一种信息。如教师表扬幼儿上课表现好,可以在不中断讲课的情况下向幼儿微笑并点头以示鼓励。

2)眼神流露

"一身在于脸,一脸在于眼。"最能传达感情进行交流的体态语莫过于眼睛的语言。幼儿常常能够在教师的眼神中找到某些事情的答案。凡是有经验的教师,都能恰如其分、巧妙地运用眼神,发挥其独特的传情作用。

(1)传情达意。教师的眼神能够促使幼儿积极的思维,引起幼儿爱与恨的情感,其无穷的变化表述着教师种种思想、情感和希望。特别是在无声的教育环境中,教师的眼神能发挥出"无声胜有声"的特殊功用。如:有些孩子胆小,自信心差,上课时想回答问题又不敢说,教师可用信任的眼神鼓励,使其大胆勇敢地回答问题,培养自信心(图 16.1)。

图 16.1 上课

(2)适度环顾。视线向前做有意识的自然流转,以照顾"全视野"内的幼儿,这种方法最适合组织集体的教育活动。视线环顾可使每个幼儿都感到自己处在教师的"注意圈"中,产生有教师注意我的感觉。另外,教师通过注意幼儿,全面了解幼儿的心理反应,掌握学习情况,以便随时调整自己的教学方法、更换教育内容,组织好教学。当然,教师的环顾不能失度,幼儿年龄小,注意稳定性差,教师的视线如频频乱转,就会分散幼儿的注意力,造成学习不专心,削弱学习兴趣。

(3)适时专注。教师眼神的专注,有时表现为有目标的选择式。如:批评一个幼儿的不良行为时,恰好另一个幼儿也有过同样的行为,那么教师就可以批评一个幼儿,用不满的眼神专注另一个幼儿,使两名幼儿都感觉到教师在批评自己,与自己的行为对号,从而辨清是非对错,改掉不良行为,收到事半功倍的教育效果。幼儿园里,常用以下方式专注幼儿。下颌微微抬起,目光自上而下专注幼儿,表示在听讲话;下颌微收,目光自下而上地专注幼儿,有询问的意思,表示"我还想听你往下说"。头部微微倾斜,目光专注对方,表示明白了,"原来是这样"。教师炯炯有神的眼神,表现出对幼儿的活动充满兴趣。幼儿在与教师交流的过程中,特别注意教师的眼神,并对教师眼神的褒贬色彩最为敏感。教师要明确使用某种眼神的目的性,以达到最佳的表达效果。

16.3.2 举止敏捷

幼儿教师良好的举止,不仅体现优雅和气度,同时对幼儿也起到一种示范作用。教师站、坐、走要做到既端庄稳重,又富有活力,要求学生做到的教师必须身体力行。

1)姿态优美

(1)站姿挺拔。幼儿教师站立的基本要求是姿态端正、大方、自然、规范。上课站立时,应身体竖直,挺胸收腹,下颌微收,两手自然下垂,面带微笑。与他人交谈时的站姿,身体挺拔,两手相握,表情自然亲切(图 16.2)。

(2)坐姿端正。教师面对幼儿坐姿端正,双腿并拢,上身正直,双手可分别放在大腿上,也可右手搭左手放在其中一条腿上或椅子的扶手上(图16.3)。

图 16.2 站姿挺拔

图 16.3 坐姿端正

(3)步态轻盈。走路时头正颈直,双目平视,双肩放平,挺胸收腹,立腰提臀,两臂摆动自然、适度,步幅要小,步速宜稍缓慢,与幼儿保持一致。

园内行走时靠右侧,不左顾右盼,走姿稳健轻快。随时问候家长、同事和幼儿。上下楼梯单行行走,与小朋友一起上下楼,速度应稍慢,前后都要有老师照应(图 16.4)。

(4)蹲姿文明。下蹲时上体竖直,两腿内侧靠拢。蹲姿可使教师尽量与幼儿保持接近的高度(图 16.5)。

图 16.4 步态轻盈

图 16.5 蹲姿文明

2)手势规范

手势是教师在日常工作中使用最多的体态语言,它配合语言、表情等可以起到很好的效果。

(1)形象性。手势具有直观性,它能将教学内容生动形象地呈现在幼儿面前。在讲述教学内容时,幼儿既听又看,这种视听结合的方式更适合幼儿的接受能力,从而促进幼儿积极的形象思维。如:教幼儿学“小白兔”的儿歌,教师边说儿歌边将双手的食指和中指伸出分别放在头上,代替小白兔的耳朵,生动地表现出小白兔的形象,增强了儿歌中语言的感染力,激发幼儿学习的兴趣(图 16.6)。

图 16.6 形象性的手势

(2)象征性。用具有象征性的手势动作代替某种事物,能够更好地引导幼儿的想象。如教师把一手放在后边,另一只手高举过头,手心向下,手指朝前,配上适当的身体姿势,幼儿就能想象出是大灰狼、狐狸等。

(3)引导性。手势较其他身体姿势更易变化、表演和引起幼儿的注意。如把食指竖在嘴前表示让幼儿别讲话,要安静地听;摸摸幼儿的头表示很喜欢他;已学过的东西,幼儿回想不起来或提问幼儿回答不上来,教师都可以用相应的手势加以引导。

16.3.3 语调略高

略高的语调有利于表现朝气与活力,展示出愉悦快乐的心境,带动幼儿良好的情绪体验。

1)上课语言

教师应使用普通话,用词规范;发音准确,口齿清晰;语调略高、有抑扬顿挫之感;语速适中,语气柔和,委婉动听;语言生动、有趣、儿童化,使小朋友易于接受。教师生动、形象、直观、富有表现力的语言,不仅能传情达意,还能吸引孩子注意,激发学习兴趣,帮助孩子理解。

2)课间语言

课间教师的语言,做到生动、活泼、欢快,言情一致,力求言简意赅。表情亲切温柔,目光恰当;语言不过分夸张,不过分喜怒形于色;杜绝训斥、讥讽的语言;杜绝给孩子造成惧怕、惶恐心理的语言。

3)生活语言

在生活上,教师对小朋友要亲切关爱,体贴入微,力求体现母爱,尤其是小班的老师,不催促孩子过快饮食,引导幼儿养成良好习惯。对不听话甚至调皮的小朋友,不要讲粗话、脏话,大呼小叫,大声批评。

4)电话语言

(1)打电话。接通电话后,应先问好,然后做自我介绍,接下来再说事情。如:“你好! 我是小星星幼儿园中班的唐敏老师,你是童童的妈妈吗? 是这样的……”

(2)接电话。接电话时,态度温和,语言流畅,先问好,然后做自我介绍,接下来再询问。如:“你好! 小星星幼儿园,请问你找谁? ”注意等对方放下电话,然后再挂机。

做一做:

1.表情训练。对镜练习表情,体验不同的心态。哪种表情最有亲和力?

2.准备5种手势轮流上台演示。

看一看:

佳佳是家里的掌上明珠,刚上幼儿园的时候,有点哭闹,不肯去。家里的老人对幼儿园的老师很不放心,担心那么多的孩子在一起,佳佳得不到好的照顾,孩子受委屈。后来,她们每天接送佳佳,看见带班的老师很和善地对每一个孩子和家长,虽然她们和老师还不熟悉,但是他们终于能放心地将孩子放在幼儿园了。

想一想:

1.佳佳为什么一开始不肯上幼儿园?

2.佳佳的家人为什么能放心地将孩子交给幼儿园?

学一学:

16.4 亲切大度

幼儿教师应待人热情,用文雅的谈吐,和善的语气,适中的话语,尊重性的词汇,体现教师的亲切,展现教师的个人魅力。

16.4.1 热情大方

教师在接待家长、领导的时候,可通过语言、表情、动作等让他们感受到教师的热情大方。

1)接待家长

接待家长要起身相迎、微笑问候、点头示意,及时让座,接待完毕要送出室外;对家长询问了解幼儿的情况尽力提供帮助,对反映的问题,及时给予答复。

2)接待领导

接待领导、嘉宾,要在大门迎接,主动握手问好。在客人的左前侧引导进入接待室,先请坐再沏茶。园长介绍贵宾,按先男后女、先主后宾的原则进行,如果双方都有很多人,要先从主方职位高者开始。客人临走,要相送至园门外,待客方伸手后再伸手相握道再见,并表示对其到访的感谢和再次欢迎。

3)接待他人

值班老师对来访者要主动问好,礼貌地请来访者进行登记,并询问来访原因,主动提供帮助。

16.4.2　换位思考

教师要学会换位思考,对幼儿充满爱心,对学生家长热情礼貌,尊重领导,主动关心同事,谦逊耐心。多一点换位思考,也就多了一份理解与尊重。

1)宽容幼儿

一次,老师在给大班小朋友讲"爱护玩具"时告诉他们:"每人有一个抽屉,是专门放学习用具的,大家要爱护它,保持整洁。"正说着,只见一个小朋友打开抽屉,把里面的纸屑全倒在了地上。老师立刻批评了这个小朋友。只见小朋友用两手捂住耳朵,眼睛不看老师,脑袋扭向一边,表示出非常反感的样子。老师一看他的表现,知道他对批评一时还接受不了。平日他好胜心强,各方面能力特别是生活自理能力都强于其他孩子,老师在全班小朋友面前批评他,伤了他的自尊心。于是,老师立刻改为鼓励的口气:"你是懂事的好孩子,想把抽屉整理干净,只是忘记把纸屑放在什么地方了。快来!老师和你一起捡干净纸屑。要不然,别的小朋友该给提意见了,怎么只顾自己干净,忘了班集体呢?"小朋友虽然没有完全转过弯来,但捂着耳朵的双手放下来并开始慢慢捡纸屑。在老师不断地鼓励下,他把地上的纸屑全捡干净了。

老师柔和亲切的态度、幽默活泼的话语、敏锐信任的眼神,都会使孩子获得愉悦的感受,而孩子们也正是在这宽容、谅解的氛围里,才会消除抵触心理,获得尊重、理解,从而接受教师的正面教育。

2)体谅家长

教师要理解家长对孩子的那份牵挂,那份不放心,那份期望,以及由此而引发的许多想法、做法及对学校、老师的要求。

要做让家长信任的老师,就不要违反规定向学生家长收取或变相收取钱、物,不随意让学生家长代办私事。家长对你产生足够的信任,他们才会在教育教学过程中积极配合老师。

小朋友在幼儿园发生意外,处理要及时。意外发生后,教师要想在家长之前,做在家长之前。从家长和孩子的角度出发,说服家长配合幼儿园的教育。

3)理解领导

一名优秀的幼儿教师,不仅有敬业精神,忠于职守,还要尊重领导。幼儿园事无巨细,孩子的事都是大事。教师要能急领导之急、想领导所想,服从领导,认真完成领导交给的各项任务,遇事多进行请示。

4)善待同事

如果同事之间关系融洽、和谐,就会感到心情愉快,有利于工作的顺利进行,从而促进事业的发展。处理好同事关系,要做到尊重同事,对同事的困难表示关心,主动问询,对力所能及的事尽力帮忙,这样,会增进同事之间的感情,使关系更加融洽。青年教师要尊重中老年教师,不在学生面前直呼同事姓名。影响团结的话不说,影响团结的事不做,更不要无中生有、搬弄是非。不在背后议论同事的隐私,对自己的失误或同事间的误会,应主动道歉说明。

16.4.3 温婉可人

优秀的幼儿教师也是出色的演员,有时扮演孩子的老师,有时扮演孩子的朋友,有时还要扮演孩子的妈妈,既教孩子们日常的生活习惯,又教孩子们怎样认识世界,怎样做个好孩子。作为幼儿教师,语言文明,表情动作友善和气,才能让幼儿感到可亲可敬。而有亲和力的老师,才是最受小朋友欢迎的。

1)色彩鲜艳

幼儿对老师的衣着色彩变化非常敏感,对穿着漂亮、颜色鲜艳的教师特别喜爱。那是因为鲜艳的色彩易于吸引幼儿的注意力,激发他们开朗、积极、欢快的情绪。因此,幼儿教师的服饰语言应该以色彩艳丽活泼为主色调、以体现蓬勃的精神风貌。忌讳沉闷肃穆、凝重呆板的色彩,如果选择了黑色、灰色、深蓝色、咖啡色等深色调的服装,可以用浅色毛衣、鲜艳的丝巾或腰带,别致的胸花等打破沉闷的格局。

2)体态亲近

"身教重于言教"这一重要的教育规律证明了体态在幼教工作中的重要性。教师以关爱、接纳、尊重的态度与幼儿交往,可以用亲近的体态语言支持、鼓励他们大胆探索与表达,关注幼儿的特殊需要,努力使每一个幼儿都能获得满足和成功。如:老师轻轻的搂抱可以缓解幼儿焦虑的心,亲切的抚摸可以让幼儿感受到家人般的温情,紧紧的牵手可以给孩子受重视的快乐,蹲下与孩子们一起游戏可以让他们体会到平等,为小朋友整理衣服、系鞋带的动作可以更贴近孩子的心……(图 16.7)

图 16.7　体态亲近

3)言语温馨

教师可以通过使用礼貌的用语,以及愉快的表情,在与同事、小朋友、家长见面的相互问候、寒暄及交谈中,增加自己的亲和力。

(1) 对幼儿。幼儿教师每天都会在园门口迎接小朋友,见到小朋友要说问候语,“张尽然小朋友好!”“宝宝好!”等,还要和小朋友一起与他们的家人说道别语:“妈妈再见!”“爷爷慢走!”等。

(2)对家长。老师无论与家长是在幼儿园还是在电话里交谈,说话都应谦恭、礼貌,文明用语不可少。

(3)对来宾。有来宾到幼儿园应主动询问:“您好,请问您找谁?”“需要我帮什么忙吗?”如果无法回答,则可以说:“抱歉,这个我还不太清楚,我可以帮你问一下。”

(4)对同事。上班时进幼儿园见到园里的工作人员,均应问候“你好”“早上好”或点头致意。在幼儿面前对同事不直呼其名,用幼儿角度的称呼,如:刘老师、黄阿姨等,做好幼儿的表率。

做一做:

1.如果有小朋友在幼儿园里把身体撞伤了,你会如何与家长进行沟通?

2.温婉可人主要表现在教师的________、________、________上。

17 旅游服务　热情周到

旅游服务接待工作各个岗位上的服务人员和接待人员，都应文明待客、礼貌待客、热情待客，塑造热情、周到、严谨、细致的职业形象，真正做到“顾客至上”“宾至如归”，充分展示对宾客的尊重和友好。

看一看：

受重庆某知名企业邀请，著名IT专家李教授来到重庆进行为期4天的讲学，下榻在重庆某酒店。李教授在晚上10点左右抵达酒店，进入房间后又累又饿，于是打电话到服务中心要了一碗面条。当服务员把面条送到房间后，李教授看了一眼就皱起了眉头，因为辣椒太多要求服务员换一碗，服务员很不耐烦地说到：“先生，你订餐时并没有说明不要辣椒呀。”李教授很生气地说：“你们这是什么服务态度嘛，你们接受订餐时也没问我是否要辣椒呀。”此事被路过的客房部林经理撞见，只见林经理微笑着上前说到：“这位先生，非常抱歉，由于我们服务员工作的不细心，给您带来了麻烦，让您生气了，为此我们深表歉意，请您告诉我您的要求是什么，我将以最快的速度为您送上。”

10分钟后林经理亲自为教授重新送上了一碗面条，并再次道歉：“李教授，非常抱歉让您久等了，为了表达我们酒店的歉意，特赠送餐后水果，希望您在我们酒店能过得愉快！也祝您此次重庆讲学圆满成功。”李教授很诧异林经理能对他的情况这么快就了解了，同时林经理的言行也给李教授原本疲惫的身心带来了丝丝温暖。此后只要是到重庆出差，李教授都会指定在该宾馆下榻。

想一想：

1.林经理的举止符合什么礼仪规则？

2.是什么原因让李教授每次到重庆都会指定下榻该宾馆？

学一学：

17.1　顾客第一

服务人员应从内心深处真正认识到服务对象至上、服务对象至尊，并且在自己的服务过程中，运用规范得体的语言、动作、神态去表达对客人的尊重与友善。

17.1.1　尊重客人

服务人员在礼貌服务过程中，一定要发自内心地敬重服务对象，尊重不同国家、不同民族的风俗习惯、宗教信仰和忌讳，处处表现出热情、友好、专业、规范的待客风貌。

1）洞悉心理

要想提供让客人满意的服务，首先需要掌握客人的心理。服务人员可以通过学习心理学，在服务过程中以客人为中心，仔细观察、善于揣摩，真正了解客人的意图，针对服务对象的需求，做到科学服务。

2）客人永对

尽管服务对象并非永远是对的，但要真正做到尊重服务对象，就应当具有“让”的精神，不论他们是否在闹情绪、较偏执、爱挑剔，都不要与其顶撞、争执，而应持理解的态度，做到不讲有损宾客自尊心的话，不与宾客争辩，坚持把“对”让给服务对象。

3）耐心服务

客人常常会对服务人员提出这样那样的要求，针对不同的问题，服务人员应分别予以耐心的帮助，做到有问必答。面对客人的质疑，应该先说抱歉，再对提出的问题作出清晰、明确的答复或简明扼要的解释，让客人对你的答复或解释能够比较满意，从而心服口服。对于自己不太清楚的情况，不要凭想当然作答，正确的做法是请客人稍等，然后尽快了解相关情况，再做出合理的解答或安排。对自己无法解决的问题，应请示领导或请其他同事配合，不要对客人置之不理。

17.1.2　真诚服务

旅游行业的工作人员只有真心诚意地为客人着想，站在客人的角度去考虑他们的得失，才能不断地改善服务态度，提高服务水平，赢得客人的信赖和欢迎。

1）换位思考

服务人员要了解客人的观点，尽可能从客人的角度来看待问题。站在客人的立场思考、分析问题，并积极主动、热情地为客人服务。例如，旅游车的驾驶人员对于所走的路线已非常熟悉，沿途风光已不觉稀奇，可来自天南海北的客人们则希望更好地饱览美好景色，这时驾驶人员将车速适当放慢，就能够体现出对客人的体贴。

2)宽以待人

服务人员的工作对象来自各个地方，习俗、爱好、禁忌各不相同，在接待过程中难免会被误解、受委屈、遭人批评，甚至受到中伤，面对这些烦扰的时候，不要斤斤计较、颓废沮丧甚至以牙还牙，而要学会宽容和释怀。老人常说："吃亏即是福"，一个"福"字蕴涵了多少道理：在你为别人着想的情况下，你才会获得回报；在你宽容别人的同时，也是对自己最大的慰藉。因此，对别人的宽容就是对自己最好的宽容。要善于理解和接纳客人所提出的不同要求，并尽量满足。对脾气暴躁、态度恶劣的客人，不要以非对非，要忍耐、宽容，用温和的态度和礼貌的方式让客人尽快冷静下来，以娴熟的技能为客人提供满意的服务。

17.1.3 永远微笑

微笑可以表现出温馨、亲切的态度，能有效地缩短沟通双方的距离，给对方留下美好的心理感受。旅游服务人员面对客人保持微笑，才能与客人形成融洽的交往氛围。

1)保持微笑

美国希尔顿旅馆连锁业董事长康纳·希尔顿在50多年里，不断地到他开设在世界各国的希尔顿旅馆进行视察，每到一处他都会问的一句话是："你今天对客人微笑了没有？"微笑是良好服务态度的重要外在表现形式，是服务态度中最基本的标准。微笑能使人时刻保持良好的工作情绪，有利于提供周到细致的服务。

2)发自内心

服务人员真诚的微笑会使客人感觉受到重视与欢迎，能使客人产生"宾至如归"的体验。发自内心、自然大方的微笑，再配上优雅的手势，对于表达自己的主张、争取他人的合作，能起到不可估量的积极作用。微笑在旅游服务中是一种特殊的"情绪语言"，它可在一定程度上代替语言上的更多解释，起到无声胜有声的作用。真诚的微笑才能打动人、感染人，令客人感到满意和愉快。

3)恰到好处

微笑是一门学问，也是一门艺术，恰到好处，分寸适度的微笑，能够避免交往过程中疏远、冷漠或过分热情等不良感受，让客人真正感受到自然和温暖，真正融入我们给客人提供的整个环境之中，营造令人感觉舒适、亲切、愉快的氛围。旅游服务中良好的设施和接待工作人员恰到好处的表情，两者的有机结合能够让客人感受到一流的服务。

做一做：

1.怎样理解“客人永远是对的”这句话？

2.你能在________________情况下对客人保持微笑。

你在________________的情况下无法对客人微笑，准备如何改进？

3.两人一组，请模拟为脾气暴躁的客人服务。

看一看：

某报社记者吴先生为做一次重要采访，下榻于北京某饭店。经过连续几日的辛苦采访，终于圆满完成任务。吴先生与两位同事打算庆祝一下，当他们来到餐厅，接待他们的是一位五官清秀的服务员，可是她面无血色显得无精打采，吴先生一看到她就觉得没了刚才的好心情，仔细留意才发现，原来这位服务员没有化工作淡妆，在餐厅昏黄的灯光下显得病态十足。开始上菜时，吴先生突然看到传菜员涂的指甲油缺了一块，当下吴先生第一个反应就是“不知是不是掉入我的菜里了？”为了不惊扰其他客人用餐，吴先生没有将他的怀疑说出来。但吃饭时心里总不舒服。最后，他们招呼柜台内的服务员结账，而服务员却一直对着反光玻璃墙面修饰自己的妆容，丝毫没注意到客人的需要。到本次用餐结束，吴先生对该饭店的服务十分不满。

想一想：

1.请指出案例中服务员存在的问题。

2.本案例对你有哪些启示？

学一学：

17.2　热情好客

在旅途中，希望受到热情友好、温暖如春的欢迎和接待是人之常情。而服务人员整洁清爽的仪容仪表，主动热忱的文明服务，既能表明自尊自爱，又能真正体现对客人的尊重。

17.2.1 仪表整洁

良好的仪表会产生积极的效果,同时还可以弥补某些服务设施方面之不足。服务人员的仪表要求是:整齐清洁,大方得体,精神饱满,神采奕奕,充满活力,不带个人情绪。

1)着装规范

(1)统一。旅游服务人员应按所在部门和岗位的规定,统一着装。做到每天上岗前必须身着制服,并佩戴相应的员工牌于左胸(图 17.1)。男、女服务员均以深色皮(布)鞋为宜,或穿着统一配发的鞋(图 17.2)。

图 17.1　上岗佩戴工牌

图 17.2　穿统一配发鞋

(2)合体。制服大小合身,穿着合体。内衣不外露、不挽袖卷裤;领带、领结系端正;夏装衬衣下摆须扎进裙内或裤内;衣裤不起皱,上衣平整、裤线笔挺。

(3)整洁。保持制服的清洁,衣服上无污垢、无油渍、无异味;领口和袖口尤应保持干净。同时注意工作鞋的洁净,皮鞋要定期上油,使其铮亮光洁。袜子颜色要略深于皮(布)鞋颜色,同时要保证袜子无勾丝,无破损,只可穿无花,净色的丝、棉袜。

2)个人卫生

个人卫生是向客人提供优质服务的基础和前提,旅游服务人员应时刻注意自己个人卫生状况。

(1)勤洗澡、勤换衣袜,自觉保持身体清洁、体味清新。

(2)每天早晚坚持认真刷牙,饭后漱口,以保证牙齿无异物、口腔无异味。上岗前不得食用一些气味过于刺鼻的食物,如:葱、蒜、韭菜、腐乳等。同时也不可忽略嘴角残留的异物。

(3)注意眼部的保洁,预防眼病,若患传染性眼病,必须及时治疗,不可直接与客人接触。

(4)不留长指甲,指甲长度以不超过手指头为标准,保持指甲的清洁,不准涂有色指甲油。

3)饰物佩戴

旅游服务人员在工作岗位上选戴饰物时,因职业的特殊性而多有局限。饰物的佩戴应力求做到符合身份,以少为佳。佩戴项链时,不得露出制服外;耳饰品以耳钉为宜;发饰的选择应强调实用性,色彩鲜艳、花哨的发饰不宜在上班时选用。除此之外如手链、手镯等妨碍工作的饰物均不得佩戴。

17.2.2　面容宜人

旅游服务工作与客人直接面对面互动的时候较多,面部是最容易引起关注的部位,其面容是否宜人,对客人的情绪和满意度产生着重要的影响。

1)面容洁净

平时应保护好面部皮肤,及时去除油、汗、灰尘等脏物,避免毛孔堵塞;及时清理眼、鼻、口的分泌物但要注意避开旁人,使面容干净。注意保湿和防晒,防止皮肤干燥和爆皮。经常涂抹润唇膏以保持唇部滋润。

2)面容修饰

适当的面容修饰可以扬长避短,使自己容光焕发,充满活力。女性服务人员应化淡妆上岗,展现工作者良好的精神面貌,同时也是对服务对象表现尊重的一种形式。在化妆过程中应遵循自然、美化、协调的原则切忌色彩浓艳,离奇怪异,也不要用残妆示人或当众补妆。上岗前,男性应剪短鼻毛,剃须修面。

3)头发修饰

经常梳洗修剪头发,保证头发清洁、整齐。短发前不及眉,侧不掩耳,后不过领;长发刘海不过眉,过肩要扎起或盘起。发式大方,避免发型过于前卫、头发凌乱、切忌染彩发和使用夸张耀眼的发夹。

17.2.3　主动服务

旅游服务人员在接待过程中应精神饱满、满面春风、热情好客、动作迅速,待客如亲人,主动为客人提供服务。做到“待客三声”,即来有迎声、问有答声、去有送声。

1)主动问候

服务人员在看见客人时,一般应在与客人相距 3 米左右做好问候的准备。此时面带笑容,调整身体角度面对客人,目光自然亲切地注视,如服务员处于站姿状态,待客人走至距离 2 米时行鞠躬礼,行礼结束后说欢迎问候语;如服务员处于坐姿状态,应立即离座起身,向客人行礼问候;如服务员与客人相对而行,应在距客人 3 米左右停下脚步,让客人先行,在较窄的通道服务员应面向客人侧身站立,待行礼问候结束客人离开之后,服务员再通行。无论是不是自己负责接待的客人,在工作区域见面,都要主动问候,热情欢迎客人的光临。

2)热情接待

图 17.3 热情接待

服务人员在川流不息的客人面前，不管服务工作多繁忙，压力多大，都应保持不急躁、不厌烦的亲和友善态度，应对自如地接待客人。要不厌其烦地向客人微笑问候，招呼示意，安排落座，奉上茶水、瓜果、糕点等，并尽快办理相关事务。注意“接一、待二、招呼三”，使客人都能感受到服务人员的热情，有宾至如归的温暖(图17.3)。

3)妥善安排

在服务接待的过程中，应根据实际情况进行恰当的安排。如果来的是熟客，应尽量安排客人习惯的工作人员进行接待，使客人感到无拘无束，轻松自在。对于第一次光临的客人，服务人员应以客人感兴趣的内容为中心，进行较细致的介绍和服务，争取给客人留下美好的印象，使其成为回头客。如果客人需等候，则应该提供茶水、小吃、书报、电视等方式，减少等待时的无趣。

做一做：

1.在仪表修饰中你注意到的有：____________________；你平时不太注意的有：____________________；改进措施：____________________。

2.作为一名服务接待人员，主动服务应如何体现？

看一看：

一家饭店的西餐厅早餐时间，服务员注意到一位年岁较大的外国客人在吃早餐时一个细节动作：他先用餐巾纸将煎鸡蛋上的油小心擦掉，又把蛋黄和蛋白用餐刀切开，再就着白面包把蛋白吃掉，而且在吃鸡蛋时没有像其他客人那样在鸡蛋上撒盐。服务员揣摩客人可能是因患某种疾病，才会有这样比较特殊的饮食习惯。第二天早上，当这位客人又来到西餐厅，刚落座还未等其开口，服务员便主动上前询问他是否还是用和昨天一样的早餐。待客人应允后，服务员便将与昨天一样的早餐摆放在餐桌上，不同的是煎鸡蛋只有蛋白没有蛋黄，客人见状非常高兴，边用餐边与服务员聊起来，他之所以有这样的饮食习惯，是因为他有顽固的高血压症，这样做都是遵从医嘱的结果。

想一想：

1.这位服务员记住客人的饮食习惯对服务有什么帮助？

2.这位外国客人在第二天用早餐时，为什么会很高兴？请谈一谈这个案例对你的启发。

学一学：

17.3　善解人意

在服务接待工作中，细节最能表现诚意与尊重。这就要求服务人员处处以客人为重，时时为客人着想，从细节处做起，在工作中做到操作轻，说话轻，走路轻，动作利落，服务迅速，追求尽善尽美的服务效果。

17.3.1　无微不至

在客人到达服务场所后，服务人员要将客人的安全放在首位，为客人提供全方位的服务，让客人在陌生或熟悉的环境中，感受到贴心周到的照顾。

1)陪同引导

对光临服务场所的客人，服务人员要陪同并引导他们到指定的地方。陪同引导时，应位于客人左前方一米左右的位置；服务人员应注意保持与客人一致的步伐，切勿我行我素。每当经过拐角、楼梯或道路坎坷、照明欠佳处，须关照提醒对方留意。引导时服务人员应保持正确的体位，在开始请对方行进时，应面向客人，使用明确的引导手势；在行进中与对方交谈或答复其提问时，应以头部、上身转向对方(图 17.4)。

图 17.4　陪同引导

2)进出电梯

在饭店等地使用专用的电梯，工作人员要照顾好服务对象。在乘电梯时碰上并不相识的服务对象，也要以礼相待。如乘坐的是无人驾驶电梯，服务人员须先进后出，以便控制电梯，如乘坐的是有人驾驶的电梯，服务人员则应当后进后出(图 17.5)。

3)搀扶帮助

在服务过程中，服务人员根据具体的情况，及时对一些行动不便的老、弱、病、

图 17.5 进出电梯

图 17.6 搀扶帮助

残、孕等服务对象主动予以搀扶,以示体贴与照顾(图 17.6)。

17.3.2 谈吐得体

言为心声,语言反映了一个人的所思、所想、智慧以及待人接物的基本态度。服务人员的言谈主要须注意以下几点:

1)礼貌用语

服务人员的礼貌用语可分为问候用语、迎送用语、请托用语、致谢用语、征询用语、应答用语、赞赏用语、推脱用语、道歉用语等。常用的有“您好,欢迎光临金质花苑酒店”“请将贵重物品随身携带或寄存在前台,谢谢合作”“好的,你们的菜品要少放盐,我会在菜单上注明并告诉厨房”“对不起,让您久等了”“不好意思,这是旅行社的规定,谢谢你的好意,我确实无法接受。”“您真有眼光”等。

2)恰当称呼

在任何情况下,服务人员都必须对服务对象采用恰当的称呼。在工作中适宜用一般称、职业称、姓氏加职务的称呼,如“晚上好,先生,欢迎光临!”“周律师,您好!今天由小刘为您打理发型,好吗?”“吴总,几日不见,更加容光焕发了!还是给您安排在老地方 68 号包房,怎么样?”需要称呼多位服务对象时,要分清主次:由尊而卑、由近而远,如“徐董、曾总、张工请跟我来。”

3)表达清晰

(1)语种。用客人习惯的语言与之交流最好,如客人使用粤语,服务人员用粤语与之交谈;客人说英语,服务人员用英语与之对话;提倡和推广使用普通话。

(2)发音。说话时要求口齿清晰,同时注意发音标准,避免产生歧义,造成误会。比如“红烧小黄鱼一份四条”如果听起来像“十条”,上菜后客人发现与事先了解的不相符,很容易由失望变为生气,引起麻烦。

(3)音量。说话声音适当调控，既不要太大，使客人感觉嘈杂；也不要太小，听起来让人费劲；说话声音不大不小，刚好能满足服务对象的需要，这也是服务人员的一种修养。

(4)语速。服务人员应根据客人的语速和听力水平来调整自己说话的速度。一般而言，对说话快速的中青年人，说话速度快一些可使客人感觉到服务的效率与活力；对听力水平有所下降的老年朋友，放慢语速可以帮助他们更好地理解说话内容。

(5)强调。对于价格、日程安排、特殊要求等客人特别关心或既重要又容易忽略的内容，服务人员应进行适当强调，如"两天的房费一共是 480 元，收您 500 元，找补 20 元，请收好。祝您愉快！""对于刚才说过的时间安排，我再重复一遍……请大家务必准时，谢谢合作！"

4)用词文雅

对于服务人员来说，在与顾客交流时要尽量选用文雅的用词，努力回避不雅之语，以表现良好的素养。如导游服务人员用"上歌厅"代替"上厕所"就是一种含蓄又有趣的创意。美发服务人员用"洗头"代替"洗脑壳"显得更尊重客人。用语力求谦恭、敬人、高雅、脱俗，根据不同的对象使用恰当的语言。粗话、脏话、怪话、黑话则在任何情况下，都不要出自服务人员之口。

17.3.3　用心服务

旅游服务工作不仅讲求按规范、程序操作，更应注重将顾客的需要放在第一位，以客人为中心，提供差异化、个性化的服务。服务人员的用心服务，不仅显示出高质量的服务水准，会受到客人的欢迎，同时还可以避免不必要的麻烦及事故的发生。

1)仔细观察

服务人员与服务对象的接触，一般时间不长，在短短的时间里，服务人员要尽可能通过对客人性别、年龄、神态、举止、说话等方面的观察，尽快判断客人的情况，提供符合其要求的服务，实现宾主尽欢。

2)认真揣摩

作为旅游服务人员应了解客人的风俗习惯、生活习惯及特殊要求，从而更好地服务客人。如餐饮服务员："先生，听口音你们是湖南人吧，我们酒楼最近推出的毛家菜就是正宗的湘菜，来两样尝尝怎么样？"又如导游员在安排乘车的座次、住宿的房间、就餐的席位时，尽量将同一家庭或关系亲近的成员分在一起，乘车的过程中，发现大家昏昏欲睡时，就不要口若悬河、滔滔不绝，否则既费力也不讨好。

3)恰当处理

对于服务过程中发现的异常情况，服务人员要通过恰当的方式及时进行沟通，使问题得到控制，避免事态扩大化。有一次，一位西餐厅的服务员发现 8 号桌的客人将咖啡匙放进了自己的包里，在客人要求买单的时候，服务员彬彬有礼地对客人说："先生，您好！感谢您除了喜欢我们的咖啡，同时还欣赏我们提供的餐具。为充分满足客人的需要，本店可以出售餐具，一把咖啡匙20元，如果您喜欢，我帮您记入账单，您看好吗？"这样的处理方式，体现出服务的用心，保护了酒店的利益，更重要的是保全了客人的面子。

做一做：

1.模拟在工作岗位上按"谈吐得体"的要求与客人进行交谈。

2.为自己设计一个岗位，如"行李服务员""前台接待员""驾乘人员"……请分别谈一谈在这个岗位上"用心服务"可以如何体现？

看一看：

张先生是大连一家大型企业的业务副总经理。他计划16日—18日在广州参加完交易会后，立即返回大连，因为有一个重要会议在等待着他。

18日早晨，张先生来到他入住酒店的商务中心，预订了一张19日上午返回大连的机票，商务中心的刘小姐热情地接待了张先生，立即与航空公司票务中心进行了联系，并承诺最迟在晚上20:00将机票送到客人房间。张先生这才放心地外出办事去了。

白天张先生非常忙，直到21:00才返回酒店，当他一回到房间就向客房服务员询问机票之事，客房服务员却回答说："这件事是您与商务中心联系的，您还是自己落实。对不起，我帮不了您。"张先生又将电话打到了商务中心，谁知一位接待小姐说："这里是有一张大连的机票，可是我现在还不敢断定是您的，待我询问一下再回答您。"

等到了晚上23:30，张先生仍不见机票送来，于是又致电商务中心，商务中心的接待员却回答说："由于早班人员已下班，我现在联系不上。对不起，请再等一下好吗？"张先生一听很气愤，心想这酒店怎么在服务上这么没有信誉，张先生担心延误明天一大早的返程，便将此事投诉到了大堂副理处。大堂副理经过了解才知道，原来早上接受张先生订票的服务员中午突然因生病去了医院，未及时告知其他人员，而登记的内容又有误。等大堂副理拿着机票送到客人的房间时已是接近凌晨了，尽管他向张先生表达了深深的歉意，客人仍然余怒未消。

想一想：

1.你认为发生这种情况，问题出在哪里？

2.“票务服务又无什么钱可赚，其实酒店设立这项服务是吃力不讨好。”这种观点你是否同意？为什么？

学一学：

17.4 办事周全

接待来宾时，光有文明与礼貌还远远不够，更重要的是在接待中表现出真心实意、考虑周到。服务工作严谨周密，能给宾客信赖感和安全感。

17.4.1 计划在先

旅游服务工作人员在接待来宾之前，要对接待工作进行具体的计划和周到的安排。

1)搜集信息

在接到来客通知后，应立即着手收集宾客信息。了解来宾的单位、姓名、性别、民族、职业、级别、人数等有关情况，当然也包括来访的目的、要求、前来路线和交通工具、抵离时间、来宾生活习惯、饮食爱好及禁忌、来宾职务、民族，重要来宾的血型等。

2)制订方案

(1)确定接待规格。接待规格是准备工作中的重要环节。由谁迎接、陪同、接待，采取哪种规格接待，需要慎重确定。一般有三种接待形式：

一是高规格接待，就是陪同人员比来客职务高的接待形式。上级领导派一般人员口授意见和要求，兄弟单位派员商谈重要事宜，下级人员汇报重要事项，需要高规格接待。

二是低规格接待，就是陪同人员比来宾职务低的接待形式。上级领导来了解情况、调查研究，外地参观旅游团到访，老干部故地重游或领导顺道路过本地，可以低规格接待。

三是对等接待，就是陪同人员和来宾职务、级别大体相同的接待形式。对重要来访者、来宾初到和临别时，一般采取对等接待。

(2)制订接待方案。制订具体的接待方案包含：接待规格，接待规模的大小、隆重程度及由哪些领导人出面，接待方的领导人、官员要不要讲话？用不用献花，安排迎送、宴请、会谈会见、座谈、参观、食宿安排、交通工具等。重要接待的方案要报有关领导批准。外事接待方案还必须由外事部门和主管外事的领导审批。如果要献花需提前落实好献花人员,如果现场讲话,要提前通知相关人员作好讲话准备。

3)认真准备

有一次,北京某旅行社组织一个旅游团,原计划乘 8 月 30 日 1301 航班于 14:05 离京飞广州,9 月 1 日早晨离广州飞香港。订票员订票时该航班已经满员,便改订了 3105 航班 12:05 起飞,并在订票通知单上注明:注意航班变化,12:05 起飞。计调由于疏忽,只通知了行李员航班变化时间而没有通知导游,也没有更改接待计划。8 月 30 日上午 9 点,行李员发现导游留言条上的时间和他任务单上的时间不符,他提醒了导游但没有引起注意,导游也没有认真检查团队机票上的起飞时间,结果造成误机的重大责任事故。

准备工作直接关系到后面的环节和整个接待服务的质量,要做得充分、周密,才可能避免失误或将其减低到最小限度,真正体现服务水平。

17.4.2 注意细节

据说有位著名中医,每年 11 月到第二年 4 月期间都会在口袋里放一个小怀炉。天气冷的时候一定先暖暖双手再为患者把脉,患者接触到医生暖暖的手都会有一种安定感。名医毕竟有其过人之处,如此善体人心。细节服务,以完善的细节来赢得顾客也越来越受青睐。

旅游服务要接待不同年龄、不同身份的宾客,在工作中要特别注意细节,以满足不同对象的心理需求和物质需求,使每个宾客高兴而来,满意而归。

1)介绍详尽

旅游服务的内容非常繁多,各个岗位的服务人员应将自己服务的内容详细地向客人进行介绍,让客人充分了解,避免客人享受服务后,有"上当受骗"或没有"被告之"的感觉,甚至遭到客人投诉。

2)顾及感受

有时候,服务人员的举手之劳,如将冷却的饭菜热一热、为物品较多的客人推一辆行李车、为住宿的客人准备一袋牛奶、为等待的客人送去一杯茶水……其起到的作用往往超乎想象。

旅游服务行业无论管理得多么严格、经营得怎么好,客人有意见甚至投诉都是不可避免的。由于客人来自四面八方,每位客人都有各自的生活方式和习惯,再加上心情和年龄等因素,总会有使客人感到不满意或处理不当的地方,所以对客人的抱怨,服务人员要能理解,真心诚意地帮助客人,绝不与客人争辩。

3)爱护物品

对于服务对象的物品,服务人员要注意轻拿轻放,小心谨慎。如行李员为客人取出行李、前台接待员接过客人寄存的物品、餐饮服务员为客人挂好外套、客房服务员打扫房间时移动东西都要遵循这个原则。

细节决定成败，关注服务细节，做好细节服务，就一定能提高服务质量，提高客户满意度。

17.4.3 有始有终

某酒店的老总曾经说过：“客人抵达本店，有人为他们开门提行李，感觉不错。前台的服务快捷、细致，微笑也不差。设备很好，厅堂的整理无懈可击。结账的时候心情愉快，然而到了车场却生了一肚子气。原本良好的印象就这样因为最后的停车场人员态度恶劣而大打折扣。”可见，服务一定要有始有终，不能坚持到底，结果等于零。对于旅游服务业来说这种精神更显重要。

1)礼貌送别

在客人离开之际，服务人员应放下手中的事务，停下行进的脚步，起身恭送客人。此时应双目注视客人，面带笑容，提醒客人带齐随身物品，将客人需要带走的菜品打好包，主动为客人开门，行李员主动将较大的行李拎上后备箱、为客人打开车门。根据距离、位置等实际情况或鞠躬行礼、或挥手再见，并不忘感谢和祝福客人“愿您留下美好的回忆”“欢迎下次再来”，目送客人离去。

2)受理投诉

受理投诉的人员应将投诉视为建立忠诚的契机，只要正确对待投诉的问题，并及时处理好，这些投诉的客人大多数会成为公司忠实的客户。

(1)主动沟通。在接到口头投诉后，应引起高度的重视，迅速与投诉者沟通。沟通时避免让旁人参与进来，以免造成更大范围的不良影响。

(2)认真倾听。投诉接待人员要耐心倾听投诉者的陈述，对问题准确了解，并不时点头示意，让他们明白你在认真地听取意见。不要马上辩解或否定，更不要发生争吵，以满足投诉者发泄“怨气”的心理需求。同时，还应作好记录，以示对反映的问题充分重视，并且为解决投诉提供依据。

(3)态度诚恳。面对十分生气和认真的客人，要表示对他们的理解。努力让投诉者明白，单位或部门非常关心并诚心了解哪些服务不能令他们满意，可以说“非常抱歉听到此事”“我们理解你现在的心情”等。

(4)积极弥补。在核实投诉的内容后，设法与有关部门商定弥补方案，首先应向投诉者表示歉意。及时对服务缺陷进行弥补，或对服务内容进行替换等。补偿损失一定不要拖延时间。要努力挽回影响，最大限度地消除客人的不满和不快。

3)跟踪服务

客人的离开并不意味着服务结束，对于经常往来的客人，在节假日前夕，可用适合的方式表达问候与祝福；将单位举行活动的信息进行及时通报；对客人反馈的意见和建议，旅游服务人员应认真对待，及时对照、改进，并将情况以感谢信等形式传递，让客人感受到重视与尊重。

做一做：

1.作为导游你要带团到某地旅游，请制订一份接待方案。

2.假设你是一名接待员，当遇到投诉时，你将如何应对？

3.情景模拟训练：学生4~6人为一组，1人作为客人，其他人分别模拟各个岗位的工作人员，演示为客人提供优质的服务。

18 商品销售　细致耐心

销售商品的工作人员，首先应向顾客推销的是自己，只有取得了顾客的好感，推销才能继续下去。要成为一名优秀的销售人员，既要了解商品，又要具备较强的形象意识，给顾客留下专业、真诚、值得信赖的印象。

看一看：

张亮在一家汽车销售店工作，他总是西装革履，面带微笑，一副很和善的模样。有顾客到店里来，张亮总是不厌其烦地为他们进行介绍，来的顾客都喜欢找他。这天有位顾客来到店里找张亮买车，张亮很高兴，陪着顾客挑颜色、选配置、试驾。顾客终于下了决心，购买其中一款 50 多万的车。他和张亮一起走进接待室，准备开票付账。正在此时，张亮的手机响了，是女朋友打来的。张亮接电话后，一时忘形，把顾客晾在了一边。等张亮打完电话，顾客早已不见踪影，50 多万的销售额就这样泡了汤。

想一想：

1.顾客为什么喜欢找张亮？

2.买车的顾客为什么会突然不见踪影？

学一学：

18.1　真诚自然

商品销售的过程就是销售人员服务顾客的过程，销售人员应通过真诚自然的服务，力求让顾客在购物的同时，得到精神上的享受。

18.1.1　尊重顾客

1）提倡讲普通话

销售人员在讲好普通话的基础上，再学习些大语系，如广东、上海、闽南等方言，能听懂顾客之间的交流，拉近相互之间的心理距离，就能更好地激发和满足顾客的购买欲望。

2)准确使用尊称

顾客群中,男女老幼,身份各异,接待顾客,免不了要称呼对方。如果称谓不当,也会使顾客不快。面对男性可以统称“先生”,面对女性,则要根据年龄的不同有选择性地称呼,不能不论年龄,都称呼“小姐”或“女士”,让人觉得别扭,不恰当。当觉得称谓有困难的时候,可用“您”来代替。对任何顾客,都不能用“哎” “喂”地呼来呼去。

3)主动提供服务

多数顾客都有事先已确定购买的目标商品,但能否实现购买,相当程度上取决于销售人员的待客服务。主动为顾客服务,还能将看客转化为买主,成功的关键在“主动”。

图 18.1　主动迎客

(1)主动迎客。当有顾客光顾自己的“责任区”时,讲好第一句话,做到来有迎声,坚持“顾客到、微笑到、敬语到”的“三到”服务。顾客进店后,销售人员应以亲切的目光迎接,欢迎顾客的光临。看到顾客有意停留,注目观看时,主动上前搭话问好,可以说:“您好,需要我帮忙吗?”不要顾客一进来,立足未稳,就急忙问“您好,您买什么?您要哪一件? ”顾客会有一种压抑感(图 18.1)。

(2)主动安排。在顾客观看挑选时,做到问有应声,不让顾客失望。在销售的高峰期或节假日,顾客较多,常常同时等候服务,这时销售人员要主动招呼安排,不让顾客产生被冷落的感受。

(3)主动道别。销售人员在交易场所,不可能陪着某一位顾客细挑慢选或聊个没完。所以当钱货两讫后,销售人员要主动和顾客道别,说句简单而又亲切的话“欢迎您下次再来”“请您带好自己的东西”等。忙碌时可点头微笑,送别顾客。

4)不做无关的事

在岗位上,即使没有客人,也不能看报、玩游戏或接打无关的电话。如果必须,应尽量简洁,电话结束,适时向顾客表示歉意。

18.1.2　态度诚恳

在商品销售过程中,销售人员应礼貌、热情、周到和耐心地接待每一位顾客,始终保持情绪饱满、热情周到、话语亲切。尊重顾客的意愿,尽量方便和满足顾客要求。通过各个环节的服务,让顾客感受销售人员的热情和真诚。

1)微笑服务

微笑在服务中是一种“情绪语言”,它可以代替语言上的欢迎。在顾客眼中,微笑表达了一种友好热情的态度,能够使顾客产生良好的心境,消除陌生感。微笑是对顾客的一种尊重，是一种易于被顾客接受、能够提高服务质量的服务方式(图18.2)。

2)用心服务

当有顾客走近服务区域一米以内，销售人员微笑问候以后，可以暂时离开，这样有益于顾客自然放松，为他们了解、选购商品创造必要的环境。不要用“捉贼”的目光去审视顾客，那种异样的眼光，会使顾客非常反感。在顾客看商品时，不要在他身后随行，只要稍加留意，保证随叫随到就可以了(图18.3)。

图18.2　微笑服务

图18.3　用心服务

3)有序服务

当同时有几位顾客时，销售人员要做到“接一待二招呼三”，先接待先来的顾客，招呼、安排好后来的顾客。在前一位顾客挑选时，可利用时间差来接待后一位顾客。当接待等候了一会儿的顾客时，要表示歉意，比如说一声：“对不起，让您久等了。”当顾客指出所要的商品时，要说声：“好的。”然后迅速取出商品，有礼貌地递过去。如果顾客要的商品没有时，可以抱歉地说：“对不起，我到仓库里去看看，请您稍等。”若这种商品本店确实没有，可以说：“请您稍等，我帮您联系一下。”若联系不上时，可对顾客说：“对不起，等联系好了我再通知您好吗？”或是向顾客推荐同类商品。

4)有礼服务

销售人员要保持良好的心态和充沛的精力，接待顾客表情自然，热情有度，无论面对怎样的顾客，都能应对自如，使自己处于最佳工作状态。在任何情况下，都不允许和顾客争吵。销售人员彬彬有礼的服务，既是对极个别无理取闹顾客的最好约束，也是销售人员高素质的表现。记住“顾客永远是正确的”，才能提高工作效率，真正做到有礼、有节、有度的服务。

18.1.3　宽容忍让

1)容忍顾客的无知

不要计较顾客在听商品介绍时提出的各种问题，包括你认为是众所周知的所谓低级问题，要容忍顾客对商品知识的无知。

2)容忍顾客的比较

不要计较顾客买与不买、买多与买少，容忍顾客对不同品牌同一商品的比较；同一品牌不同价格商品的比较；同一品牌商品不同卖家的价格比较。

3)容忍顾客的挑剔

不要计较顾客要求的高低和态度的好坏，容忍顾客对商品的反复挑选和挑剔。

4)容忍顾客的怀疑

不要计较顾客对商品的价格高低、质量好坏等方面的怀疑，要能容忍顾客在听取介绍后，一边挑选商品，一边怀疑商品。

做一做：

1.迎客的“三到”是__________、__________、__________；“三声”是__________、__________、__________。

2.在四个服务中，你能做到的有____________________；暂时没有做到的有__________________________。

3.销售人员要宽容忍让顾客的______、______、______、______。

看一看：

一位顾客来到化妆品柜台前，正在打量化妆品时，王丽很热情地上前问道：“您要什么？我把它拿出来给您试试？”结果没想到，这位顾客不仅没接受王丽的服务，还很快离开了化妆品柜台。

想一想：

1.王丽的服务有什么问题？

2.顾客为什么会离开？

学一学：

18.2　落落大方

顾客走进商场时，不仅希望买到称心的商品，还希望能够享受到良好的购物环境，得到满意的服务。怎样才能使顾客在购物的过程中，不仅得到物质上的满足，而且得到心理上、精神上的享受呢？销售人员良好的形象、落落大方的举止，是顾客需求的一个方面。

18.2.1　塑造形象

商品销售人员每天都要直接面对顾客，注意修饰自己的仪表，重视自己的举止，塑造良好的形象，能够给顾客亲近感和信任感。

1)外表整洁

仪容仪表能体现一个人的修养、自尊和品位格调的高低，也是对别人和周围环境的尊重。商品销售人员必须在顾客面前充分展示良好的形象，争取尽快获得对方的认可与信任，以促进交易的达成(图 18.4)。

图 18.4　外表整洁

(1)面部。面部保持干净，没有异物；女性应淡妆，忌浓妆；口腔没有异味，牙缝没有残留物。

(2)头发。保持干净，无异味，无头屑。男性头发短不为零，前发不覆额，后发不及领，两侧不盖耳；女性可留短发、盘头、扎马尾辫。但无论男女，都不应染有色发。

(3)手。保持手的干净，不留长指甲，不涂有色指甲油。

(4)穿着得体。销售人员一般要求穿着统一规定和专门设计的识别服、结领带、领结或飘带。不规定统一服装的，上班也必须穿着整洁干净。服装上不能有明显的污渍和灰尘，无线头、破裂和褶皱，钮扣完好，并按要求佩戴好工号牌或证章。让人感到整洁、美观。

2)举止大方

注意行为举止，是塑造自身良好形象，接待顾客、搞好销售的必需。销售人员的站立、走动、取物、收款等举止动作，都要表现出文明礼貌，训练有素。

(1)迎客的站姿。女性站姿庄重大方，亲切有礼，秀雅优美，亭亭玉立。男性站姿刚毅洒脱，挺拔向上，舒展俊美，精力充沛，随时准备迎接顾客的到来。千万记住不要因为没有顾客，站的时候就出现弯腰驼背、左摇右晃；曲腿、叉腰、靠门、靠柜等不雅的站姿，给人懒惰、生意欠佳的印象。有顾客到来，可两手放在体前，身体微前倾，面带微笑，随时准备为顾客服务(图 18.5)。

(2)待客的走姿。为顾客挑选商品或陪顾客一起挑选时,步履应轻盈快捷。陪顾客挑选商品的时候,步伐要和顾客保持一致,以方便更好地服务。

(3)送客的姿态。无论是否购买商品,顾客离开时,销售人员都应对他们心存感激,点头微笑,身体微前倾,目送顾客离开(图 18.6)。

图 18.5　迎客的站姿

图 18.6　送客的姿态

18.2.2　把握分寸

1)认清身份

销售人员和顾客在生意场上,就是"买卖关系",不能像朋友聊天一样,说话太随便,交谈时切忌将商业机密在有意无意中全部和盘托出。

2)考虑措词

在推销商品的过程中,有些话出口之前,要经过一番考虑。如顾客选不到满意的商品,可以对顾客说"实在对不起,希望下次您会有收获"等。向顾客介绍商品后,可以很有礼貌地征询顾客的意见:"您看怎么样?"而不能将自己的观点强加于顾客。要多用敬语、赞语:"非常漂亮,很合适""您真有眼力"等,切不可出口伤人,令顾客反感。

3)尽量客观

作为销售人员,在与顾客交谈的过程中,无论推销或介绍商品,都应该实事求是,不夸大其词。

4)充满善意

商品交易中,生意不成人情在,这次不成,还有下次。不说刻薄、挖苦别人的话,不说有可能刺激或伤害对方感情的话,与人为善。

18.2.3　商品展示

1)有备而来

销售人员在展示之前,要掌握展示技术,做到胸中有数。

(1)一懂。商品销售人员,对所销售商品的产地、生产、产品流通的各个环节及过程都要心中有数。

(2)四会。对所展示的商品,会使用、会调试、会组装、会维修。

(3)八知道。知道产品的原产地;知道商品品牌;知道价格,要避免介绍商品过程中,出现前后价格不同的说法;知道商品的质量;知道商品的性能;知道商品的用途;知道商品的用法;知道商品的保管措施。

2)动作标准

展示商品动作要规范,展示时要做到:

(1)搬运商品要稳妥。

(2)递交商品要走到顾客面前,双手递上并递到手中,有刃和尖的一边朝着自己。

(3)帮助顾客挑选商品,动作要轻巧利落,不出声响,把商品随便往柜台上一扔,是一种对顾客不尊重的行为。

(4)展示商品要便于观看(图18.7)。

图18.7　展示商品姿态

3)双方互动

商品展示是为了调动顾客的积极性,激发好奇心,让顾客参与,引起互动。介绍商品要有吸引力,允许顾客接触商品,协调好相互之间的关系。

做一做:

1.按照礼仪的要求,在仪表方面:

你已做到的有________________________________;

你没做到的有________________________________。

2.商品展示的四会是______、______、______、______。

八知道是______、______、______、______、______、______、______、______。

看一看:

一位顾客带着自己的孩子一起去买东西,她来到鞋柜,营业员胡芬热情地接待了这对母女。胡芬对着小朋友说道:“这个小妹妹好漂亮啊,脸蛋像个红苹果。”听到营业员夸奖自己的孩子,这位母亲也自豪地回应道:“是啊,是还蛮乖。”胡芬逗着小朋友,这位母亲在胡芬的鞋柜经过挑选,买了一双自己喜欢的鞋。

想一想:

(1)胡芬逗小朋友玩和她销售鞋有什么关系?

(2)你能针对不同的顾客和他们沟通吗?

学一学:

18.3 知人善言

常言道:“良言一句三冬暖,恶语伤人六月寒”。销售人员应有较好的语言修养,针对不同的顾客进行恰当的交流。

18.3.1 区别对待

销售人员应把顾客进行分类,针对不同类型顾客的心理和行为习惯区别服务,才会收到事半功倍的效果。一般情况下顾客分为以下几类:

1)男顾客

大多数男顾客在选购商品时,尽量使自己不显得小气和吹毛求疵,能尽快做出购买的决定,非常重视销售人员的服务礼仪,并对销售人员给予的帮助表示感激。

2)女顾客

大多数女顾客买东西计划性很强,心细,选货时间长,常提反对意见,对商品外观要求较高。

3)青年顾客

重视商品的美观,对其耐用性要求不高,在一般情况下,乐于接受销售人员的推荐,做决定比较快。

4)中年顾客

在顾客的构成中比重较大,他们购物经验丰富,能对商品做出全面的评定,要求商品美观、牢固、耐用、方便等,很注意服务质量问题,常对销售人员的态度提出意见。

5)老年顾客

一般非常谨慎小心,重视商品的适用和实惠,对新商品的使用不太适应,销售人员的稍有不慎或出言不当,都会引起强烈的反感。

18.3.2 礼貌用语

1)问候语

与顾客见面之初的致意语言,最基本的问候语是“您好,欢迎光临”。也可根据不同时间分别使用“上午好”“晚上好”“新年快乐”等。

2)答谢语

顾客光临了,无论是否购买商品,销售人员都应该对顾客表达感激之情。一句“谢谢”很简单,却体现了修养和对顾客的尊重。

3)致歉语

在商品销售中,如果服务或提供的商品没有满足顾客的要求,销售人员应把愧疚之情表达出来让顾客知道,并请求原谅与宽恕。如“对不起”“很抱歉”“请原谅”等。致歉应发自内心,满怀诚意,让顾客从心理上谅解和宽恕自己。切忌致歉时敷衍了事,极不情愿,这样只会加深顾客的厌恶和不悦。

4)请求语

商品销售“请”字当头,体现销售人员的态度诚恳、言辞谦恭和对顾客的尊重。如“请问您需要多少个?”“请多关照”等。

18.3.3　善于聆听

销售人员在交谈中,不但要善于表达自己的意思,而且应该特别注意认真聆听顾客的意见,这样才能针对顾客的心理,更好地推销商品。

1)全神贯注地聆听

和顾客说话时,如果东张西望,低头只顾做自己的事情,或面露不耐烦的表情,这样既不礼貌,也会使顾客产生反感。应积极努力去听,有不明白的问题,及时地问清楚。

2)不打断对方说话

顾客在了解某些商品时,应该让其把话说完,即使作短暂的停顿,也不要打断他的话,影响他的思路。

3)体察对方的感受

注意揣摩顾客内心的真实感觉,才能更好地沟通,提高销售的成功率。

4)不匆忙得出结论

作为销售人员,应该努力弄懂顾客的谈话内容,完全了解他的意思,再按要求给顾客提供帮助,不要想当然地去替顾客着想。

做一做:

1.你经常使用的礼貌用语有________________________。

2.模拟情景:将顾客分成不同的顾客群为他们服务。

看一看：

王红在一家手机专卖店上班，她能说会道，很善于抓住客人的心理。这天，她又销售了一部三星手机。可是快到下班的时候，这位购买三星手机的客户来到店里要求退货，这可把王红给弄糊涂了。因为，当时买手机的时候，王红特别细致地向这位顾客介绍了三星手机的款式和价格，因为在她看来这是最值得关心的问题。顾客很高兴地购买了其中一款。是什么原因导致顾客退货呢？原来，顾客早就想好买三星这个品牌的手机，只是款式和价格没有定。到了店里，听到王红的介绍和推荐，就买下了。回家却发现，手机不是原产地韩国生产的，顾客不愿意了。她认为是王红介绍时没有说清楚，于是就出现了退货一事。

想一想：

1.是什么导致了顾客退货？

2.商品销售是否只用介绍外观和价格？

学一学：

18.4 细致耐心

人们在购买商品之前，都希望看到商品，并了解商品的质量、相关性能等，以确定是否购买该商品。这就需要商品销售人员在与顾客进行交流时，耐心细致地介绍商品的相关知识。

18.4.1 介绍商品（图 18.8）

图 18.8 介绍商品

1)讲究诚信

介绍商品时，既不夸大其词、隐瞒缺点，也不以次充好、以劣抵优。切忌言而无信、欺骗顾客，对顾客进行诱购、误导，强买强卖。

2)把握时机

选择向顾客介绍、展示商品的时机很重要。展示过早，使顾客产生戒心；展示过迟，顾客已转移了注意力，会错失销售良机。

(1)应邀介绍。顾客在看好某商品后,产生了购买的欲望,希望销售人员能介绍相关的知识。

(2)主动介绍。顾客急于购买某商品,或很想了解时,销售人员应主动介绍。

(3)例行介绍。对顾客不清楚的问题进行解答。

3)灵活机智

向顾客介绍商品要诚心诚意、实事求是,还要针对顾客的实际情况有目的地进行介绍。

(1)见机行事。向顾客介绍商品时,要运用全面的商品知识,选择顾客需要的内容。面对很有主见的顾客不要说自己的观点,可恰当应和。

(2)分清主次。当夫妇二人一同来买东西时,应先问女宾好,向女宾介绍商品,但也不可冷落男宾。一般情况,小件商品女做主,大件商品男做主。

(3)抓住重点。根据不同顾客,选取他们最可能感兴趣的特点进行介绍,激起好奇心后再解答顾客的疑问,从而促进销售。

18.4.2 认真解答

顾客在购买商品过程中,会提出一些问题,销售人员在解答问题时应注意以下几个问题:

1)热情

解答时要让顾客感受到销售人员热情的态度,声音要轻柔,答复要具体。与顾客对话时面带笑容。

2)尊重

解答顾客的提问要礼貌对答,不要一边回答一边做其他事情。不冲撞顾客,注意选择文雅、亲切的词语表达,避免使用粗俗、生硬的语言。

3)宽容

不管顾客提出的问题在销售人员看来多么幼稚,甚至是“多余”的,都应礼貌答复,不能露出不屑一顾的表情,甚至讽刺挖苦,这些行为会伤害顾客的自尊心。

4)耐心

有问必答,百问不厌。有的顾客挑选商品会不时发问或者反复问一个问题,有时几位顾客会同时发问,让人不知道听谁的好,销售人员对这些都应有充分的耐心,沉得住气,逐一解答。

18.4.3 服务周到

销售人员在服务过程中,尽量为顾客考虑全面,出售商品时,顾客没有想到的,顾客不知道的方面,都要介绍到,在售前、售中和售后都体现出周到的服务。

1)预约登记

销售人员为顾客进行预约登记时,应留下联系方式。当商品不能按照约定时间、地点进行送货、安装或者上门维修时,销售人员应尽快敦促厂家或商家解决问题,使顾客从信赖销售人员,到信赖他所销售的商品,提高销售人员的信誉度。

2)接待投诉

接待顾客对商品的投诉,要做到耐心热忱,及时做好记录,迅速调查核实,尽快给予回复。

3)退换商品

当顾客来退货时,同样要态度热情,不推诿,更不能讽刺、挖苦顾客。对顾客仍然要有问必答,对一些确实不能退换的商品,应耐心解释。不对顾客说服务忌语,不给顾客脸色。

4)处理异议

在商品销售过程中,难免会有顾客提出各种各样的要求,甚至对被推销的商品及销售人员提出不同看法或反对意见。在处理异议时应做到:

(1)尊重顾客异议。有异议说明顾客对商品有兴趣,希望购买。销售人员要站在顾客的角度,替顾客着想,在心理上"允许"顾客的异议。

(2)不与顾客争吵。正确做法是先表赞同,抚平顾客的激动情绪,拉近彼此间的心理距离,再将顾客的想法引导到自己的意见上,这样顾客也比较容易接受解释。

(3)把握时机处理。掌握时机,主动提出顾客可能提出的异议,然后加以解释。既降低了销售的难度,又体现了为顾客着想的精神,可以提高顾客对所销售商品的信任。

做一做:

1.遇到销售的商品出现问题,顾客要求退货时,你如何处理?

2.模拟练习为顾客介绍推荐某件商品。

19 办公人员　干练优雅

当代社会的一切办公场所,人们都期待办公人员能有效地处理事务性工作。办公人员应从言谈举止、仪容仪表、办事效率、工作态度等几个方面塑造办公人员的良好形象。

看一看:

有一次,一个街道的主任邀请一家著名咨询公司的老总到单位商谈事情,希望老总能为街道的工作进行一些策划。到了约定的那天,老总准备去街道前,出于礼貌,先给街道办公室打了一个电话。接电话的人员第一句是:"喂,哪位?"老总告诉她,我是某某,请你告诉你们主任,我一会儿就去见他。接电话的大声大气地说:"主任不在!"接着"啪"的一声挂断了电话。老总虽然有点生气,但毕竟是老总,气度还是很大,于是又打了第二个电话。这次还没等他说话,对方就很不耐烦地说:"已经告诉你了,主任不在,烦人!""啪"的一声,再次挂断了电话。老总见到街道主任,把这件事作为街道形象管理的问题给提了出来。尽管这位接电话的工作人员,后来被炒了鱿鱼,但是街道的形象却被她给毁了。

想一想:

1.这位接电话的工作人员为什么被炒鱿鱼?

2.接电话与街道的形象有什么关系?

学一学:

19.1　守时有序

19.1.1　遵时守信

遵守工作时间,准时上下班,这是办公室工作人员敬业忠诚的表现,亦是职业素养的展示。具体表现为:

1)严于律己

提前 5 分钟到达办公室,做好整理和清扫办公室及其他准备工作。因病、因事耽误要迟到或无法到达时,应先电话通知单位,并委托他人代办相关事宜。

如果事先知道车辆或上班路线上有堵塞,应提前出门或另寻其他途径,保证准时到达办公室。

2)与会作风

参加各种会议,应遵守一定的规定,讲究会风,做到:

(1)准时。事先了解开会的时间、地点、会议主题,并做好相关准备。提前5 分钟到场,不得迟到。

(2)会风。开会时坐姿或站姿应端正,认真聆听,不得交头接耳、无精打采,或无端打断会议进程。中途不得擅自离开,有事应向上级领导请假。会议期间,手机应关闭或调整为震动,如要接听电话,应轻声出门,不干扰会议,接完后迅速返回会场。

(3)散会。当主持人宣布散会时,与会人员不要一哄而散。应将自己的物品收拾整齐带走,不遗留矿泉水瓶、废纸等垃圾,并将桌椅放回原处,方可退场。

3)信守承诺

办公人员在公务活动中,必须遵时守信,约定的时间应准时或稍稍提前,承诺的事情务必完成。不守时、失约、言而无信等,都是失礼的行为,是使人反感的。约定了时间后,不轻易更改;若必须更改,应尽早通知对方并致歉,以免造成更坏的影响。向他人承诺的事,必须力所能及,因为一旦答应,如果最终办不到,比不答应更失礼。

19.1.2 有条不紊

1)积极应对

上班时间认真对待工作,是每个员工应有的工作态度。但有的时候,有些工作仍需占用休息时间,这时应积极应对。即使在休息时间对电话的接听和客人的来访,也应主动到位,如果还有客人在场时,不要流露出不耐烦的神情,仍应保持饱满的工作热情。若确实有其他的重要事情要先行一步,应先向客人表示歉意再离开,这既是出于礼貌,也是个人修养的体现。

2)整理有序

下班时间到了,但手头的工作还没有做完,这时应尽可能告一段落之后再下班。下班之前,应安排好次日的工作事项,将桌上的物品整理干净,将文件和材料锁好再离开。如果是最后离开办公室,则要负责切断电源,关好门窗。

3)注意小节

休息时间不要玩牌、游戏等娱乐活动,这不仅松懈工作意志,还会给他人造成一种涣散无序的恶劣印象。

即使是休息,在办公室也不要高谈阔论,影响他人。注意自己的风范,不要把脚放在桌面上,也不要随便脱鞋。假寐是一种较好的休息方法,但要注意自己的姿态并选择好场所。

19.1.3　环境整洁

环境是办公的外部条件,环境的好与差,从一个侧面反映了办公人员的素质和管理是否完善,是文明办公不容忽视的重要方面。

1)几案精严

鲁迅先生说:“几案精严见性情”。学会整理办公桌,把有用的物品留下,无用的东西进行处理。把留下的物品分门别类的归置好,以便于随时取用。为了更有效地完成工作,桌面上只摆放目前正在进行工作的资料,最好不要放私人照片及其他物品。用餐或去洗手间暂时离开座位时,应将文件覆盖起来;下班后的桌面上只摆放计算机,而文件或资料应放在抽屉或文件柜中。

2)清洁卫生

清洁卫生体现了对人的尊重,不仅尊重办公室的主人,也尊重了客人,应经常清扫办公室,保持室内清洁。遇到下雨下雪天时先将雨伞、雨衣和鞋子上的水滴和污泥清理干净之后,再进办公室内,养成良好的卫生习惯。

3)明亮安静

环境嘈杂,会使人心烦意乱,有悖礼仪要求。自觉保持办公室内工作时的安静状态,使工作中的人们产生一种亲和安静的心态,有助于提高工作效率,有助于人际关系和谐,有助于矛盾冲突的化解。

办公环境的整齐有序、清洁卫生、明亮安静,能使公众感到办公室工作的管理是一流的,员工队伍的素质是一流的,效率是最高的,从而产生一种信赖感和认同感。

做一做:

1.休息时间我会怎样对待工作?

①有电话来我会＿＿＿＿＿＿＿＿＿＿＿＿＿＿＿＿＿＿＿＿＿;

②客人还没有走我会＿＿＿＿＿＿＿＿＿＿＿＿＿＿＿＿＿＿＿＿＿。

2.在办公室工作应注意的小节有＿＿＿＿＿＿＿＿＿＿＿＿＿＿＿＿＿＿＿＿＿。

3.怎样做有利于保持办公室的环境整洁?

看一看:

小王中专毕业后,在一家物流公司档案室里做档案管理员。刚开始的时候,她对公司的员工来查找档案资料非常热情，查找迅速，受到大家好评。可是慢慢地她觉得档案室的工作枯燥乏味，上班时只要没有人到档案室来，她就到别的办公室串门聊天。大家来查找档案，经常要到处找她，就是找到了，谈兴正浓的她还会说："等一会儿，还有两句话。"小王的这种表现使她不再受到公司上下的欢迎。

想一想：

1.小王为什么不再受大家的欢迎？

2.办公人员如何提高工作效率？

学一学：

19.2 敏捷干练

办公人员要与不同的人打交道，处理不同的事务性工作，事多且杂，这就要求办公人员思维敏捷，行动迅速，既坚持原则，又不墨守成规。

19.2.1 准备充分

办公室是公司的窗口，往来的客人对公司的良好印象是从一次次愉快的业务交往中得到的。要给来访的客人以好感，需要提供高效的服务，做好准备工作必不可少。

1)心理准备

对一天的工作要事先做好周密细致的考虑与安排，在心理上有所准备，做到心中有数。

对来访的客人，无论是已预约还是未预约，是易于沟通还是脾气急躁，都要让对方有受到欢迎、得到重视的感觉。当客人发火或急躁时，不要受其影响，是自己的问题，及时道歉；是公司或其他人的问题，作为接待人员，也应代表公司致歉，因为客人将你看作是公司的代表，你必须要有这样的心理承受能力，达到"无故加之而不怒"的境界。

2)物质准备

出门上班前，首先要查看一下，有没有忘记携带工作需要的东西，如名片夹、文件、钥匙、乘车卡、钱等，因为这些东西都会直接影响到一天工作的正常开展，所以上班前必须做好充分的准备。

办公桌上的文件、文具、电话等物品要各归其位，摆放整齐。不常用的东西和私人用品，应该放到抽屉里固定的地方，以便用时马上就能找到。办公室里可以准备一次性纸杯，茶叶，以备接待时用。

3)计划周详

对于办公室工作人员来说，有些时候事情很多也很繁杂，甚至有出现大事、小事，临时性、紧迫性的任务接踵而至的情况。这个时候如果没有一个合理的计划与安排，分不清轻重主次，理不出头绪，工作起来就会东抓一把，西扯一下，整天穷于应付，不仅没有一点可以休息的时间，自己很辛苦，而且还没有成就感。

办公人员要想提高办事效率，就必须做到计划周详，统筹安排。每天该干什么，哪些是最重要的，排出个先后顺序，做到心中有数。这样不仅能出色完成工作任务，还能为自己节省不少的时间。

19.2.2 主动热情

接待办理公务的客人，是办公人员的一项常规工作。无论是有约接待还是无约接待，对内还是对外，都应做到接待有三声：来有迎声、问有答声、去有送声。充分展示办公人员的礼仪修养。

1)亲切迎客

办理公务的客人进来时，应马上放下手中的工作，面带微笑，有礼貌地向来访者问候。要使用迎接语，表示热情友好。客人落座后，再切入正题。有条件的可以给客人奉上茶水，注意用双手送上(图 19.1)。

图 19.1 亲切迎客

2)合理安排

如果来客时你正接电话，可暂时按一下话筒，对来客点一下头说：“您好！请稍等”，打完电话后再进一步接待。如果来客时手上正办着急事，可先起身招呼：“您好！对不起，请稍等。”待急事处理结束后再接待，这时应向客人说：“对不起，让您久等了，刚才在处理一件急事。”如果来客时你正在和别人谈话，也应当立即起身招呼后来的客人坐，泡上茶。如果认为有必要介绍先、后来的客人认识，就做相互介绍，然后大家一起谈话；如果认为没有必要介绍彼此认识，就向后来的客人表示抱歉，请他等一下，抓紧时间和先来的客人把事情谈完，然后再和后来的客人洽谈。如果接待异性来访者，还应当特别注意分寸，既要热情又要适度，否则会适得其反。

3)礼貌送行

送行是决定来访者能否满意的最后一个环节。客人离开时，要待客人伸手，主人再伸手握别。让客人先出门，根据客人情况，对有的客人送出门外，对重要客人要送到大门外，乘车的要为其开启车门，客人上车后，再关好车门，并挥手道别。送客要使用“再见，请慢走”“欢迎下次再来”等送别语。目送待其身影消失后再离开，切忌很响地关门(图 19.2)。

图 19.2 礼貌送行

19.2.3 公私分明

办公室是工作的地方，上班时间应在自己的工作岗位上，不做与工作无关的事情，不随便串岗。

1)爱岗敬业

上班时间坚守自己的岗位，在完成本职工作的前提下，认真学习与专业相关的知识，不断充实自己，提升自己的价值。

2)讲求效率

讲求效率是对现代办公人员的一个基本要求，良好的心态和周密的计划是提高工作效率的前提和条件。不要因为心情不好而影响到工作，否则很容易造成恶性循环，要注意及时调整。

现代而快捷的沟通交流工具是提高效率的重要手段。但如果使用网络办公时聊天，玩游戏等，工作就无效率可言。

3)工作禁忌

不要议论同事的私事和领导的工作水平；不要用公家电话煲电话粥，影响正常工作；不要用电脑聊天以为别人不知道；不要对办公室里同事间习惯省略用语不懂装懂；不要过分坚持自己的意见，引起不必要的争议。

做一做：

1.对待客人主动热情可以从哪些方面表现出来？

2.公司明天有上级部门来检查工作，作为公司的文员你要写汇报材料，打印材料，整理资料，布置会场，还要去看望生病的副总……请你拟定出一天的工作计划。

3.当有多位客人来访时怎样合理安排先来后到的客人？

看一看：

一天，万敏正在办公室工作，听到敲门声，她头都不抬地说“进来”。客人走到她的身边，礼貌地向她问候，万敏抬起头回应了一声："有什么事？"也没看清楚对方，就继续做自己的事情。客人问了几个问题，万敏都说不知道，客人生气地离开了办公室。

想一想：

1.万敏这样对待客人礼貌吗？

2.如果你是那个客人你会怎么想？

学一学：

19.3 沉稳端庄

现代社会工作和生活节奏加快，但是作为办公人员表现得手忙脚乱、太过慌张急躁，不仅容易做错事，还容易得罪人。做事稳重、踏实，有条理，才能获得他人的信任和好感。

19.3.1 友善尊重

办公人员在工作中应遵循彼此友善、互致方便的原则，创造和谐融洽的环境，营造良好的工作氛围。

1)尊重领导

作为下属，在工作中要尊重领导，维护领导的尊严。遇见领导，要主动打招呼；碰到决断不了的事，要向领导请示；不论领导年龄大小、阅历深浅、水平高低，都应尊重其人格，维护其权威。对领导交办的工作，应愉快地、创造性地完成，完不成的要向领导说明原因。对领导的决策不背后评判，更不要试图通过贬低领导来抬高自己。

进出领导办公室先敲门，经允许后进入，给领导批送文件时，站在离领导稍远的位置等候，等领导阅示后，如无其他交代，要迅速离开领导办公室(图 19.3)。

图 19.3 尊重领导

2)友爱同事

同事相处，应有礼有节，真诚相待，做到互敬、互信、互助、互让。遇到同事时，主动打招呼，一声友好的问候，能有效促进相互之间的关系，对工作起到一定的帮助。当同事有困难时，伸出援助之手，不应漠然置之。

同事之间，尤其是同一办公室的同事，要养成不干扰别人的习惯，保持与他人的“距离感”，让彼此有一个放心的空间，有一种相对自由的安宁，给他人充分的尊重。

3)善待来宾

有朋自远方来，不亦乐乎。善待每一位来访者，无论他的身份、地位的高低，或是生疏、熟悉，应一视同仁对待。如果需要宴请客人，则应根据活动的目的、对象以及经费开支等因素举办不同形式的宴请。

19.3.2 认真负责

衡量办公人员对工作的态度，是从办公人员是否注意小节，遵守规章制度，为他人着想，维护组织的利益等方面来评价的。因此，作为办公人员应做到：

1)遵守制度

办公室的规章制度，是保证工作正常进行的重要前提。上班不迟到、不早退、不串岗，有事情需要提前离开办公室，应将去向告诉领导或其他人。如果离开时间过长，除说明去向外，还须说明预计回来的时间。

外出若能在下班前赶回单位，应尽量回办公室一趟，随时掌握工作进程，若实在来不及返回单位则应电话通知他人，代办处理有关事宜。

2)爱护公物

办公室的办公设备是大家公用的，需要每一个人去爱惜。作为办公人员，在整理自己办公桌面的同时，对办公设备也要进行清理和爱护。如定期清洗，防止灰尘堆积影响设备的正常使用；轻拿轻放，正确使用；用后及时切断电源等。

3)行事严谨

保持和维护办公环境，应从进入公司的大门开始。不论是在走廊里、楼梯上或通道里行走，应该轻声、慢步、靠右行，不能边走边大声谈笑，影响他人工作。电梯内不要大声说笑，旁若无人地接打电话。

办公室内要轻声说话，不高声喧哗。与人交谈要注意措词，不能肆无忌惮，高谈阔论，不说与工作无关的话题，不开粗野庸俗的玩笑。打电话要控制音量，不语惊四邻。

19.3.3 分寸恰当

办公人员无论是做内务工作，还是接待来宾，都应把握说话的分寸，交谈有度。

1)话题选择

与他人进行情感和信息的交流是必不可少的，应选择与工作有关的话题，大家共同关心的话题。涉及本单位的机密、对方的隐私、自己不熟悉的话题要避谈。

2)沟通得当

(1)准确规范。从事公务性交谈，说话要严肃认真，准确规范，与政策法规相一致,条理清楚。规范的谈吐,既能引起对方满意的反应,同时也能避免因语言不严谨带来的麻烦。

(2)真诚可信。交谈中尽量做到准确、亲切、生动,语速适中,吐词清楚,用词适当,态度温和。尽量使用商量式语句,不说有伤他人自尊心或人格的话,尽量避免命令式语言,少用否定式话语。说话要注意察言观色,拒绝他人时尽量委婉。无论是对上级、下级、客人都应养成使用“请、您好、谢谢、不客气、对不起”等文明礼貌用语的习惯。

(3)委婉含蓄。交谈中如果需要拒绝对方时,可采用委婉含蓄的谈吐,不要太过直接。在表达自己意思的同时,能让对方感到你是在为他着想,使对方乐于接受。

3)网络通讯

(1)电话。在电话里与人交谈,声音的质量在第一印象中占 70%,话语只占30%。电话另一端的人对你的看法,不仅仅来自于你说话的内容,更来自于你是如何表达的。微笑着平心静气地接打电话,会令对方感到温暖亲切。

态度诚恳。通话过程中,态度要热情诚恳。做到吐字清楚,语速、音量适中,语句简短、语气亲切、语言文明。尤其是使用敬语、谦语,收到的效果往往是意想不到的。因为从打电话的语调中,已经传递出了是否友好、礼貌、尊重他人等信息了。

精力集中。嘴里千万不要嚼东西,也不要一边打电话,一边同旁人聊天,或一边打电话,一边兼做其他事。

姿态得体。站、坐端正,不良姿势会影响到情绪和声音,对方在电话那端都能有所察觉。

做好记录。电话铃响三声内接听电话,如迟接应表示歉意。上班时间接电话的第一句不是“喂”,而是“您好,××公司××科”。仔细、耐心地倾听对方讲话,不打断对方。重要的电话要做好记录,应左手拿电话,右手拿笔(图19.4)。代接电话应及时转告并提醒其回电。谈话结束,由地位高者如上级领导、客户先挂机。双方地位平等时应由主叫先挂机。如果对方打错电话,应礼貌告诉对方,“对不起,您拨错电话号码了。”

图 19.4　接打电话

选时得当。打电话前,要选择好打电话的时间,一般情况下,不要选择过早,过晚或对方休息时间,最好避开刚上班以及临下班时间。说好第一句“您好,请问……”而不是直接说:“××在不在?”给上级领导打电话,做到简明扼要,条理清楚,不过多重复,对领导的答复和指示记录清楚。给下级机关或相关单位打电话,态度要谦和,不盛气凌人。当遇到对方电话不清楚时,要礼貌地向对方说明,确保通话质量。

(2)传真。正式的传真必须有首页,其上注明传送者与接收者双方的单位名称、人员姓名、日期、总页数等,接收者可以一目了然。如果其中某一页不清楚或是未收到时,可以请对方再发一次,这样可以节省双方的时间。

传真信件时,必须像写信一样有礼貌,如必要的称呼、问候语、签字、敬语、致谢语等均不可缺少,尤其是信尾的签字常被忽略,这是不太礼貌的,因为签字代表这封信是发信者知道并且同意才发出的。

最好使用白色或浅色信纸,有些人喜欢用深色信纸或是信纸上有黑色或深色条纹的信纸,用这些信纸发送传真不仅会浪费扫描时间,还会浪费更多的金钱。

发送传真之前,可以向对方通报一下,以免发错。收到传真后,要尽快通知对方,以免对方不放心。

(3)电子信函。送信前必须用杀毒程序扫描文件,以免不小心将“毒信”寄给对方。要是没有把握,不妨将要发送的内容剪贴到邮件正文中,避免使用附件发送的方式。

来历不明的信件必须谨慎处理,若不确定最好也要使用杀毒程序扫描,以防万一。

电子信函要认真撰写,突出主题,行文流畅,并且做到简明扼要。虽然是电子邮件,但写信的内容与格式应与平常信件一样,称呼、问候语、敬语等一样不可少。

注意电子信函的编码,这是电子信函独特的问题,也是联络成功与否的关键。我们与港、澳、台地区及国外发送中文电子信函时,要用英文注明自己使用的中文编码系统,确保通信成功。

做一做:

1.友善尊重可以通过哪些方面体现出来?

2.电子信函要注意________、________、________、________。

看一看:

日本松下公司的创始人松下幸之助,创业之初不太注重自己的形象,显得很邋遢。一次,一位理发师对他说:“您是公司的代表,却这样不修边幅,别人会怎么想?连人都这么邋遢,他公司的产品还会好?”松下听到这话,感觉很有道理。从此,他很注重自己的仪表,连理发都要专程坐车到东京一家有名的理发店里去打理。

想一想:

1.松下的变化,对公司的发展有没有影响?如果有影响,你认为是什么?

2.注重自己的形象对提升个人的能力有帮助吗?

学一学:

19.4 优雅得体

得体的穿着,优雅的举止,能给人留下良好的印象,同时也能使自己在交往中更有自信。

19.4.1　外表端庄

仪表传递着办公人员的文化素养、知识水平、品格情操、身份地位等信息。仪表的整洁既增添个人的魅力,也肯定自身的价值,对最初交往的第一印象形成至关重要(图 19.5)。

图 19.5　外表端庄

1)仪容整洁

美学家别林斯基说:"人的外表优美和整洁应是内心的优美和整洁的表现。"办公人员如果不注重形象,实际是对自身价值的贬低。保持面容、发型、穿戴三整洁,给人衣冠楚楚的良好形象。

(1)发型。办公人员在正式场合头发应梳理整齐,无头屑,无异味。男士不剃光头、不留长发、小胡子、大鬓角;女士不梳披肩发,前发不遮眼,后发不过肩。不论哪种发型,都不宜在头发上添加花哨的发饰,发卡应朴实无华,发饰以深色且无任何花饰的为主。同时不宜不分场合地乱戴帽子;公务场合涉外场合不应将头发染成黑色以外的其他颜色。

(2)表情。在接待他人时面带微笑,或根据具体的交谈内容,表现出适当的表情。面无表情或流露不耐烦的神色是不可取的。

(3)化妆。办公人员在办公室,可以不化妆。因为工作的需要,某些场合化妆是对他人的尊重,但必须考虑身份与特点,注意体现办公人员的端庄稳重的气质。不要在公共场合化妆,喷香水应清香适量。

2)着装合体

心理学家波德·罗福认为:一个人的服饰不只表露了他的情感,还显示着他的智慧。服饰是一个人向外界表达自己的重要窗口,穿着打扮的得体与合时合地合宜,让人感到自然、潇洒、整洁、协调,使礼仪得到最佳的衬托。

(1)整洁大方。衣着整齐、庄重、自然所表现出的人格力量,远比注重衣着的时髦重要。

(2)整体协调。服饰强调整体效果,必须搭配合理,使之和谐协调,相互辉映,而非某一件衣服或饰品好看。袜子不能露在裙口或裤口之外。男士应选择比裤子颜色深的薄棉袜或薄毛袜。女士则穿肉色袜子较适宜。

(3)遵守成规。按工作的性质、要求进行选择。办公室着装应端庄大方,以穿正装为宜。不可穿露脐装或太紧、太透的个性服装,外出参加商务活动的社交装可相对时尚,但要注意自己的身份。

3)配饰雅致

饰物佩戴应力求精致、典雅,不要追求数量,也不宜佩戴闪光炫目或撞击有声的珠宝饰物,样式忌夸张。

公务包以真皮材质为佳,颜色以黑色、棕色等暗色更适合,款式方正有型更符合办公人员的风格。

19.4.2 举止文明

一举手、一投足、一点头、一弯腰,并非偶然的、随意的,这些行为举止能够表现一个人的学识与修养,并能够交流思想,传递情感。

1)仪态大方

(1)站姿。办公人员需要站立和他人交谈时,应收腹挺胸,两手自然下垂或两手相握放于小腹前,女性脚后跟并拢,脚尖分开,男性两脚适度分开不要将手插在裤袋里或双手交叉合抱于胸前,更不要做些习惯性的小动作。站立时,如有全身不够端正、双脚叉开过大、双脚随意乱动、无精打采、自由散漫的姿势,都会被看作不雅或失礼。

(2)坐姿。办公人员的坐姿要求是从容自如地落座后,上体保持正直,女性两脚自然收拢,男性适度放开(图 19.6)。坐的时候不要半躺半坐、前俯后仰,更不要将脚搭在桌子或椅子上。双腿不宜敞开过大,也不要把小腿搁在大腿上,更不要把两腿直伸开去,或反复不断地抖动。

(3)手势。在日常工作中,常常需要一定的手势代替语言。如为他人指引、送客人出门等,手势应自然、规范、优雅、大方,尽量以掌代指(图 19.7)。

图 19.6　坐姿

图 19.7　手势

2)动作轻稳

办公场所的坐姿、步态要文雅。入座时要轻而缓,走到座位面前,右脚退后半步靠椅,轻稳地坐下,不应发出嘈杂的声音。走路时不可太快、太急,尤其是女性穿着高跟鞋,应尽可能避免鞋跟敲击地面发出太响的声音,允许发出轻而有节奏的响声。总之,举手投足要符合职业身份,不要让自己的一举一动,影响到他人。

3)进餐斯文

(1)进入宴会厅之前,了解自己的桌次和座次,不要随意乱坐。

(2)入座后,不要随便动筷,经主人招呼,才能开始进餐。

(3)进餐有四不准,即让菜不夹菜,祝酒不劝酒,不当众整理衣服,嘴里不发出声音。

(4)敬酒时,酒杯杯口的高低与双方身份一致,即身份低者,杯口低,身份高者杯口高,以尊重对方。

(5)取菜一次不要太多,也不要不喜欢吃就一点都不盛。

(6)剔牙时要用手或餐巾遮口。

19.4.3　风度翩翩

举止得体,风度优雅的形象,必然会受人欢迎、受人尊重。

1)精神饱满

在办公区域精神饱满,不打瞌睡。坐立端正,不能有坐在桌面上、脚放在桌面上等不雅观行为。站立时身子不宜歪斜,更不宜斜靠在其他物体上。

2)和颜悦色

同事之间、领导与下属之间,以及办公室与办公室之间会产生一些问题,有工作上的,也有个人方面的。出现这些情况时,应宽容大度,和他人沟通时保持良好心境,面露平和欢愉的微笑。有些人喜欢信口开河,在没有弄清事实真相的时候,带着情绪指责或批评他人,使矛盾扩大化,往往会把事情办得更糟。

3)谦和礼让

人人都渴望受到尊重,被他人重视,办公人员在与人交往中,说话要认清自己的身份,尽量客观,以事实为依据。说话要有善意,做到言之有礼,谈吐文雅,在非原则的问题上多做点让步,就会给人留下良好的印象;相反,如果咄咄逼人,满嘴脏话,甚至恶语伤人,就会令人反感讨厌。

做一做:

1.与他人坐着交谈时,你的双手可以________,你的身体应________,你的眼睛应________。

2.进餐时你注意了________________________________;

你没有注意________________________________。

3.着装合体要做到________________、________________等方面,避免________________等。

4.模拟练习为他人引路。

20 白衣天使　严谨体贴

随着时代进步和文明程度的不断提升，人们越来越深刻地意识到，仅仅懂得医疗护理的专业知识和操作技能，远远无法满足医院树立声望，患者恢复健康的需要。只有懂得灵活恰当地运用各种礼仪，使外在形象、内在素质都能够展现人性关怀的医护人员，才能提供令人满意的高质量医疗护理服务。

看一看：

工作分配时，我被分配到了我院骨科，骨科卧床病人很多，基础护理和生活护理工作量都很大，但护理前辈们对病人的爱心、耐心，对护理工作的严谨、细致、热忱、认真的作风，时时影响着我，使我对护士这个职业有了更深层次的理解，那就是：要当一名好护士，爱心与责任心非常重要。我的第一任护士长张瑰，是一位对人很真诚、善良，对病人非常有同情心的人，作为一名护士长，在上班时间她从不坐在办公室里，而是每天频繁地穿梭于病房中，为病人进行各种治疗与护理。她总是微笑着完成工作，一遍一遍不厌其烦。她还尽自己所能多次在生活上帮助病人，她的爱心赢得了每一个病人对她的尊重。她经常对我说："鲜儿，为人要真诚，善良。当一名护士一定要有同情心，要喜欢做事，吃得苦，这样，你才能收获病人对你的尊重。"我的老师蔡绍丽是一个工作非常细心，很有责任心的人，她从不放过病人每一个细微的变化，总是能将每一项护理措施落实到位，她也常常对我说："鲜儿，当护士一定要有责任心，要心细，这关系到病人的生命安全。"在以后的工作中，我把她们当成我学习的榜样，用实际行动逐渐赢得了病人的尊重与认可。

资料来源：鲜继淑《中国护理管理》2010 年第 2 期《无怨无悔尽天职　毕生愿做"提灯人"》(作者系第 42 届南丁格尔奖获得者)

想一想：

1.请谈一谈这段摘录给你的启迪。

2.你为从事护理工作做了哪些准备？

学一学：

20.1 崇高无私

医护人员担负着救死扶伤的神圣职责，是患者生死存亡关头的救命稻草，只有具备良好医德，急患者所急的医护人员才能真正无愧于“白衣天使”这个圣洁的称号。

20.1.1 患者为重

医护人员应待人真挚、谦恭，不要因病人有求于自己就自视甚高、傲慢无礼。在工作中，要做到光明磊落，言行一致，对患者充满爱心，对病人家属热情礼貌。

1)环境整肃

医院里往来出入的人员非常多，也是病毒细菌易于聚集的地方，医护人员在开始上班之前，应做好清洁卫生，保证“四洁”，即地面洁、桌面洁、墙面洁、窗面洁；“四无”，即无烟蒂、无纸屑、无痰迹、厕所无臭味。努力保持整齐、安静、舒适、温馨的环境，给患者留下备受重视的印象。

在办公桌面上不要堆放太多物品，必须的东西如：挂号单、病历、血压仪、体温表等应划分固定区域放置。私人的相框、饭盒、镜子等均应收纳起来。

同时，为了营造良好的就医环境，医护人员应自觉减少噪音，做到走路轻、动作轻，说话不用大嗓门，手推车等尽量不发出太大的声音，给病人及其家属做好表率。

2)热心服务

(1)问候患者。当患者来到门诊，负责导诊的护士应及时做好接诊准备。站姿端正竖直，面带笑容，语调柔和，语气亲切地问候：“您好！我是为您导诊的护士，请问需要我为您做些什么？”“马老师，您好！今天是来复查的吧，看起来恢复得不错呀。”(图 20.1)

(2)指引就诊。根据病人的情况，导诊的护士应尽快进行判断，准确提供引导，“老师，请您现在先挂一个五官科的号，然后在大厅左侧乘坐电梯上五楼就诊。祝您早日康复！”“化验室在内科大楼一楼，出门向右 100 米就是内科大楼，进楼的左侧就到了。”(图 20.2)

图 20.1　接待患者

图 20.2　指引就诊

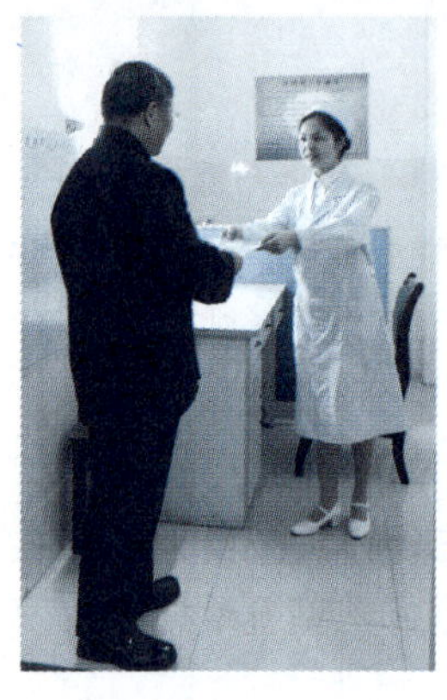

图 20.3 迎接入院

(3)迎接入院。需住院治疗的患者来到办公室,护士应立即起立迎接,先请病人及家属入座,“你们好,我是今天的值班护士小罗,请将病历交给我,好吗?”用双手接过病历(图20.3)。在了解情况后,及时将病人安排到相应的床位,并介绍住院部的情况:“张老师,住院期间您就安心养病,医院一日三餐的供应时间分别是上午7:30—8:30,中午11:30—12:30,下午17:00—18:30,我们的餐车会送餐到病房。如果家里带了菜和汤,可以在楼道转角处的生活区加热……您如果有什么不清楚的,可以随时问我们。”

3)关怀备至

南丁格尔说:“护士的工作对象不是冷冰冰的石头、木头和纸片,而是有热血和生命的人类,护理工作是精细艺术中最精细者,其中有一个原因就是护士必须具有一颗同情心和一双愿意工作的手。”在护理工作中,要将患者当作自己的亲人,对他们进行无微不至的关心照顾。

在与患者接触的过程中,医护人员要善于换位思考,多站在患者的角度考虑问题,如对在快下班的时候才匆匆赶到的病人,不要一脸不耐烦,满脸不高兴地说:“怎么才来呀,早干嘛去了,还要不要人下班了!”这时如果平静下来,可能了解到病人忍着病痛的折磨,带着对康复的期望和对医院的信任,一大早就出发赶往医院,恐怕这时连早饭都没顾得上吃呢。

对患者的关怀可以通过及时搀扶、让座、主动询问、叮嘱用药、为做检查的病人关上房门等种种细节体现出来。

20.1.2 包容礼让

1)体谅患者

患者因疾病的折磨经常会心烦意乱,情绪不佳,在与他人交往的时候很容易缺乏耐心,着急发火。这时医护人员千万不要针锋相对或训斥他人,也不要以冷漠的态度将病人晾在一边。可用亲切的笑容、宽慰的话语、柔和的语调、优美的举止舒缓其内心的不快,适时引导病人配合治疗。

2)理解家属

家属讲述病情时,医护人员应仔细聆听并对重点进行重复和询问,以更好地掌握病人的情况。如病人家属喋喋不休,则可礼貌地告之对方“某病人目前的状态我们已经清楚,也会继续观察。现在我们需要去其他病房,有事可按呼唤铃。”

对于牢骚满腹的病人家属,不要以粗暴的态度简单对待“有什么好抱怨的,有本事就别进医院!”医护人员应了解其不满的原因再予以引导,“我完全能够理解你们的心情,作为医院来说,也在尽力为大家提供更好的就医环境,目前接受治疗要紧,先住着三人间,如果有特护病房了,我会及时告诉你们,好吗?”

3)配合同事

在工作中,年轻人要虚心向年长者学习和请教,尊重领导和同事,有问题多进行请示或探讨,主动分担事务性的工作,如清洁卫生、搬运物品等,不要斤斤计较;年长者对年轻人应关心爱护、不吝赐教。进行指点和引导时注意方式和态度,避免在人多或患者面前进行批评指正;也不要疾言厉色,情绪激动,用平和的表情和语气、推心置腹的语言使受帮助者认识到自己的问题。

20.1.3　一视同仁

医护人员对所有的服务对象都应该同等对待,不以权势、财力、外貌将其分为三六九等,对一部分人进行特殊照顾。更不能违反规定向患者及其家属收取或变相收取钱财物品,让其代办私事,要注意树立令人信服的职业形象。

做一做:

1.请分小组创设情景剧:表现医护人员对患者的关怀备至。

2.在工作中,年轻人应如何与年长的同事相处?

看一看:

在这 22 年护理生涯中,无论是作为一名护士,还是一名护士长,我都时刻用实际行动践行着自己的人生信条,赢得了无数病员与家属的尊重,我也从中体会到了我人生的价值与快乐。

对老年病人,我把自己当成他们的女儿;对年轻病人,我把自己当成他们的姐妹;对孩子,我把自己当成他们的母亲,用母爱去抚慰孩子受伤的心灵。

在 20 世纪 80 年代,我院骨科发明了肢体延长术,那个时候,全国各地到我科来做肢体延长手术的人很多,尤其是一些患小儿麻痹后引起肢体短缩畸形的儿童较多。在我科住过院的这些残疾儿童,很多家庭都与我建立了良好的关系,直到出院后很长时间里都一直保持着联系。这是因为他们在住院时,我除了在上班时间精心地护理他们外,还经常利用休息时间带孩子到花园玩耍,组织他们讲故事、做游戏、在快乐的气氛中进行痛苦的功能锻炼,有时,会为一些家境贫穷的孩子亲自炖上几锅汤增加营养,还常常领他们到家中改善伙食,也会为一些中断学习的孩子补习功课，多次主动上门为出院以后的患儿进行换药。1998年夏天，骨科病房住进了一位9岁的男孩小飞，他不慎从高处坠落导致左大腿粉碎性骨折，这是个可怜的孩子，父母去世，一直与60多岁的奶奶靠微薄的退休金过日子。看着病床上伤心的孩子，我非常难过，毅然决定承担起照顾他的责任，从住院期间到现在在生活上、学习上、做人做事等方面我都像妈妈那样给予他无微不至的关爱与照顾，现在，小飞已经上大学了，我感到非常欣慰。

资料来源：鲜继淑《中国护理管理》2010年第2期《无怨无悔尽天职　毕生愿做“提灯人”》(作者系第42届南丁格尔奖获得者)

想一想：

1.医护人员怎样的形象才能让服务对象放心？

2.要塑造出这样的形象应从哪些方面努力？

学一学：

20.2　一丝不苟

20.2.1　认真负责

医护工作因责任重大，来不得半点马虎。在工作期间，每个工作人员应清楚职责，坚守岗位，做好随时提供优质服务的准备，为生命的重新绚烂贡献力量。

1)坚守岗位

(1)按时到岗。上班时间到了，如果医护人员还在吃着早餐，对镜梳妆，或打着哈欠伸着懒腰，只会给人留下懒散松垮，不值得信任的印象。上班之前，应结束就餐，做好环境清洁，换上工作装，以饱满的情绪状态和精神面貌出现在工作岗位上(图20.4)。

图20.4　按时到岗

(2)不随意脱岗。不管是正班、值班还是代班，也不管忙还是不忙，医护人员都不能随意脱岗。如果确有急事，应先请假，向代班的同事交代清楚情况后再离开。工作时间，不要随意串科室，否则既影响自己也耽误同事。

2)仔细专注

图 20.5　仔细专注

医护工作者要养成仔细的习惯,仔细观察患者的脸色、神态;仔细检查、化验;仔细书写、记录;仔细照单批价、发药。在听患者及其家属的陈述时,必须聚精会神,目光多集中在社交注视区间(进行检查除外),为保证正确理解,应适当复述"你是说晚上经常咳嗽,浑身冒虚汗吧?"或用点头以及恰当的表情进行呼应(图 20.5)。

在上班时间内,应专注于本职工作,尽量避免私人性的交往活动,如熟人间的拜访、接打私人电话等,即使是同事,如果所做所谈的事情与工作无关,也是不允许的。

3)尽心尽职

在岗位上,工作人员要全力以赴投入工作,认真履行医务工作职责,为病患者提供及时、有效、满意的服务。不要觉得患者耽误了自己看报纸、打游戏、炒股票、聊 QQ 的时间,于是随意一指,往别处一推,或者心不在焉地问两句,神色冷漠地瞧两眼,以应付的态度将其草草打发。

20.2.2　惜时如金

1)提前准备

(1)身体准备。医护工作既是技术活也是体力活,要求工作人员精力充沛,体能充足,行动敏捷,所以医护工作者应合理安排业余时间,注意劳逸结合,保证足够的休息时间,使自己在工作中容光焕发,精神饱满。

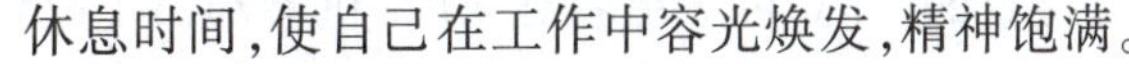

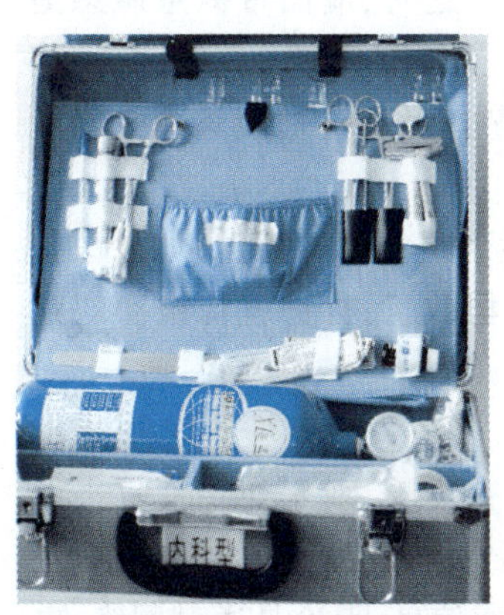

图 20.6　物质准备

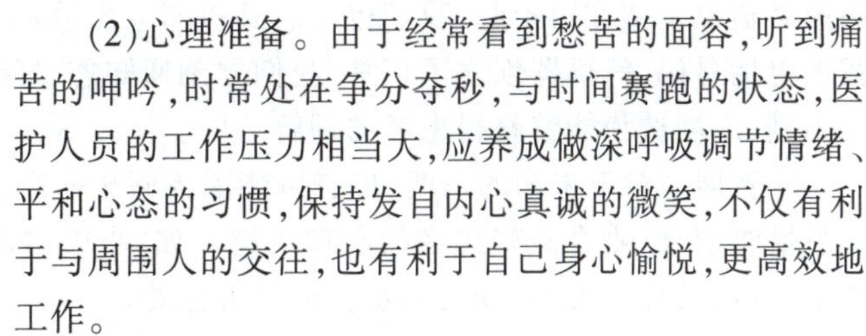

(2)心理准备。由于经常看到愁苦的面容,听到痛苦的呻吟,时常处在争分夺秒,与时间赛跑的状态,医护人员的工作压力相当大,应养成做深呼吸调节情绪、平和心态的习惯,保持发自内心真诚的微笑,不仅有利于与周围人的交往,也有利于自己身心愉悦,更高效地工作。

(3)物质准备。常用的物品分门别类,有序摆放,不在需要的时候才翻箱倒柜地四处搜寻(图 20.6)。对于工作时必需的酒精、药棉、针、输水管等易耗品,要经常清点,及时补给。在交接班时,应将本班的情况以书面记录的形式交代给下一班。

2)行动迅速

医护人员在看见服务对象时,应及时起身,主动招呼询问:“您好,请问我能帮您什么?”对于行动不方便的患者,应及时搀扶或提供相应协助。在紧急情况下,可小跑或快速疾步行走,但应注意靠右行,不要占据中间通道,一般不要奔跑。如果往来人比较多,可一边走,一边说“对不起,请让一让。”如果推着轮椅或手术车,更要注意提醒周边的人。电话铃响三声之内迅速接听电话,准确通报科室名称“您好,心内科1室,请讲。”简要重复重要内容“定于今天上午九点二十,对八号床患者进行专家会诊,请王教授参加,对吗?好,我会尽快转告。”

在手术中,要注意选择最有利于协作的位置站立,以便提高工作效率。及时准确地递送各种手术用具,在递刀剪类物品时,要将刀柄、剪刀把等对着接拿的人。

3)沟通及时

(1)医患之间

①建议。尊重患者,使其有知情权、选择权,医护人员要在尽量充分了解患者的基础上,提出合理化建议并征求意见,“鉴于您目前的身体情况需要卧床休息,最好进行住院治疗,您看呢?”不要仅从工作经验出发擅自做出决定,这样不仅不容易得到患者配合,甚至招来反感。

②说明。有时前来就诊的病人非常多,诊室里里外外都是人,容易产生焦躁烦闷的情绪。这样的情况下,医护人员要善于接一待二招呼三,注意不要顾此失彼,冷落了部分人。导诊护士微笑着亲切地对病人说:“请大家将病历依次序放在导诊台上,拿好排序的号码,喊到号的做好就诊准备。现在排15号以后的大约要等半小时左右,大家可以先做其他安排。”

③致歉。因各种客观因素的制约,“计划不如变化快”的情况已不足为奇。如预约了做肠镜检查的时间,可等患者到来时,机器却出了故障。这时,应面带歉意诚恳地向患者道歉:“实在对不起,我们也没想到机器会出故障,让您白跑一趟。这样吧,请您留下电话号码,等机器恢复了正常,我们立刻通知您,好吗?”及时沟通能够减少患者的不满,态度诚挚能够赢得患者的理解。

④宽慰。对于未知的东西,患者可能因为联想而产生恐惧害怕的感觉,如果医护人员恰当引导,则会减轻患者的心理负担。如“小弟弟最勇敢了,打针就像被小蚂蚁咬了一口,没什么大不了的,阿姨会很轻很轻的。”

(2)同事之间

①转告。为他人带信要尽快转告,以免耽误大事,“王教授,刚才刘院长打来电话,请您今天上午九点二十,参加对八号床患者的专家会诊。”

②通知。工作中,各个部门之间的协调合作离不开互通信息,无论是通过网络、电话、书面或口头传达的方式,都一定要注意及时迅速,并确认需了解的对象能够知晓。

③交接。接班、调班的时候，尤其要将班内的情况交代清楚，如“5 号床因进食困难，张教授在处方中增加了氨基酸，今天配药的时候需注意一下。”

20.2.3　外表整齐

1)着装规范

(1)上班一律着规定工作服(夏季可着裙装)、帽、工作鞋(图 20.7)。

(2)工作服应合体、长短大小适宜，保持衣扣完整，无破损，无污迹，熨烫平整。

(3)护士戴燕帽要距发际 4~5 厘米，用白色发夹固定于帽后，注意戴正、戴稳。

(4)穿裙装时应着浅色(肉色或白色)袜，工作服内衣领不可过高，颜色反差不可过于明显，自己的衣、裤、裙不得超露出工作服、工作裤的底边。

(5)不佩带外露首饰，如耳环、手链、戒指、脚链等。

(6)可淡妆上岗，不留长指甲及涂有色指(趾)甲油。

(7)工作鞋以软底的平跟或坡跟鞋最合适，要选择防滑的鞋底，以白色、灰色等与整体装束协调的颜色为佳(图 20.8)。

(8)外出期间应着便装，不得穿工作服进食堂就餐或出入其他公共场所。

2)发型大方

(1)女同志发型：短发侧不掩耳，长发需盘发，头发周围固定，前刘海不得遮住眉毛。工作时，不留披肩发，不束马尾(图 20.9)。

图 20.7　着装规范

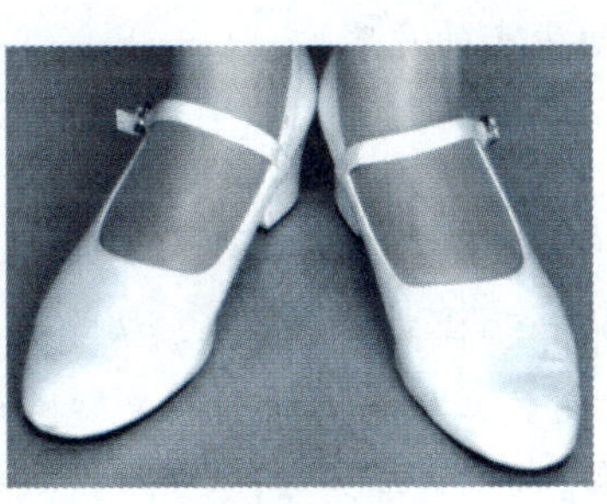

图 20.8　工作鞋

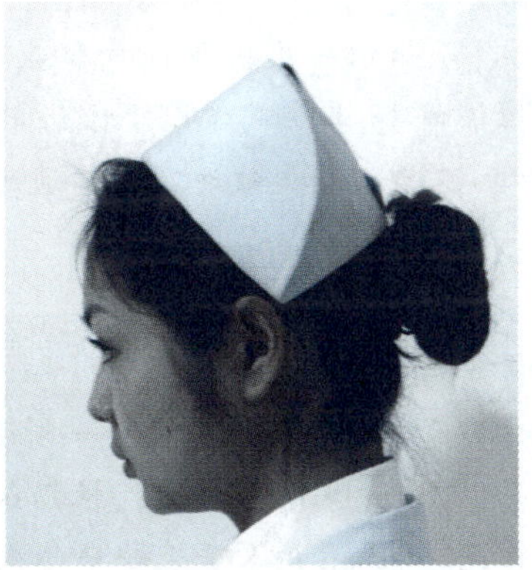

图 20.9　发型

(2)男同志头发整洁，不染发烫发，前不过额，后不及领，不留大鬓角，不剃光头。

3)姿态端正

一个人的姿态能反映出对工作的态度，端正的身体可传达积极认真、健康向上的信息。

站、坐、行时，身体重心由腰腹部自然上提，肩平体正，不要靠着桌子、趴在桌上或歪在扶手上，身体保持平稳，不要随便晃动。如果站坐的时间比较长，可以适度调节身体的重心，略为偏左或偏右，但不要有明显的倾斜。接待他人，身体略为前倾，尽量用身体的正面向着交往对象，避免斜眼、扭头、别着上身等姿势。入座或起座，身体竖直，行走时不要东张西望、左顾右盼，避免摇头晃腰，重心不稳，鞋跟不要在地上拖着走(图 20.10、图 20.11)。

图 20.10　坐姿

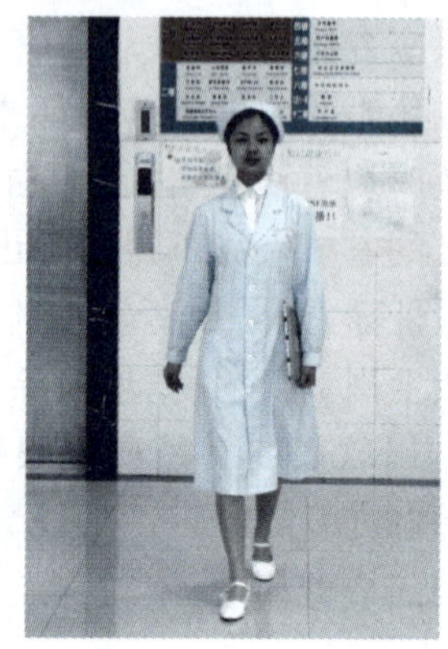

图 20.11　走姿

做一做：

1.组织一次医护人员职业装扮秀比赛，制订出评分标准，每组推选一位同学担任评委，其余同学以小组为单位参赛。

2.请谈一谈缺乏及时沟通可能带来的危害。

看一看：

有一次，我正准备为一名颈椎骨折伴高位截瘫的病人输液，病人突然面色苍白，口唇青紫，呼吸微弱，根据经验，我立刻意识到可能是黏稠的痰液堵塞了病人的气道。眼看病人呼吸越来越微弱，我顾不上多想，立即用输液针头垂直刺入病人的环甲膜，紧急关头解除了窒息危险，为抢救生命赢得了时机，在医生护士共同努力下，成功将病人从死亡线上拉了回来。

资料来源：鲜继淑《中国护理管理》2010 年第 2 期《无怨无悔尽天职　毕生愿做“提灯人”》(作者系第 42 届南丁格尔奖获得者)

想一想:

1.医护人员怎样的性格特点最有利于工作?

2.最有利于工作的性格特点可以通过哪些礼仪形式表现出来?

学一学:

20.3　乐观稳重

20.3.1　积极开朗

对于病患者而言,医护人员良好的精神面貌、乐观的性格特点、整洁的仪表服饰、得体的言谈举止等可以带来视觉和感官方面的享受,从而在心里产生信赖、安心的感觉,对治疗、康复产生正面影响。

1)主动热情

对所有来到医院的人,不管是患者、家属、参观的同行、上级领导,或者各类社会人员,医护工作者要秉承“来的都是客”这一理念,以主人的姿态热情欢迎。

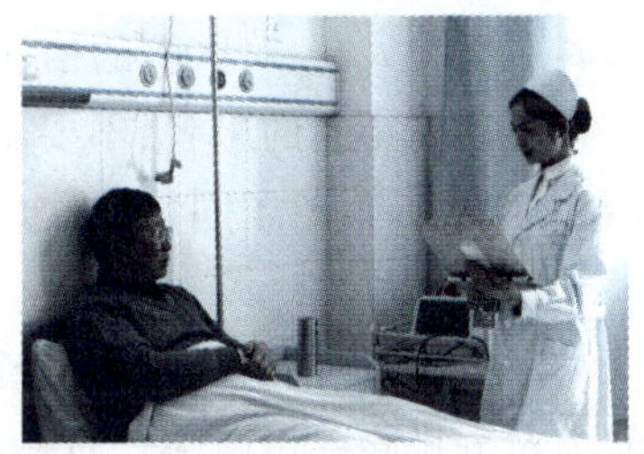

图 20.12

(1)笑容。微笑是通向全世界的护照,一般情况下,面带笑容最能传达出热情真诚之意。在患者刚进医院时,微笑的脸让病人产生信任;当患者在挂号、就诊、检查、化验、批价、拿药各个环节等候、奔波时,微笑的脸能消除疲惫;在例行巡查的时候,微笑的脸让病人增添战胜疾病的勇气;在送别患者的时候,微笑的脸让病人恢复信心备受鼓舞(图 20.12)。

(2)起身。看见客人到来,起身迎接最为正式。医院里专门负责接待的人员应在客人相距3米左右时做好准备,轻稳起立,从容稳直。如遇到参观检察或领导亲临指导,所有工作人员都应起立迎接。

(3)距离。交往距离的远近能够表达热情的高低,距离越远,热情越低。与内心敏感的患者打交道,医护人员在保证安全的前提下,与患者的距离略近一些,有利于增加人文的关怀,如与患者交谈时身体前倾,对卧床的病人弯下腰进行检查等(图20.13)。应注意的是,距离并非越近越好,以亲切但不局促为佳,与年轻的异性患者相处更应把握好距离的尺度。

2)招呼问候

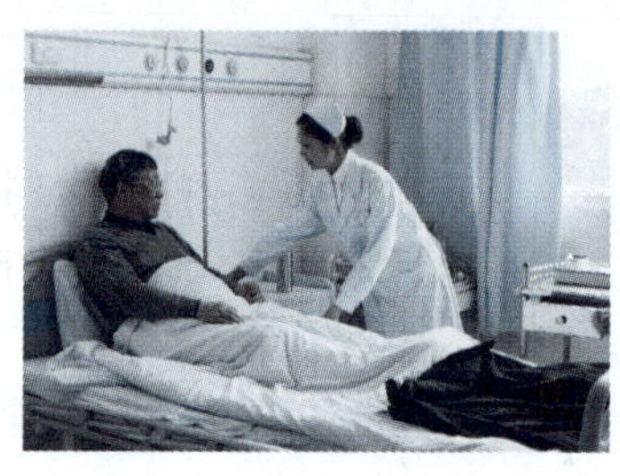

图 20.13

见面主动打招呼,不仅是良好修养的体现,更给人以热情洋溢的印象。“赵老师,早上好!今天看起来气色不错,昨晚喘得没那么厉害了吧?”“周主任,昨晚值了夜班,您先歇息一会,有事我再叫您。”

3)赞美鼓励

获得他人的肯定与赞扬能使人心情舒畅,医护人员积极肯定的言行不仅带给患者对美好生活的向往,也让自己的工作更加顺利。“李婆婆,您女儿对您照顾得无微不至,您真的好有福气!”“刘师傅,您的坚强值得我们学习,相信在治疗期间,这一优秀品质会助您早日康复!”

20.3.2 态度温和

1)和颜悦色

在工作中,医护人员的良好态度与高超的医疗水平同等重要。俗话说“出门看天色,进门看脸色”,一张和颜悦色的脸会让看到它的人心生暖意,能提高病患者及其家属对医护人员、对医院的信任,由此可以减少沟通障碍,避免医患纷争。

对小伤小痛的患者,不要不以为然;对高危、重创患者,不能有厌恶的表情;对不治之症的患者,给予同情、安慰、鼓励,帮助其树立积极治疗的信心。

2)耐心周到

医护人员对病患者多一份耐心,就可能为对方减少一份痛苦;多一份周到,就可能为对方排除一份威胁。对病患者及其家属的咨询,应多站在对方的角度尽量解答解释,并根据交往对象的知识层次、理解能力以对方易于接受的方式、语言进行交流。对不善言谈的对象,要予以耐心的引导,“您不要着急,我会详细地给您解释。”“医院为行动不便的患者准备了轮椅,您是否需要一辆?”

3)说话得体

一个具有良好修养的医护工作者,平时要在言谈方面注意塑造温和有礼的形象。

(1)音量。在医院这样安静的环境,说话时,双方的距离不要超过 1.5 米,说话的音量控制在对方能听清楚的程度就可以了。如需要与较远处的人交谈,恰当的方式是走过去再说。不要高声大嗓地打招呼、说笑,也不要大声地指挥,给人颐指气使的感觉。即使对不遵守公德的人,也不宜当众呵斥,让人下不来台阶,只需态度严肃、有理有节地制止其不良行为。

(2)语速。对医护工作者而言,与老幼病患接触的几率较大,用中速偏慢,对方能够反应的语速更宜体现温和的态度。偏快的语速容易给人急躁、缺乏耐性、自以为是的印象,使医护人员缺乏亲和力,也容易造成交流不畅,制造隔阂。

(3)语气。说话的时候,气息舒缓,他人听起来会感到平静愉快;如果气息短促,会让人紧张惶恐,产生不安的感觉。医护工作者有必要营造和谐的就医环境,应多使用亲切和善的语气,而杜绝用训斥、冷漠、不屑等语气说话。

(4)语调。在陈述病情时,语调宜平,不要加入个人色彩,引起不必要的猜测;在安慰他人时,语调适宜略低,可体现更多的理解;在鼓励的时候,语调略高一些有助于增强说服力。

20.3.3　言谈审慎

言为心声,能反映出说话人的素养与品行。医护人员的交往对象相比常人更敏感脆弱,需要更仔细的关心与照顾,交谈更应审慎稳重。

1)内容适合

(1)不贬损同事。由于竞争和利益关系,同事之间难免会有矛盾,这是每个职场中人都要面临的问题。但要记住贬损他人不仅不能抬高自己,如果将私人的恩怨或好恶带到工作中,除了不利于团结协作,还会让听到的人对贬损同事之人的品行产生怀疑。

(2)不非议病人。进入医院的患者正在遭受身体的折磨,对其非议无疑会增加心理负担,带来更多的苦恼。医护人员良好的医德除表现为治病救人,还体现在不打探和传播他人的隐私,不使人难堪方面。

2)聆听仔细

听比说更重要是因为:认真专心地听不仅能获得必不可少的信息,增加判断的准确性,还能使说话者感觉自己受到重视,从而对听话者产生好感和信赖。医护人员要对病患者进行帮助,聆听是有效的途径。在听他人说话时:

(1)尽量保持交谈环境的安静,减少可能的各种干扰,如请其他患者在门外等候,将手机调至静音状态等。

(2)避免经常打断对方的陈述,在谈话中断时,可采用重复所谈内容或提问的方式使谈话继续。

(3)目光的注视、随谈话内容而变化的表情、倾向于患者的身体姿态、点头等表现都在替你告诉对方,你对他很关注,你们在进行非常有效的交流。

3)玩笑慎开

一天,一位刚工作的小护士到病房巡查,当她给一位中年男子打针的时候,这位男士按捺不住即将出院的喜悦,指着腹部已经愈合的疤痕说:“小姑娘,你看它像不像安第斯山啊?”小护士听了觉得挺好玩,忍不住笑了。当她来到另一间病房,给一位刚动了手术的夫人换药,看到伤口她想起了刚才的玩笑,于是说:“夫人,你看你的伤口简直比安第斯山脉还长啊！”正在为自己的病情忐忑不安的夫人，以为护士小姐在说自己的病情非常严重，既惊又怕的她吓得昏死过去。

病人的心情比一般人更为复杂，心理承受能力相应要差一些，对不太熟悉、性格较内向、女性、年长者、小孩子等一般不要开玩笑，以免弄巧成拙。

做一做：

1.乐观稳重对医护工作者来说有什么必要？

2.请以2~3人为一组，设计出“热情主动”的场景并表演。

3.请模拟与患者进行交谈，表现出温和的态度。

看一看：

2000年，我被任命为神经外科护士长。神经外科瘫痪病人多，昏迷病人多，病情变化快，对护士专业技术要求高。那些日子，我几乎每天泡在病房里，从细微的护理工作做起，从基本的管理知识学起，在干中学，在学中干，向护士们学习，向前辈们请教，短期内阅读了《神经外科学》《现代护理管理学》等专业书籍，熟悉了神经外科常见疾病基本医学知识和护理特点及规律，掌握了神经外科危重症监测及抢救技术，把握了护士长工作的基本方法。一次早交班时我发现一名颅脑术后病人血压波动比前一天增大，便引起了警惕。我判断病人有可能发生脑疝，立即交代护士严密观察病情变化，半小时后，病人突然意识不清，呼吸减慢，血压增高，脉搏变缓，我便快速打开呼吸通道，进行辅助呼吸的同时，通知医生紧急插管，避免了病人呼吸骤停的危险。

资料来源：鲜继淑《中国护理管理》2010年第2期《无怨无悔尽天职　毕生愿做“提灯人”》(作者系第42届南丁格尔奖获得者)

想一想：

1.这个案例给你一些什么启迪？

2.医护人员对患者的体贴入微可以通过哪些礼仪形式表现？

学一学：

20.4　体贴入微

20.4.1　观察仔细

医护人员要做有心人，将不同患者的情况记在心里，随时关注他们的变化，以便做出最快的反应。

1)身体情况

医护人员详细掌握就诊者的身体情况，便于提供最及时有效的服务，减轻患者痛苦，提高工作成效。如在抽血或注射时，发现病人面色发青、没有血色、神志模糊等，则可能出现晕针或低血糖，此时应放慢速度或停止，让其休息一会儿再做检查。在巡查的过程中，如发现患者牙关紧咬、呼吸困难、痛苦呻吟、面色灰白、身体长时间蜷曲等异常情况，应引起重视，及时询问，进行检查，尽量排除危险存在的可能性。对于术后、待产等情况不稳定的患者，更应密切观察。

2)情绪状况

当发现患者有独自落泪、唉声叹气、愁眉苦脸、拒绝配合治疗等情绪异常的表现时，医护人员要及时了解情况，疏导心理障碍，打消顾虑、宽慰胸怀，使患者有受到重视的感受，重树与病痛抗争的信心。也可与其家属交换意见，齐心协力为患者增加生的希望。

20.4.2　话语柔和

1)称呼亲切

接待患者时，恰当的称呼可缩短医患之间的距离。

(1)进行短时间的交往时，可省略称呼，直接问候“您好！”“早上好！请问我能为您提供什么帮助？”

(2)姓名称最简单明了，如“请 39 号魏敏来拿检查报告。”使用时应注意语气温和，否则会有生疏的感觉。

(3)使用一般称的情况比较多，在知道姓名的情况下，加上姓会使针对性更强。“张先生，请你拿着化验单到三楼去做检查。”“顾小姐，请你用力做一下吞咽动作，谢谢你的配合。”

(4)亲属称会使人感到亲切，更适合于对老人、小孩和女性。“周爷爷，现在我会给你的口腔喷一些局部麻醉剂，可能有点苦，含一会儿可以吞下去。”

(5)在知道对方的职务、职业时可使用职务称和职业称。“胡局长，请一定记得按时服药，一个月后再来进行复查，祝您早日康复！”“徐老师，术后要注意预防感冒，最好不要使用冷水。"

2)轻言细语

医护人员要学会控制说话的音量和速度。尖利高亢的声音使人烦躁,而圆润甜美的嗓音,轻柔和缓的话语让人如沐春风,心绪平静。"您好!现在我们将送您到手术间,请不用担心,整个过程我们都会陪护您,您的家属也在等候室等您,祝您手术顺利!"

3)方式恰当

(1)催收费用。说话时应顾及他人感受,不伤害其自尊,做到态度和蔼、语言亲切、话语婉转,多使用商量的口吻。"您好!请问是3床孙宜静的家属吗?目前你们的预付费已低于500元的标准,请您在今天方便的时候将费用交上,好吗?"

(2)解释劝说。应做到表情亲切,面带笑容,切忌生硬。"下午好!现在探视时间已经结束,为了不影响病人的休息,请大家先离开,我们会照顾好病人,请放心吧。谢谢支持,请慢走!"

(3)受理投诉。当就诊者对医院的工作产生不满时,接受投诉的工作人员不要急于解释,可请投诉者到办公室就座,送上热茶,耐心倾听弄清楚事情的原委。"王先生,请坐!您的心情我完全能够理解,您不要着急,先喝口水,慢慢说。""您刚才所说的情况,我们会以最快的速度与相关科室联系进行调查,得出结论后我们会给予您满意的答复,请留下您的联系方式。"如果是对方误会了,也不要得理不饶人,"王先生,主管护士为了使您的家属获得更好的治疗效果,所以将她自行调快的滴速调整回来。您刚才可能有点误会,要相信我们医院和您的心情是一样的,都希望病人早日康复。"

20.4.3 举止轻柔

1)递接物品(图20.14)

(1)在可能的情况下,最好使用双手。

(2)轻拿轻放,不要使用扔、摔、推等方式。

(3)递送物品时,要确保对方拿稳后再放手。

(4)接过物品时,不要用拖、拉、抓等方式。

2)进出房门

(1)在进出房门时,开关门动作要轻,尽量不发出声音,不要惊扰他人。无论进出,身体正面都应对着房内(图20.15)。

(2)如果房间里有其他人,在进入前,不管门开着还是关着,正确的做法是用弯曲的食指和中指轻敲门三下,然后再进入。

(3)推着治疗车,应先推开房门后再推车进出,不能直接用车将房门撞开。

(4)如果与患者、客人、领导、同事等同行,进出门时应主动开门让他人先行(图20.16)。

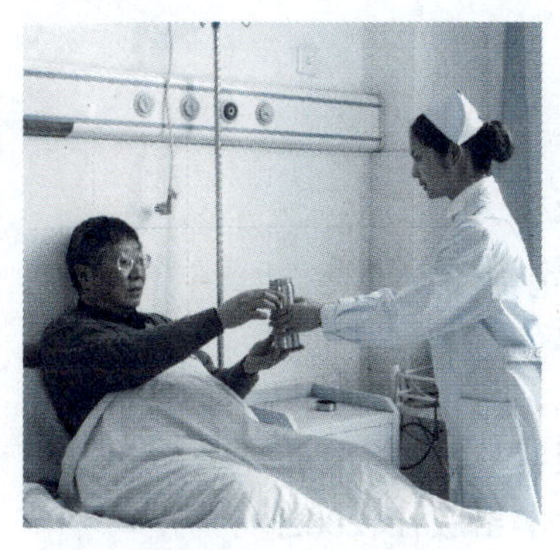
图 20.14 递送物品

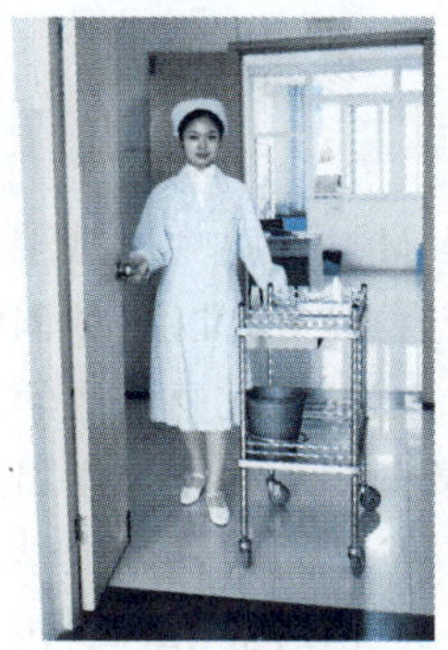
图 20.15 进出房门

图 20.16

3)移动病人

病人进行位置的转移,往往需要他人的协助。这时医护人员不能用拉、拖、推等简单粗暴的举止,而应使用搀扶、抬放、推动等方式。

(1)搀扶。对于行动不便但还能行走的患者可进行搀扶。与患者的距离宜靠近,用手扶住其胳膊,或一手扶腰,一手扶胳膊(图 20.17)。注意步调与患者保持一致(即迈步时出同一只脚),步幅相当。

(2)抬放。抬起患者时,要避免碰触其伤口,一般抬其肩背和大腿,保持身体的平衡,轻抬轻放,减轻患者的痛苦。行走时,抬的人应注意步调、步幅一致。

(3)推动。将患者轻缓地移至平车或轮椅上,推着患者移动时,上体前倾,手肘略为弯曲。推动时,保持平稳,减少颠簸(图 20.18a)。应避免身体歪斜,将重心压在推车或轮椅上(图 20.18b)。

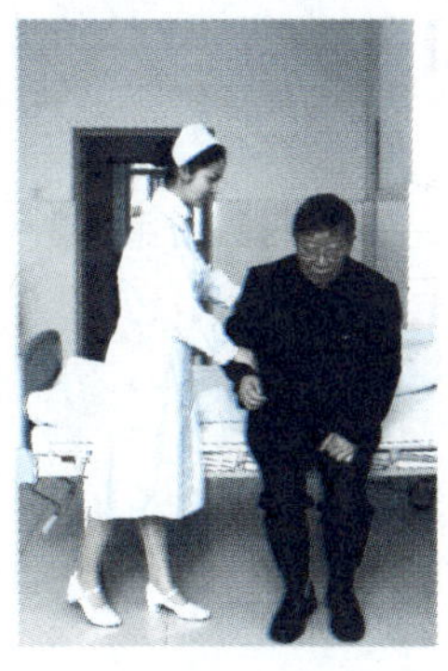
图 20.17 搀扶

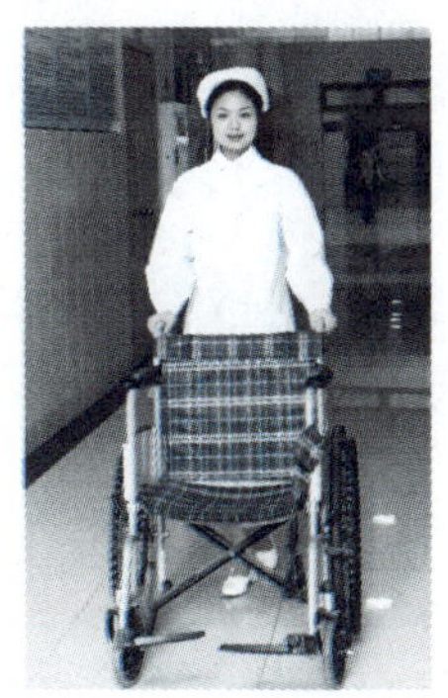
(a)

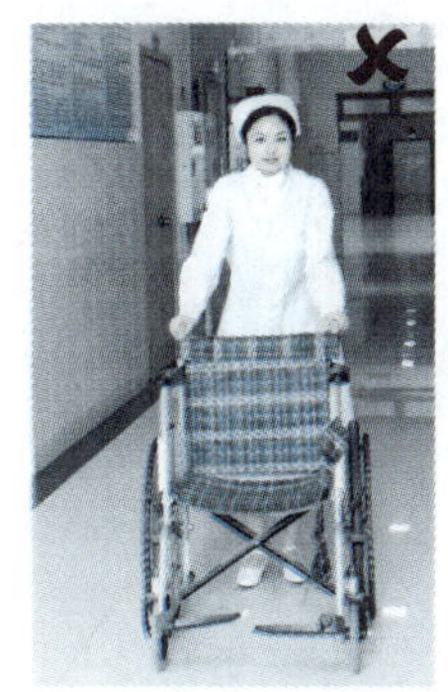
(b)

图 20.18 推动轮椅

做一做:

3~4 人为一组,模拟医院中的交往情景,请观看者指出能够体现出体贴入微的内容。

参考文献

[1] 陈福义.礼仪实训教程[M].北京:中国旅游出版社,2008.
[2] 周思敏.你的礼仪价值百万[M].北京:中国纺织出版社,2009.
[3] 张百章.公关礼仪[M].大连:东北财经大学出版社,2005.
[4] 李霞.商务礼仪实务[M].北京:清华大学出版社,北京交通大学出版社,2009.
[5] 秦启文.现代公关礼仪[M].重庆:西南大学出版社,2009.
[6] 秦启文.公共关系与公关礼仪[M].重庆:西南大学出版社,2002.
[7] 吴宝华.礼貌礼节[M].北京:高等教育出版社,2002.
[8] 陈玉.礼仪规范教程[M].北京:高等教育出版社,2005.
[9] 国家旅游局人事劳动教育司.旅游服务礼貌礼节[M].北京:旅游教育出版社,2001.
[10] 王蓉晖,兴盛乐.社交礼仪与形象设计[M].北京:企业管理出版社,2007.
[11] 胡科,栾志刚.卡耐基生活之道全书[M].北京:中国城市出版社,2001.
[12] 英格丽.修炼成功:世界形象设计师的忠告[M].北京:中国发展出版社,2003.
[13] 百度(http://www.baidu.com)